·北京师范大学中学探索丛书·

LiuShiPei Yu ZhongXi XueShu
# 刘师培与中西学术

李 帆 著

北京师范大学出版集团
BEIJING NORMAL UNIVERSITY PUBLISHING GROUP
北京师范大学出版社

### 图书在版编目(CIP)数据

刘师培与中西学术/李帆著.—北京：北京师范大学出版社，2014.5

(北京师范大学史学探索丛书)

ISBN 978-7-303-17201-6

Ⅰ. ①刘… Ⅱ. ①李… Ⅲ. ①刘师培(1884~1919)—学术研究 Ⅳ. ①B259.95

中国版本图书馆CIP数据核字(2013)第248530号

营销中心电话　010-58802181 58805532
北师大出版社高等教育分社网　http://gaojiao.bnup.com
电　子　信　箱　gaojiao@bnupg.com

出版发行：北京师范大学出版社 www.bnup.com
　　　　　北京新街口外大街19号
　　　　　邮政编码：100875

| | |
|---|---|
| 印　　刷： | 北京京师印务有限公司 |
| 经　　销： | 全国新华书店 |
| 开　　本： | 170 mm × 230 mm |
| 印　　张： | 18.75 |
| 字　　数： | 245千字 |
| 版　　次： | 2014年5月第1版 |
| 印　　次： | 2014年5月第1次印刷 |
| 定　　价： | 58.00元 |

| | | | |
|---|---|---|---|
| 策划编辑：刘松弢 | | 责任编辑：刘松弢　谭徐锋 | |
| 美术编辑：王齐云 | | 装帧设计：王齐云 | |
| 责任校对：李　菡 | | 责任印制：孙文凯 | |

## 版权所有　侵权必究

反盗版、侵权举报电话：010-58800697
北京读者服务部电话：010-58808104
外埠邮购电话：010-58808083
本书如有印装质量问题，请与印制管理部联系调换。
印制管理部电话：010-58800825

# 北京师范大学史学探索丛书
# 编辑委员会

顾　问　刘家和　瞿林东　陈其泰　郑师渠　晁福林
主　任　杨共乐
副主任　李　帆　易　宁
委　员（按姓氏笔画排序）
　　　　马卫东　王开玺　王冠英　宁　欣　汝企和
　　　　张　皓　张　越　张荣强　张建华　郑　林
　　　　侯树栋　耿向东　梅雪芹

# 出版说明

在北京师范大学的百余年发展历程中，历史学科始终占有重要地位。经过几代人的不懈努力，今天的北师大历史学院业已成为史学研究的重要基地，是国家"211"和"985"工程重点建设单位，首批博士学位一级学科授予权单位。拥有国家重点学科、博士后流动站、教育部人文社会科学重点研究基地等一系列学术平台。科研实力颇为雄厚，在学术界声誉卓著。

近年来，北师大历史学院的教师们潜心学术，以探索精神攻关，陆续完成了众多具有原创性的成果，在历史学各分支学科的研究上连创佳绩，始终处于学科前沿。特别是崭露头角的部分中青年学者的作品，已在学术界引起较大反响。为了集中展示北师大历史学院的这些探索性成果，也为了给中青年学者的后续发展创造更好条件，我们组编了这套"北京师范大学史学探索丛书"，希冀在促进北师大历史学科更好发展的同时，为学术界和全社会贡献一批真正立得住的学术力作。这些作品或为专题著作，或为论文结集，但内在的探索精神始终如一。

当然，作为探索丛书，特别是以中青年学者作品为主的学术丛书，不成熟乃至疏漏之处在所难免，还望学界同仁不吝赐教。

北京师范大学历史学院
北京师范大学史学理论与史学史研究中心
北京师范大学史学探索丛书编辑委员会
2014年3月

# 序 一

近代中国知识界，刘师培可算得是有特色的人物。他12岁已读完《四书》、《五经》；19岁中举人；20岁会试落第，至上海，先后结识章太炎、蔡元培、章士钊、陈独秀、谢无量等人，遂投身于革命潮流，并与林獬合撰《中国民约精义》一书；21岁先后参加军国民教育会、暗杀团、光复会；22岁加入"国学保存会"，并成为其机关刊物《国粹学报》的主要撰稿人；24岁携妻何震等东渡日本，面见孙中山，即正式加入同盟会，并成为《民报》撰搞人，随后参与章太炎等人罢免孙中山的同盟会总理职务的活动，此外还创办宣传无政府主义的《天义报》，发起组织"社会主义讲习会"，（1907年）12月由日本回上海，向两江总督端方自首；25岁与何震再赴日本东京，《天义报》停刊，另创办的《衡报》亦于是年（1908年）10月被日本政府查禁，随后与何震自日本返上海，向端方密报江浙革命党人谋武装起事；26岁去南京公开投靠端方；28岁随端方入川，端方为哗变湖北新军所杀，刘为四川军政府资州军政分府拘留；29岁获释后，在成都四川国学院任教；30岁离成都赴上海，后至太原，出任阎锡山都督府顾问；31岁离太原赴北京，任袁世凯公府谘议；32岁与杨度等人发起"筹安会"，发表宣言，鼓吹帝制，后筹安会改组为"宪政协进会"，出任参政院参政，被袁世凯封为上大夫；34岁被聘为北京大学教授，讲授"中国文学"、"中国古代文学史"课，其间还在国文研究所担任经学、史传、中世文学史、诸子四个研究科目；36岁与黄侃任《国故》月刊社总编辑，"以图挽救""国学沦夷"，是时新文化运动蓬勃发展，（1919）11月因病去世。

从刘师培的简历可以看出，在他短短的一生中，思想杂而多变。16岁时"以绍述先业，昌洋扬州学派自任"，19岁得中举人，20岁会试落第，到上海后遂投身于革命潮流，思想变化迅速。1907年刘师培（24岁）的活动情况，很能表现出他的思想杂而多变。这一年，刘师培于2月到东京与孙中山晤面后正式加入同盟会，3月即参与章太炎等人的"倒孙"活动，12月回上海后向端方自首，背叛革命；他一方面不断在《国粹学报》上发表国学研究的文章，另一方面创办《天义报》，组织社会主义讲习会，宣扬无政府主义。刘师培在政治上显然是糟糕的，但在学术上却很有成就。他的思想变化很快，时而鼓吹反满革命，宣传"民约"思想，时而崇无政府主义，不过有一点始终没变的是"国学"。他承家学所传，十几岁即以"昌洋扬州学派自任"，1905年《国粹学报》创刊后，在该刊连续不断发表有关国学研究的文章。即使在1907年至1908年他在日本创办《天义报》、《衡报》，发表宣扬无政府主义的文章时，也仍然在《国粹学报》上发表有关国学的文章。实际上，他的无政府主义思想不仅是在日本受西方无政府主义的影响，而且吸收了中国传统文化，是西学与中学的融会。这构成他的无政府主义的一个特点，有别于巴黎《新世纪》的吴稚晖等人的激烈否定传统。入民国后，刘师培的研究和教学离不开经学、古代文学等国学内容。因此，对刘师培的研究，重点在其学术，难点也在学术。

李帆同志的《刘师培与中西学术》，正是着重从学术的角度来研究刘师培。刘师培生于经学世家，自幼承传家学，少年时即"以绍述先业，昌洋扬州学派自任"，研究刘师培的学术，自然首先要探讨他对家学和"扬州学派"的继承问题，本书即以此为开端。书中认为刘师培的著述涉及方面甚多，其"学术规模和治学特色可谓深得'扬州学派'之精髓，即长于会通，兼容并包"。如治经虽偏重古文，但不排斥今文经说，二家经说可并行不悖；对宋明人之经说也不存门户之见，主张"荟萃汉、宋之说"，反对"并有宋一代之学术而废之"。一代有一代的学术，刘师培从事学术研究的晚清毕竟不同于乾嘉年间，因而他的学术研究不能不受时代的影响，带有时代的特色。刘师培学术的时代特色，即是中西交融之学。

在清末从事学术活动的刘师培，顺应了时代的潮流，吸纳西学以建构其中西交融之学。为了具体说明刘师培所受西学的影响，书中专立"刘师培所见西书考"一节，详细地考析了刘师培所读过（或征引过）的西书和所接触过的西方、日本的学者、思想家，并列表予以表明。这一具有原创性的工作，体现了作者治学的扎实。正是基于对刘师培的中学、西学的学识有具体、深入的了解，才能准确把握他的中西交融之学的特点。书中以刘师培与严复相比较，认为刘师培的吸纳西学，是基于中学，借西学佐证中学，多有比附；而严复虽也有比附之处，但他是站在西学的立场上把握中学，以西学为坐标来评判中学，其目的在于学习西方，改造中学，使中学现代化。在中国古典学术向现代的转型中，指出这种不同是有意义的。即如刘师培对中国学术史的研究，也是通过中西学类比，来评估中国古典学术之得失。书中关于刘师培对先秦、汉宋学术的独到见解，对清学的别具一格的创获的论析，多有新意。

李帆同志治学扎实严谨，注意从第一手资料入手，在基础性的研究工作上用力，这在书中所附"年谱"可见其所下功夫。本书的正文是在"年谱"的基础上撰写的。

刘师培是一位对国学深有造诣的学者，又是参与政治活动、有其政治思想的人物。1903年到1908年，他发表了大量研究国学的著述，其中有一些与宣传反清革命、无政府主义有关。时代潮流以及他的政治立场、观点，不能不影响其国学研究。因此，研究刘师培的学术，不可能完全与政治分离，作"纯学术"的评析。只有将二者结合，实事求是地探究，才能更合乎实际地评析其学术。近代中国学者，类于此者不是个别的，作为研究方法，当有广泛意义。

龚书铎

# 序 二

李帆同志原为辽宁师范大学历史系副教授，1996年考入北京大学历史系中国近现代史博士点，随我研读博士学位。1999年毕业，转入北京师范大学历史系博士后流动站，随龚书铎教授从事研究工作，出站后便留在该系任教。2002年曾应德国埃尔兰根——纽伦堡大学汉学系之邀请，前往该校讲学。李帆自研读博士之日起，即以"晚清学术史"为研究课题。一年前，他把博士阶段的研究成果《刘师培与中西学术——以其中西交融之学和学术史研究为核心》改写成一本专著，交由北京师范大学出版社出版。他要我在这本书前面写几句话。我是义不容辞而又十分高兴的，正好借这个机会，谈谈我对刘师培学术思想研究和李帆此书的一些认识。文中不当之处，希望得到同行专家或读者的指正。

大家知道，刘师培的学术思想，基本上是一种"不中不西，又中又西；不新不旧，又新又旧"的思想，或者说，是一种"混合型"、"过渡型"、"转型型"的学术思想，不折不扣地是晚清中西文化"交融互释"的产物。这种"过渡"形态的思想文化在中国近代学术史上起过极其重要的作用，特别是在学科转型——即由经、史、子、集"四部"之学转变为文、理、法、商、工、农、医"七科"之学——的过程中，影响更为显著。关于这一点，钱玄同先生1937年在《刘申叔先生遗书序》等文章中曾经这样论述:"最近五十余年来为中国学术思想之革新时代。其中对于国故研究之新运动,进步最速,贡献最多,影响于社会政治思想文化者亦最巨。"在他看来,这一运动中有十二位贡献"最为卓特"的学者,他们是:康有为、宋衡、谭嗣同、梁启超、严复、夏曾佑、章太炎、孙诒让、蔡元培、王国维、崔适和刘师培。对刘师培,钱玄同先生的评语是:"此黎明运动中之刘君,家传朴学,奕世载德,蕴蓄既富,思力又锐","年齿最稚",而且,"刘君识见之新颖与夫思想之超卓,即在民国纪元以前二十余年间有新思想之国学诸彦中,亦有甚高之地位"。他特别重视刘师培在学科转型方面所做的贡献,对刘氏编撰的几种新式教科书,如《中国历史教科书》、《中国地理教科书》、《中国文学教科书》、《伦理教科书》等,给予很高评价,认为其中"甚多新义",不愧是吸纳西学的"典范"。总之,刘师培学术思想之"新",在当时学人中是得到普遍公认的。

但是,近年来,有关刘师培学术思想的研究存在着"三多三少"的现象,即:第一,研究他的"历史问题"的文章多,研究他的生平事迹的文章少;第二,研究他的政治思想尤其是无政府主义思想的文章多,研究他的学术思想的文章少;第三,在学术思想方面,研究他对中国历史文化见解的文章多,研究他与"西学"关系的文章少。似乎给人这样一种印象,前辈学人重视的问题,后代学人却"不屑一顾"。当然,根本原因不在于学术界,而在于当时的政治环境。但是,作为学人,从文化上着眼,由衷地希望看到状况有所改变。如今,李帆的书给我们带来了兴奋和希望。书中不仅全面地论述了刘师培的学术思想,而且还有一个专章——第二章,专门论述刘师培与"西学"的关系。从《国粹学报》创刊以前谈起,一直谈到这份刊物本身。又,书中特别重视刘师培、严复二人与"西学"的关系。最后又将种种分析结果列成专表,特别列举刘氏文章中引用的"西书"名称及作者姓名,一共有"西书"三十多种,人名六十余个。以《论小学与社会学之关系》一文为例,此文中引用了松平康国的《世界近世史》、马恩西的《泰西新史揽要》、艾约瑟的《希腊志略》、那特砜的《政治学》、甄克思的《社会通诠》、斯宾塞的《群学肄言》和《社会学原理》、岸本能武太的《社会学》等八种。在分析了各种"西书"对刘师培思想的影响之后，又进一步对刘氏此时之所以热衷于吸纳"西学"的种种原因，做了考察。作者认为，首先是"救亡"必先"兴学"的观念——中国知识分子的传统观念。文中又指出：中国首先是作为文化集合体的"天下"而存在的，因此，文化存亡就成为民族兴衰的"首要因素"。正因为如此，作为"文化承担者"的知识分子应及时地把兴学的责任肩负起来，若不如此，国家兴亡就很难进一步设想了。而要兴学，最重要的事便是"借助于西学的生命力和创造力，使之与中国固有的学术相激相荡，相融相合"，这样，才能有效地激发"国学"的生命力，使之一天天旺盛起来。这样，"兴学"才有着落，"救亡"的目的才能达到。这样的分析是比较深入的，它使读者既认识了刘师培与"西学"的关系，又明白了刘氏之所以急于吸纳"西学"的种种思想因素，使读者既知其然，又知其所以然。书中还有一些分析，如"西学"传播与废科举、兴学校的关系等等，俱都中肯恰当，这里就不一一介绍了。

总之，此书史料上有新的开掘，论述上有新的见解，因而使研究工作向前推进一步，是一本有益于学术的好书，故乐而序之如上。

刘桂生

# 目 录

绪　论 ……………………………………………………………… 1

**第一章　先贤学术与刘师培** ………………………………… 23
　　第一节　"扬州学派"的基本精神 …………………………… 23
　　第二节　仪征刘氏家学 ………………………………………… 34
　　第三节　刘师培对先贤学术的继承与超越 …………………… 39

**第二章　刘师培的中西交融之学** …………………………… 55
　　第一节　刘师培关注并接受西学之缘由 ……………………… 55
　　第二节　刘师培所见西书考 …………………………………… 63
　　第三节　以西释中：刘师培之"新学" ……………………… 87
　　第四节　对刘师培交融中西学术的评价 ……………………… 103

**第三章　刘师培的中国学术史研究** ………………………… 114
　　第一节　清末民初的学术史勃兴 ……………………………… 114

第二节　刘师培的学术史研究实绩 …………………………… 122
　　第三节　学术史个案：刘师培之清代学术史论 ……………… 139
　　第四节　刘师培学术史研究之地位与特色 …………………… 154

**结　　语** ……………………………………………………………… 173

**附录　刘师培学谱简编** ……………………………………………… 177

**参考文献要目** ………………………………………………………… 267

**后　　记** ……………………………………………………………… 280

# 绪　　论

## 一、缘　起

刘师培(1884—1919，字申叔，号左盦)是清末民初著名的学者和政治人物。且不说他在政治舞台上令人瞩目的表演，仅在学术领域里能与章太炎并称"二叔"(章枚叔、刘申叔)，即已表明他在时人心目中的地位。不过在后人眼里，两人却无法相提并论。这在研究者那里体现得最为明显，即与章太炎研究的繁盛兴旺相比，刘师培研究相对门庭冷落，两人的境遇大相径庭。究其根源，政治和文化两方面因素应是造成这种局面的主要原因。

在刘师培短短36年的人生中，政治风暴对其冲击甚大，而他在一些政治斗争关键时刻的表现往往为人诟病，如以同盟会会员之身于1907年底与清廷大吏端方通款，不久投入其幕中；1915年加入"筹安会"。前者在当时的革命党人眼里自然是叛变行为，后者也被视作助纣为虐，所以他在政治上一直是被谴责的对象。早在1911年夏同盟会中部总会成立时发布的宣言中，人们便指责他为"客犬"(清吏走狗)；陶成章的《浙案纪略》也对其行为多方责备；黄节、黄侃等人痛责其加入"筹安会"，黄节甚至耻与其在北大为伍；国民党元老冯自由、邹鲁所著史书中亦是将其作为反面典型；1949年后，大陆出版的历史教科书和有关著作同样持此立场。也就是说，在国共两党的意识形态里，在文人学者的心目中，乃至于在这种语境下接受教育的普通人眼里，刘师培都是政治上被打入另册的历史罪人。对于这样一个人物，学术界研究起来自是顾虑重重，无法深入甚至觉得没必要深入研究。这种情形以往海峡两岸皆如此。

再看文化因素。长期以来，五四新文化运动的价值取向带给人们极为深远的影响，人们已习惯于认同五四的思维方式，把文化上的所谓"新"与"旧"视作截然对立，在不遗余力地宣扬"新"文化、"新"思想、"新"道德的同时，极力贬斥"旧"文化、"旧"思想、"旧"道德。作为四世传经的国学大师，刘师培自然是人们心目中旧的一方的代表，更何况他在新文化运动中办过《国故》月刊，被认为是与新文化相对抗。① 所以，一些新派学者尤其是鲁迅等人对其持反对和批评的态度。众所周知，新文化倡导者的立场一直在学界占主导地位，鲁迅等人这一态度之分量不言而喻，其对后人产生巨大影响也在情理之中，故刘师培在被批判的同时，很难引起人们学理上的研究兴趣。也就是说，刘师培既在政治上被打入另册，又在文化上被排斥或被忽略。

以上情形，加之刘师培文章古奥、学问艰深、不易索解，造成以往对其研究的相对匮乏，已有的研究成果在水平上也很难令人满意。当然，目前这种状况已有所改善，但从根本上说，还无实质性的突破。鉴于此，刘师培研究仍是一个亟待加强的领域。之所以如此说，主要在于刘师培在清末民初的历史中尤其是在近代思想、学术史上占有一个独特的位置。姑且不论其政治上的功过是非和宣扬无政府主义所做的大量工作，仅就其思想与学术而言，其所达到的深广度不仅独步一时，即使今天看来，某些方面仍相当深刻，仍有汲取和借鉴的必要，值得我们深入探索和研究，并在价值系统上予以阐释。可以说，作为成体系的中国近代思想、学术史，缺少刘师培这一环是不完整的。要想改进我们的思想、学术史研究，必须把这一环完整补上，而且还需在研究中纠正错讹，扫除以往因政治文化评价的偏差而蒙在这一历史人物身上的尘埃。更值得一提的是，从刘师培研究中可发掘出较大的文化意义，有益于当今的学术文化建设。因刘氏四世传经，是"扬州学派"的殿军、国学大师，但中国古典学术发展到他那里却未再沿老路走下去，而是与西学相交融，开始了学术转型，走上了现代道路。当然这非刘师培一个人的功绩，而是包括他在内的一代学者如章太炎、梁启超、王国维、严复等人共同开辟的道路。他们是承前启后的一

---

① 1919年3月18日，《公言报》发表《请看北京学界思潮变迁之近状》，认为刘师培等人办《国故》，是为与代表新文化的《新潮》杂志相抗衡。为此，刘师培专有一函致《公言报》，声明《国故》月刊"虽以保存国粹为宗旨，亦非与《新潮》诸杂志互相争辩也"。（见《北京大学日刊》，附张，1919-3-24）实则提倡国故，不一定意味着排斥新思潮，这里可能有误解的成分在内。

代，一端连着中国古典学术，一端连着西学新知，两端交汇，带来中国现代学术的建立。显然，在这些学者中，刘师培是最不受学界重视，研究成果最少的一位。实则各人有各人的特色，不能相互代替，也不能以整体代个案，将刘师培作为个案剖析，凸显其在这一学术转型过程中独具特色的建树，不惟使我们能清晰地了解中国现代学术建立的历程，而且对于今天处理好中西文化关系亦具有特殊意义。总之，刘师培研究尤其刘师培思想、学术之研究应受到应有的重视，并力求在今天取得实质性的突破。

## 二、研究状况的回顾与思考

前述政治因素和文化因素对刘师培研究带来较大影响，致使该研究进行得不太充分，但并非说这方面一点成就也没有，只是相对而言其成果与刘师培所具有的历史地位不相称。实则早在民国年间，刘师培去世不久，对他的研究就已开始了。时至今日，某些领域的研究已较为成熟。

1920年，刘师培刚刚去世，日本学者小岛祐马便发表了《刘师培之学》一文，[①] 拉开了学术界探讨刘师培的序幕。从此直到40年代末，有关刘师培的论述基本停留在对其遗著进行整理和情况介绍阶段，还谈不到深入细致的学术讨论，只是开启一些研究方向。

作为第一篇系统介绍刘师培学术的文章，《刘师培之学》从刘氏生平写起，追溯了刘氏学术的渊源"扬州学派"和其家学，继而论述了刘氏的国粹主义学术活动和学术涉猎的广泛性，并重点谈了刘的经学研究成就。今天看来，这篇文章尽管粗浅，但仍有一定参考价值，如文中以较大篇幅强调的"扬州学派"学风对刘师培学术的影响和刘之学术乃"通儒之学"的提法，是相当有见地的。遗憾的是，此文反响寥寥，继起之作几无，直到1937年钱玄同编定《刘申叔先生遗书》并为之作序，[②] 才把对刘师培的研究大大向前推进了一步。

《刘申叔先生遗书》(以下简称《遗书》)收入刘师培著作74种，其中论群

---

[①] 小岛祐马：《刘师培の学》，载《艺文》第11年第5、7号，大正九年5月、7月；又见《中国の社会思想》，筑摩书房，1967。

[②] 《刘申叔先生遗书》初版时，题民国二十五年(1936年)宁武南氏排印，实则编竣印行在此之后。

经及小学者22种、论学术及文辞者13种、群书校释24种、诗文集4种、读书记5种、学校教本6种，除一些论无政府主义的著述及个别佚文外，可说是网罗殆尽，极大地方便了学术界的刘师培研究。钱玄同为该书所作之序非常精到，成为这一时期论述刘师培的最佳著述。该序文把刘氏置于时代大环境下予以论说，认为刘氏是始于1884年的学术思想革新时代里国故研究新运动的12位杰出代表之一，他的著述所及，主要有政治思想、论古今学术思想、论小学、论经学、校释群书等方面，这些著述"因前后见解之不同，可别为二期：癸卯至戊申（1903—1908）凡六年为前期，己酉至己未（1909—1919）凡十一年为后期。嫥较言之，前期以实事求是为鹄，近于戴学，后期以笃信古义为鹄，近于惠学；又前期趋于革新，后期趋于循旧"①。该文虽属概括，但影响甚大，最关键的是，文中的见解，开辟了刘师培研究的各个渠道，使后人有章可循，即可以沿着这些渠道，分门别类地深入探讨刘氏的政治思想、学术思想、学术成就等。不仅如此，钱玄同编制的《左盦年表》和《左盦著述系年》也为研究工作提供了很多方便。另外，《遗书》前所载陈钟凡、刘富曾、尹炎武、蔡元培所作之刘师培《行述》、《墓志铭》、《外传》、《事略》等文以及丁惟汾、张继、汪东、黎锦熙、南桂馨等人的序文也颇有参考价值，这些文章的共同特点是皆称许刘师培之学术造诣，说他"于学无所不窥"，"每论定一说，必旁推交通"，②认为"岿然作清儒后劲者，惟余杭章太炎、蕲春黄季刚与申叔数人而已，而覃思冥悟，以申叔为最"，其学"精博无涯"。③同时皆对他政治上的失节行为曲为原宥，认为是"遭时不淑，用晦而夷……卒为佞人牵引"，"非其本怀，未足以为深病也"。④很显然，这些刘师培同代人的评价与看法，颇有助于后人以"了解之同情"的态度从事对他的研究。但同时亦应看到，至亲好友囿于所处位置，时有溢美之词，研究者不可不察。

---

① 钱玄同：《刘申叔先生遗书序》，见《刘申叔先生遗书》，28页，南京，江苏古籍出版社，1997，以下皆用此版本，简称《遗书》。
② 陈钟凡：《刘先生行述》，见《遗书》，15页。
③ 丁惟汾：《刘申叔先生遗书序》，见《遗书》，25页。
④ 张继：《刘申叔先生遗书序》，见《遗书》，26页。

《遗书》而外，这一时期关于刘师培的传记和事略之文还有一些，如王森然《近代二十家评传》中所收的《刘师培评传》、蔡冠洛《清代七百名人传》中所收的《刘师培》、支伟成《清代朴学大师列传》中所收的《仪征刘氏四世传·师培》、冯自由《革命逸史》中所收的《记刘光汉变节始末》《刘光汉事略补述》等，除冯自由两文乃述刘氏政治活动外，其余文章皆概述刘的学术成就并予以表彰，惜述多论少，且多有重复。还有两项成果值得注意，即赵万里编《刘申叔先生著述目录》①和张经籨编《刘申叔著述年表》②，是研究刘师培学术与思想的基本工具，为学者提供了很多方便。

1949年后的一段时间里，由于政治形势等多种因素的影响，刘师培研究在中国大陆几成空白，唯一值得介绍的是1962年上海人民出版社出版的张舜徽《清代扬州学记》一书。该书是在张氏40年代末所写《扬州学记》的基础上整理、补充、修订而成，是研究"扬州学派"的代表性著作。书中单辟"刘师培"一章，对刘氏学术和思想的主要方面如小学、经学、校勘学成就以及伦理思想、政治思想等进行了综合评介，不失为一部全面研究刘师培其人的入门佳作。该书可贵之处在于注重在刘氏学术的渊源上着墨，凸显出刘氏作为"扬州学派"殿军的地位，使人对学术传承能有清晰的认识。不过遗憾的是，全书大体停留在介绍层次，缺乏围绕问题的深度探索。

与此同时，海外学者则表现出对刘师培其人其学的较大兴趣。美国学者马丁·伯纳尔（Martin Bernal）的《刘师培与国粹运动》，③可谓此一时期颇具研究深度的极少数论文之一。该文侧重探讨刘师培与国粹派的关联，认为刘氏的一生反映了当时知识分子中政治革命与文化保守主义间尖锐对立的关系，并揭示出刘氏某些思想的西方渊源，如斯宾塞、拉克伯里对他的影响，还强调了日本国粹思潮对中国国粹派形成的作用，最后指出：

---

① 赵万里：《刘申叔先生著述目录》，载《北平图书馆月刊》，第1卷第6号，1928-12。
② 张经籨：《刘申叔著述年表》，载《经世日报·读书周刊》，1947-2-12、19。
③ Martin Bernal. Liu Shih-p'ei and National Essence, Charlotte Furth ed, *The Limits of Change: Essays on Conservative Alternatives in Republican China*, Harvard University Press, 1976；中译本见刘静贞译：《刘师培与国粹运动》，见《近代中国思想人物论——保守主义》，台北，时报出版公司，1980。

"正如刘师培一生所显示：文化保守主义极易演化成政治保守主义。"该文在史学界反响较大，但绝非十全十美，关键问题在于如何界定"保守主义"，以"保守主义"一词概括刘师培这样的人物是否恰当？这是值得进一步讨论的。

除刘师培与国粹派的关联外，海外学者最为关注的课题是刘师培的无政府主义思想与活动，美籍华人学者郭颖颐（D. W. Y. Kwok）的《无治主义与传统思想：刘师培》①即很有特色和代表性。该文就刘师培无政府主义与中国传统的关联多方阐述，认为刘氏的无政府主义主张所尽力推崇者乃平等、平均观，对个人与自由主义未多措意；并指出，无政府主义在近代各种政治学说中是最富有"传统"倾向之思想，刘师培最终背离无政府主义，其"罪"似不应加于其原有之传统思想。值得注意的是，郭颖颐在英文正文后所附的中文摘要中，把 Anarchism 译为"无治主义"，而非大家习用的从日文翻译过来的"无政府主义"。"无治主义"一语是高一涵首先使用的，与中国历史实际相对照，这种译法更为妥当。马丁·伯纳尔所著《1907年以前中国的社会主义思潮》一书②的部分内容（最后一章"1907"）也涉及刘师培等人的无政府主义思想与活动，其中有些见解颇耐人寻味，如认为"从文化修养和心理的角度来说，章（太炎）、刘（师培）比孙（中山）的追随者更易受无政府主义的影响。他们的'旧学'修养和对中国传统的喜爱，都与后者有很大的不同"。③ 显然，他强调的是中国传统并不构成接受无政府主义的障碍，相反更有助于刘师培一类人倾向这种"激烈"主张。日本学者以小野川秀美、森时彦、小岛晋治、嵯峨隆、永井算巳的研究较有代表性。小野川秀美的《刘师培和无政府主义》、④ 森时彦的《民族主义和无政府主义——

---

① D. W. Y. Kwok. *Anarchism and Traditionalism*，*Liu Shih-p'ei*. 载《香港中文大学中国文化研究所学报》第4卷，1971年第2期。

② Martin Bernal. *Chinese Socialism to 1907*，Comell University Press，1976. 中译本为邱权政等译：《1907年以前中国的社会主义思潮》，福州，福建人民出版社，1985。

③ 《1907年以前中国的社会主义思潮》，第201页。

④ 小野川秀美：《刘师培和无政府主义》，载《东方学报》，第36册，1964；又见《清末政治思想研究》，みすず书房，1969。

国学大师刘师培的革命论》、① 小岛晋治的《中国人最早对日本帝国主义的批判——刘师培〈亚洲现势论〉》、② 嵯峨隆的《作为无政府主义者的刘师培》、③ 永井算巳的《社会主义讲习会与政闻社》④等文章皆是以无政府主义为核心,探讨刘师培思想与活动的一些方面,尤重刘氏思想与中国传统的联系。

从20世纪70年代末开始,随着改革开放新时代的到来,国内的政治环境开始宽松,学术环境日渐改善,对刘师培的研究渐趋活跃。与此同时,海外学者的研究也有了新起色。不过总体上看,研究主题还不丰富,核心问题集中在刘师培的政治思想与活动。

1978、1979两年,学者们在探讨同盟会分裂、光复会重建和章太炎与端方关系等问题时涉及一些刘师培的政治活动,如刘师培1907年与张继、章太炎、陶成章共同掀起倒孙中山风潮,拉开了分裂同盟会的序幕,而且"他们当时都在不同程度上接受了日本社会主义运动中正在流行的无政府主义思潮的影响",他们反对孙中山,除因对他的一些做法不满外,亦因思想主张上与其有一系列分歧;⑤ 1907年12月前后章太炎曾致刘师培、何震五函,通过刘、何二人向满洲贵族端方谋款,以便去印度为僧,谋款未能成功,但刘师培却就此投靠了端方,而且在一年后将章氏五函由何震加注寄给黄兴等人,以此在革命党人内部制造猜疑和矛盾。⑥ 这些以往不太为人注意或语焉不详的史实的揭示,无疑丰富了刘师培研究的线索,并

---

① 森时彦:《民族主义と无政府主义——国学の徒、刘师培の革命论》,见小野川秀美、岛田虔次编:《辛亥革命の研究》,筑摩书房,1978。
② 小岛晋治:《中国人最初の日本帝国主义批判——刘师培〈亚洲现势论〉》,见《アジアからみた近代日本》,亚纪书房,1978。
③ 嵯峨隆:《无政府主义者としての刘师培》,载《アジア研究》,第26卷,1979年第1期。
④ 永井算巳:《社会主义讲习会と政闻社》,载《东洋学报》,第51卷,第3号,1968年;又见《中国近代政治史论丛》,汲古书院,1983。
⑤ 杨天石、王学庄:《同盟会的分裂和光复会的重建》,载《近代史研究》,1979年第1期。
⑥ 杨天石、王学庄:《章太炎与端方关系考析》,载《南开学报》,1978年第6期;曾业英:《章太炎与端方关系补证》,载《近代史研究》,1979年第1期。

促使学界从多种角度思考刘师培的政治变化。

　　进入20世纪80年代后,关于刘师培的政治思想,尤其是关于他的无政府主义思想与活动的论文急剧增加,形成了一个小的研究热点。其中谈及刘师培思想演变历程的论文主要有李妙根《论辛亥革命前后刘师培的政治思想》①、何若钧《论刘师培政治思想的演变》②、周新国《试析1903～1908年刘师培的政治思想》③、经盛鸿《论刘师培的三次思想变化》④等,这些论文大体将刘师培一生在政治思想上的变化分为三个阶段,即宣传反清阶段、鼓吹无政府主义阶段和政治上一再堕落阶段,当然具体表述有所不同,体现出观点上的差异。论述刘师培无政府主义思想与活动的论文主要有吴雁南《刘师培的无政府主义》⑤、杨天石、王学庄《论〈天义报〉刘师培等人的无政府主义》⑥、蒋俊《刘师培的无政府主义思想剖析》⑦、赵广洙《刘师培的无政府思想》⑧、经盛鸿《论刘师培的无政府主义思想》⑨等,这些论文基本围绕如何评价刘师培之无政府主义和其中所涉具体问题而展开。比较一致的看法是,农工结合和"人类均力"的主张是刘师培无政府主义的核心;强烈的反资本主义倾向和对封建制度的留恋,构成了刘氏思想的重要特点。但在谈及刘氏无政府主义思想的阶级属性时,分歧较大。至于怎样看待刘氏思想中存在的批判资本主义、重视农民问题等内容,以及怎样估价刘氏对马克思主义的态度,则更是众说纷纭,莫衷一是。⑩ 除上述论文

---

① 李妙根:《论辛亥革命前后刘师培的政治思想》,载《求是学刊》,1983年第4期。
② 何若钧:《论刘师培政治思想的演变》,载《华南师大学报》,1983年第2期。
③ 周新国:《试析1903～1908年刘师培的政治思想》,载《江海学刊》,1989年第1期。
④ 经盛鸿:《论刘师培的三次思想变化》,载《东南文化》,1988年第2期。
⑤ 吴雁南:《刘师培的无政府主义》,载《贵州社会科学》,1981年第5期。
⑥ 杨天石、王学庄:《论〈天义报〉刘师培等人的无政府主义》,见《近代中国人物》,重庆,重庆出版社,1983。
⑦ 蒋俊:《刘师培的无政府主义思想剖析》,《山东大学文科论文集刊》,1981年第2期。
⑧ 赵广洙:《刘师培的无政府思想》,台湾政治大学政治研究所硕士论文,1986。
⑨ 经盛鸿:《论刘师培的无政府主义思想》,载《南京大学学报》,1986年第3期。
⑩ 关于此时研究刘师培无政府主义思想与活动的各类观点,蒋俊、李兴芝《建国以来中国近代无政府主义思潮研究述评》(《近代史研究》,1985年第4期)阐之较详,兹不赘述。

外，还有一些以叙述为主的论著谈及刘师培的无政府主义思想与活动，如徐善广、柳剑平《中国无政府主义史》①、沙培德(Peter Zarrow)《中国无政府主义思潮与辛亥革命》②、玉川信明《中国的黑旗》③、洪德先《刘师培与社会主义讲习会》④等，这些论著大抵丰富了此项研究，但新见不多，兹不赘述。

在关注刘师培政治思想的同时，也有学者逐渐把注意力转移到对刘氏学术思想与建树的研究上，涉及刘氏的伦理思想、经学、史学、文学等方面。

在探讨刘师培伦理思想方面，美籍华人学者张灏(Chang Hao)较有代表性。他在以康有为、谭嗣同、章炳麟、刘师培作研究对象的《危机中的中国知识分子——寻求秩序与意义》一书中，⑤ 为刘师培单辟一章，研究了刘氏的伦理思想，认为刘氏与康有为类似，"道德性倾向支配了他们的世界观"，"表现为一个位居其世界观核心的主题——一个把人生视为'追求道德完善的至善过程'的主题"。这一主题使刘师培把对完善的人和完善的社会的追求当做目标。张灏还有一篇专门探究刘师培伦理思想的论文《刘师培和他的道德寻求》，⑥ 对上述论题进行了类似的阐发。

在围绕刘师培之经学所展开的研究中，陈奇的论述比较引人瞩目。他的这项研究非纯粹的学术史层面的探讨，不少是围绕经学与政治的关系来阐发。他认为，"当刘师培置身革命阵营的时候，他的经学成了资产阶级民族主义宣传的工具"。刘氏阐述经学中的"攘夷"思想，"首先是为了宣传

---

① 徐善广、柳剑平：《中国无政府主义史》，武汉：湖北人民出版社，1989年。
② Peter Zarrow. *Chinese Anarchists: Ideas and the Revolution of* 1911, Columbia University Press, 1987.
③ 玉川信明：《中国的黑旗》，晶文社，1981。
④ 洪德先：《刘师培与社会主义讲习会》，载《思与言》，第22卷，第5期，1985。
⑤ Chang Hao. *Chinese Intellectuals in Crisis*, University of California Press, 1987. 中译本为高力克等译，《危机中的中国知识分子——寻求秩序与意义》，太原，山西人民出版社，1988。
⑥ Chang Hao. *Liu Shih-p'ei and His Moral Quest*. 见《第二届国际汉学会议论文集》三，1986。

排满","其次是为了反帝救国"。① 在以经学为手段宣传资产阶级民族主义的同时,刘师培也"利用经学中某些民主性的成分,对传统经学中的三纲说及天命观进行了猛烈的批判"。② 在谈及刘师培的今古文观与汉宋学观时,他指出,刘师培"在今、古文的对立中,他贬抑今文;在汉、宋学的对立中,他则贬抑宋学。从政治方面分析,则在于他的反清革命立场。既然理学是维系清朝清贵族统治的'正学',他的批判矛头当然不能不首先指向理学"。③ 陈奇的这些论述无疑从一个侧面拓展和深化了对刘师培的研究,因以往较欠缺对刘氏经学与政治关系的探讨,提到二者时,往往是分开论述的,而陈奇注意到了刘氏某些著作具有学术与政治结合的特色,故对其经学不以纯学术视之,而是侧重在经学与政治的关系上做文章,这自然是研究上的进步。不过也应看到,学术与政治究属不同领域,各有其性质,也并非总是结合在一起的,不把握这一特质,便易出现把学术与政治的关系简单化处理的倾向,陈奇文中的个别论断,如"当刘师培置身革命阵营的时候,他的经学成了资产阶级民族主义宣传的工具",即是这种简单化的表现。因刘师培本质上是个学者,他的经学研究上承先祖,不论哪个时期都以学术为根本目的,即便时有政治色彩,那也是与学术原则不相悖的产物,在他那里,经学绝不是"宣传的工具"。

在台湾,陈庆煌从纯学术的角度对刘师培之经学做了较深入的探讨,其成果主要体现在以《刘申叔先生之经学》为题所作的博士论文。④ 该论文重点论述刘师培关于《易》、《尚书》、《诗经》、《礼》、《春秋左氏传》等五经的治学成就,阐明了刘氏经学思想的特色,认为刘是近代经学家中的佼佼者,精博逾于常人,且熟知经学之源流与派别,故能在前人基础上取得研治五经的新成果,把经学向前推进了一步。这是首部比较全面地讨论刘氏经学的著作,征引资料丰富,研究方法得当,很有参考价值。此外,陈庆

---

① 陈奇:《刘师培的经学与资产阶级民族主义宣传》,载《贵州师大学报》,1987年第2期。
② 陈奇:《刘师培对传统经学的批判》,载《贵州师大学报》,1989年第2期。
③ 陈奇:《刘师培的汉宋学观》,载《近代史研究》,1987年第4期。
④ 陈庆煌:《刘申叔先生之经学》,台湾政治大学中国文学研究所博士论文,1982。

煌还发表了《左盦经学综论》①、《论左盦之礼记说》②等文章,亦对刘氏经学创获多所阐发。

在对刘师培的史学和文学成就予以评述时,学者们较多地关注刘氏的"新史学"名作《中国历史教科书》和刘氏的文学观念、文学史建树等,如袁英光、仲伟民围绕《中国历史教科书》所展开的论述,认为该书吸纳了刘氏此前在《中国民约精义》和《攘书》中提出的一些主张,"运用历史进化论观点,探讨、分析了中国古代社会的嬗变、君主制起源及其权力衍化,对先秦社会的礼俗亦颇有研究和创见。但亦有不少谬误";③ 王琦珍、刘立人就刘氏文学成就所进行的探讨,认为"作为文学史家,刘师培有他自己的文学观",他之所谓"文学","所持的正是萧统《文选》的选文标准",即"骈文一体,实为文体之正宗",同时不承认唐宋以来的"古文"为"文章",其文学史研究最主要的成就,是对中古文学的分析与评价,④ 其文学史研究的特点为"通博",贯通其文学史论著的文学史观,"大要或可概括为'三论',曰:文笔论、渊源论、变迁论"。⑤ 另外,陈燕《刘师培及其文学理论》一书⑥也有基本相似的看法。可以说,学者们对刘师培的文学研究成就总体上持肯定态度,尽管某些领域还未深入触及。在关注刘氏文学研究论著的同时,田汉云、李坦也对其诗词创作有所涉猎,⑦ 使人能就此明了刘氏诗词的艺术特色和诗词在其生命历程中所起的寄托作用。

90年代开始,刘师培独特的一生和他的学术、思想才在更大范围内引起更多学者的关注,有关的论述明显增多,视野也比过去开阔得多,从政治思想、无政府主义转向以学术为主的更宽广的领域,研究深度也非以往

---

① 陈庆煌:《左盦经学综论》,载《孔孟月刊》,第23卷,1985年第11期。
② 陈庆煌:《论左盦之礼记说》,载《孔孟学报》,1985年第49期。
③ 袁英光、仲伟民:《刘师培与〈中国历史教科书〉研究》,载《华东师大学报》,1988年第4期。
④ 王琦珍:《论刘师培的文学观与文学史研究》,载《文学遗产》,1986年第5期。
⑤ 刘立人:《论刘师培的文学史观》,见扬州师院学报编辑部、古籍整理研究室编:《扬州学派研究》,扬州师院印刷厂1987年印刷。
⑥ 陈燕:《刘师培及其文学理论》,台北,华正书局,1989。
⑦ 田汉云:《论刘师培的诗》;李坦、田汉云:《左盦词笺注》,均载《扬州学派研究》。

可比,这在中国大陆学者身上体现得尤为突出。

1997年,30年代编定的《刘申叔先生遗书》先后被江苏古籍出版社和中共中央党校出版社重印,前者题名为《刘申叔遗书》,后者题名为《刘师培全集》,所据版本皆为当时的宁武南氏排印本,故内容全同。刘师培著作的选集和单行本也有至少六种问世,如李妙根编《刘师培论学论政》①、《国粹与西化——刘师培文选》②、《刘师培辛亥前文选》③,吴方编《中国现代学术经典·黄侃、刘师培卷》④,陈辞编《中古文学论著三种》⑤,陈引弛编《刘师培中古文学论集》⑥。这些都为学者从事刘师培研究提供了很多方便。与此同时,一些学者围绕刘师培研究的各个领域陆续发表专论,或深化了以往的研究,或开辟了学术新天地。

刘师培是国粹派的核心人物之一,深化对国粹派的研究,自然会使刘师培研究有一个大的进步。不过如前所述,这方面一向薄弱,直到1993年郑师渠《晚清国粹派——文化思想研究》⑦一书的出版,才使这种局面有了根本改观。该书以国粹派的文化思想为核心,在系统考察国粹派崛起的历史机缘及其新学知识体系的基础上,侧重探讨国粹派的文化观、史学思想、伦理思想、经学思想等。它是国内学术界第一部对国粹派及国粹思潮做系统研究的著作,而且立论客观,改变了以往持论苛刻、贬多于褒的局面,使国粹派与国粹思潮本有的正面价值与历史地位在实事求是的原则下得以彰显。最关键的是,它使人们从视国粹为僵化、保守之物的观念误区中走出,代之以"国粹既体现着民族独立的精神,更体现着民族文化对欧化的吸纳和整合"。⑧ 作为国粹派主将之一,刘师培的政治、学术主张和对

---

① 李妙根编:《刘师培论学论政》,上海,复旦大学出版社,1990。
② 李妙根编:《国粹与西化——刘师培文选》,上海,上海远东出版社,1996。
③ 李妙根编:《刘师培辛亥前文选》,北京,生活·读书·新知三联书店,1998。
④ 吴方编:《中国现代学术经典·黄侃、刘师培卷》,石家庄,河北教育出版社,1996。
⑤ 陈辞编:《中古文学论著三种》,沈阳,辽宁教育出版社,1997。
⑥ 陈引弛编:《刘师培中古文学论集》,北京,中国社会科学出版社,1997。
⑦ 郑师渠:《晚清国粹派——文化思想研究》,北京,北京师范大学出版社,1997。
⑧ 郑师渠:《晚清国粹派——文化思想研究》,第151页。

国粹派的贡献以及他在国粹派中所具的地位、作用等，都不可避免地成为书中的重要内容，且与该书主旨一样，得到了实事求是的评价，所以该书也是刘师培研究的重要著作之一。另外郑师渠其他几篇研究国粹派的论文，如《晚清国粹派的文化观》①、《晚清国粹派论清学》②、《晚清国粹派与社会学》③等，是对该书内容的发展与完善，其中与刘师培相关的论述也颇多，同样具有很高的参考价值。郑师渠还有一篇《章太炎刘师培交谊论》④概述了章、刘交往始末，分析了两人政治立场之异同和与之相关的离合之因，也揭示了章氏对刘氏在学术上的指导和两人作为论学诤友相互问难的情形，这些对了解刘氏的政治态度之转换与学术历程之变迁裨益甚多。

这一时期，还出现了数部传记性质的刘师培研究专著，标志着刘师培研究更加走向成熟。这些著作有方光华《刘师培评传》⑤、陈奇《刘师培思想研究》⑥、嵯峨隆《近代中国的革命幻影——刘师培的思想和生涯》⑦等。《刘师培评传》是国内目前所见第一部较为翔实、具体的刘师培长篇传记，该书除记述刘师培横跨政、学两界波澜起伏的一生经历外，还系统阐述了刘氏学术研究的观点与方法、对近代经学、史学、子学、语言文字学所做的贡献，并对如何理解近代文化中的"刘师培现象"提出了自己的看法。作为一部开拓性的著作，作者讨论问题之广泛、全面是值得称道的，而且有些见解是较为精辟的。但也许是囿于评传体例，也许是因下笔匆促，全书在深度上开掘不够，对一些问题的解释有牵强之处。《刘师培思想研究》以刘氏一生经历和思想演变历程为序，系统叙述了刘氏的政治、学术思想与主张，如"攘夷"革命思想、国粹思想、无政府主义思想等，并结合其主要著作分析论述，实为一部刘师培的思想传记。书中所论大体得当，但同样

---

① 郑师渠：《晚清国粹派的文化观》，载《历史研究》，1992 年第 6 期。
② 郑师渠：《晚清国粹派论清学》，载《北京社会科学》，1992 年第 1 期。
③ 郑师渠：《晚清国粹派与社会学》，载《近代史研究》，1992 年第 5 期。
④ 郑师渠：《章太炎刘师培交谊论》，载《近代史研究》，1993 年第 6 期。
⑤ 方光华：《刘师培评传》，南昌，百花文艺出版社，1996。
⑥ 陈奇：《刘师培思想研究》，贵阳，贵州人民出版社，1999。
⑦ 嵯峨隆：《近代中国の革命幻影——刘师培の思想と生涯》，东京，研文出版，1996。

在深度上开掘不够，平铺直叙之处稍多，令人遗憾。《近代中国的革命幻影——刘师培的思想和生涯》是迄今为止日本学者研究刘师培最成功、最具创获性的著作，也是海外学者所著最完善的刘师培传记。它把刘氏一生分为5个阶段，侧重在刘氏赴上海投身反满革命、去东京组织无政府主义活动、回国后投向端方以及辛亥革命后支持帝制等重大事件上着墨，并把刘氏思想与其生平结合起来进行考察，力求使思想分析建筑在坚实的社会生活基石上。在这里，个人的生活不再与其思想脱节，由此出发，一系列独到的创见便产生出来。当然，该书也同嵯峨隆以往的研究主题类似，刘之政治思想与活动所占比例较大，学术思想与建树的论析相对少一些，薄弱环节比较明显。

上述专著外，朱维铮为文对刘师培一生做了总体评价。他认为，在刘氏一生中，学术上的特色是"不变"，政治上的特色是"善变"，且是倒行式的变化；作为"激烈派第一人"，"他后九年反对革命，同前六年鼓吹'革命'，同样激烈，大有'好马不吃回头草'的气概"。"怎么理解他前后两段时期的相反两种'激烈'呢？至少在目前还没有令人信服的历史解释。"[①]朱氏把刘氏一生作为归结为前后两期两种相反的"激烈"，是较为精当的，且正如文中所言，目前对这种变化确还没有令人信服的历史解释。但文中提出的另一论断，即刘氏在学术上的特色是"不变"，则值得再斟酌。

与综合论述并举，专题研究在这一时期亦较活跃，尤其在以往较薄弱的领域。

对刘师培政治思想与活动的研究，重点仍集中在其无政府主义思想与活动上，只不过论文急剧减少，研究成果主要体现于通论中国无政府主义思想与活动的著作中。

论文方面，王汎森的《刘师培与清末的无政府主义运动》[②]可为代表。该文从近代中国传统知识分子的两难心态（既痛恨西化，却又想从西方取

---

[①] 朱维铮：《〈刘师培论学论政〉序》，载李妙根编：《刘师培论学论政》；《〈刘师培辛亥前文选〉导言》，载李妙根编：《刘师培辛亥前文选》。
[②] 王汎森：《刘师培与清末的无政府主义运动》，载《大陆杂志》，第90卷第6期，1995。

万灵丹)和追求乌托邦世界的心态入手,剖析刘师培与清末无政府主义运动的关系,把刘师培思想中相互矛盾的两面——极传统又极激进分析得丝丝入扣,其研究视野之宏阔,远非那些就事论事者可比。此外,翟文奇的《刘师培无政府主义活动述评》①、胡志伟的《刘师培政治思想研究》②、富田昇的《社会主义讲习会与亚洲和亲会》③和《刘师培变节问题的再检讨》④等,皆是与刘师培无政府主义相关的论述。就研究视角而言,这些文章或综合评述,或深入发掘某一史实,值得研究者从不同角度引为参考。

在通论性著作中,国内学者的著作有路哲《中国无政府主义史稿》⑤,蒋俊、李兴芝《中国近代的无政府主义思潮》⑥,汤庭芬《中国无政府主义研究》⑦,胡庆云《中国无政府主义思想史》⑧等。这些著作基本是在80年代的研究基础上完成,其中对刘师培《天义报》系无政府主义的探讨是书中的重要内容之一。总体上看,它们或按时间顺序系统撰述,如蒋俊、李兴芝的著作;或按专题横向分析解剖,如汤庭芬的著作。不过各书论题相类,观点相近,与80年代相比,并无质的突破。与此同时,国外学者也推出两部中国无政府主义研究专著,一是日本学者嵯峨隆的《近代中国无政府主义研究》⑨,一是美国学者沙培德的《无政府主义和中国政治文化》⑩。前者是在作者多年研究刘师培及其无政府主义思想与活动的基础上完成,所以虽为通论性著作,但其中关于刘氏的内容不仅全面细致,而且论述深刻,

---

① 翟文奇:《刘师培无政府主义活动述评》,载《江西大学学报》,1990年第4期。
② 胡志伟:《刘师培政治思想研究》,香港中文大学博士论文,1995。
③ 富田昇:《社会主义讲习会と亚洲和亲会》,载《东洋学集刊》,第64号,1990。中译文见《国外中国近代史研究》,第22辑,北京,中国社会科学出版社,1993。
④ 富田昇:《刘师培变节问题的再检讨》,载《东北学院大学论集(人间、言语、情报)》,第98号,1990。
⑤ 路哲:《中国无政府主义史稿》,福州,福建人民出版社,1990。
⑥ 蒋俊、李兴芝:《中国近代的无政府主义思潮》,济南,山东人民出版社,1991。
⑦ 汤庭芬:《中国无政府主义研究》,北京,法律出版社,1991。
⑧ 胡庆云:《中国无政府主义思想史》,北京,国防大学出版社,1994。
⑨ 嵯峨隆:《近代中国アナキズムの研究》,东京,研文出版,1994。
⑩ Peter Zarrow. *Anarchism and Chinese Political Culture*, Columbia University Press, 1990.

颇有参考价值。相对而言，后者所取得的突破更大。该书虽亦系笼统探讨20世纪初中国无政府主义思潮的著作，但其中不少篇幅涉及刘师培，第二章《通往东京的无政府主义之路》尤以刘氏一系无政府主义者为叙述核心。难能可贵的是，它超越了以往国外一些同类著作就事论事的局限，在深度开掘上达到一个新境界，把对无政府主义思潮的探究与对中国传统政治文化的探讨结合了起来。在这方面，刘师培恰是作者最佳的论述对象。

对刘师培学术思想与学术建树的研究，是这一时期学者较为看重的领域。在综合评估刘氏学术方面，意见不一。杨向奎以钱玄同《刘申叔先生遗书序》为基础做出自己的评价，认为"其在政治上反复无常，而学业亦泛滥无所归，始于渊博，终于渊博之学究而已"。① 与杨向奎的较低评价相反，浦伟忠通过对刘氏《左盦集》所反映出的学术思想的探讨，给其学术以较高评价，认为"刘师培在中国近代学术史上有着重要的地位，他在经学、文字学、训诂学等方面有许多独到的见解"。"刘师培奉行通经致用，对开拓经学研究的领域，将经学研究扩展到史学，进而民俗学、社会学，有开启风气之功。"②此外，吴雁南就心学对刘师培的影响以及刘氏利用心学宣传革命民主主义所作之文、③ 胡楚生通过剖析《攘书》以探讨刘氏学术思想的文章，④ 也皆丰富了人们对刘师培学术思想的认识。

在经学方面，陈克明、陈奇、方光华、朱冠华皆有所论述。陈克明指出，刘师培所著《国学发微》和《经学教科书》"堪称两部经学简史或小史"。⑤ 陈文即主要根据这两部著作勾勒了刘师培经学思想的总体面貌，全文虽述多论少，但基本能使人就此洞悉刘氏经学。陈奇则对刘师培的今古文观继续做了探讨，认为"刘师培的今、古文观呈现出错综复杂的自相矛盾性"，

---

① 杨向奎：《申叔学案》，见《清儒学案新编》，第6卷，济南，齐鲁书社，1994。
② 浦伟忠：《论刘师培〈左盦集〉的学术思想》，载《清史研究》，1992年第4期。
③ 吴雁南：《刘师培的资产阶级民主思想与心学》，载《贵州社会科学》，1992(11)。
④ 胡楚生：《刘师培〈攘书〉探究》，见《清代学术史研究续编》，台北，学生书局，1994。
⑤ 陈克明：《试论刘师培的经学思想》，载《中国文化》，1997年第15、16期。

既"古文为宗，批判今文"，又"兼取今文，治通儒之学"。① 方光华通过对刘师培《左传》之学的检讨，高度评价了刘氏在近代经学史上的地位，认为他对《左传》以及《周礼》的深入研究，"已经打破了家法的制约，比较客观地面对经学内部的流派及其传衍，他提出的经学观点，有助于后人超越晚清今古文经学的对立，对经学自身的演变历史作出实事求是的总结"。② 在对刘氏《左传》之学的研究上，朱冠华亦取得了可喜的成绩。他以近 60 万字的篇幅所完成的《刘师培春秋左氏传答问研究》，③ 是以刘氏《〈春秋左氏传〉答问》一文为个案，细致考析其左氏学的专著。该书通过"遍考贾、服旧注、杜注孔疏，以至唐宋以来诸家之论，排比诠次，考核异同"，以此对刘氏之说多方诠释。这样的研究，于细致入微处见真精神，是非常值得提倡的。

在史学方面，郑师渠、李洪岩、仲伟民、都重万、吴光兴等人皆有论述。郑师渠指出："通史致用和倡言新史学建设，是刘师培史学思想的两大特色，二者相辅相成。""刘师培的新史学主张，主要集中在两方面：一、史家当确立新的进化的历史观"，"二、强调史学方法论的更新"。与一般论者多强调刘氏《中国历史教科书》之价值不同，郑师渠认为，从开创的意义上讲，刘氏《中国历史教科书》是逊于夏曾佑的《中国历史教科书》的。④ 李洪岩、仲伟民对刘师培的史学做了综合评论，认为"刘师培的历史观，糅合了民族主义、庸俗社会学和古文经学思想，尖锐批判了封建专制主义；他的史学思想，主要集中在关于历史对象的选择、史料取材范围、历史认识途径、历史纪年四个方面，并且采用了若干种在晚清时期颇为先进的研究方法，阐述了他的古代史官论、史书体裁论、史书文体论，为从封建旧史学向现代新史学过渡作出了贡献"。⑤ 韩国学者都重万选择刘师培与晚清史学的关系为突破口，立足于晚清新旧学交替的时代大背景，阐释刘师培对旧学特别是旧史学的革新以及对新史学之建立所做的贡献，尤于中

---

① 陈奇：《刘师培的今古文观》，载《近代史研究》，1990 年第 2 期。
② 方光华：《试论刘师培对〈左传〉的整理和研究》，载《孔子研究》，1995 年第 4 期。
③ 朱冠华：《刘师培春秋左氏传答问研究》，北京，光明日报出版社，1998。
④ 郑师渠：《刘师培史学思想略论》，载《史学史研究》，1992 年第 4 期。
⑤ 李洪岩、仲伟民：《刘师培史学思想综论》，载《近代史研究》，1994 年第 3 期。

西学术之交融互释用力较深,强调严译名著对刘氏改造旧学和创造新方法的导引作用。① 吴光兴则通过探索刘师培对中国学术史的研究,考察刘氏史学的一个重要侧面,认为刘师培的学术史研究属于其新学术的范畴,在当时获得了巨大成功,本身便构成19世纪末以来中国近现代学术史的重要一页。② 另外,曹靖国、陈奇等人也对刘师培的史学思想、"六经皆史"观念等从不同角度予以探讨,③ 虽创见不大,但亦丰富了研究内容。

对于刘师培的文学观念、文学创作和文学史成就,冯永敏、王枫、王立兴、钱志熙从不同视角分别作了探讨,④ 其中以冯永敏和王枫的研究较有代表性。冯永敏在其博士论文基础上出版的《刘师培及其文学研究》一书,内含刘师培的文学观、文体论、创作论、文学史研究、散文、韵文、骈文、白话文等内容,几乎涉及刘师培文学主张与实践的方方面面,可谓全面系统,并有相当的创见。其不足在于对刘师培文学研究与创作的缺陷没能做出实事求是的估价,且对刘氏部分作品的认定缺乏证据。另外,冯永敏还有单篇论文如《论刘师培的白话文》⑤、《刘师培国语文教学思想探析》⑥等,亦属所论领域的有价值之作,并对其专著内容有所扩充。王枫在硕士论文基础上发表的《刘师培文学观的学术资源与论争背景》一文,并非就文学谈文学,而是深入到支撑刘氏文学观念的学术资源层面做文章,特别关注"扬州学派"尤其是阮元文辞之说对他的影响,还注意到在具体问题

---

① 都重万:《刘师培对晚清史学演进的贡献及影响》,北京大学博士论文,1998。
② 吴光兴:《刘师培对中国学术史的研究》,见《学人》,第7辑,南京,江苏文艺出版社,1995。
③ 曹靖国:《刘师培史学思想述评》,载《东北师大学报》,1991年第6期;陈奇:《刘师培的"六经皆史"观》,载《贵州大学学报》,1994年第2期。
④ 冯永敏:《刘师培及其文学研究》,台北,文史哲出版社,1992;王枫:《刘师培文学观的学术资源与论争背景》,载《学人》,第13辑,南京,江苏文艺出版社,1998年;王立兴:《刘师培戏剧起源观论略》,见《中国近代文学考论》,南京,南京大学出版社,1992;钱志熙:《旧学之殿军、新学之开山——刘师培〈中国中古文学史〉》,载《文史知识》,1999年第3期。
⑤ 冯永敏:《论刘师培的白话文》,载《台北市立师范学院学报》,1992年第23期。
⑥ 冯永敏:《刘师培国语文教学思想探析》,载《人文及社会学科教学通讯》,第4卷,第6期,1994。

上刘师培与章太炎的分歧与争辩，不失为一篇较有见地的论文。

综观20世纪20年代以来大半个世纪的刘师培研究，① 可以看出，成绩与缺陷同在。无论是综合性论述，还是专题性论述，皆存在此种情形。就成绩而言，一方面，刘师培的政治思想与政治活动，特别是其无政府主义思想与活动得到较多注意，从不同角度所展开的研究及所引发的争论初步解决了这一主题下的一些问题，为今后的深入研究打下了良好基础。另一方面，刘师培的学术思想与学术建树开始被人关注，已有少量成果在这一领域显示出创造力，而且对个别问题的探讨也不乏真知灼见。

就缺陷而言，一是研究重点不平衡，亟待调整和完善。迄今为止，刘师培研究的最主要成绩是对其无政府主义的研究，而研究的缺失也恰与此密切相关。因在刘氏一生中，宣扬和奉行无政府主义的时间不足两年，而他大部分时间所从事的工作则为学术研究，以"国学大师"著称，即他人生的总定位是学者，非无政府主义者，无政府主义仅是他一时的信仰。尽管他的这一思想在当时影响较大，后人予以重视并投入较多力量重点研究有其合理性，但同时相对忽视他的学术思想与实践，没有把这一非常重要甚至要比无政府主义思想更重要的课题作为第一选题或至少将两者同等看重，这不能不说是研究上的一个失误。当然这一失误与以往研究者所处的时代环境以及刘氏著述古奥艰深、不易索解有关，不过今天该是到了弥补此缺憾的时候了。二是整体研究水准不高，肤浅之作较多。如在对刘师培无政府主义思想的研究上，选题重复现象较常见，某些著述欠缺学理分析；再如探讨刘氏学术的论著呈现出介绍多论述少的局面，往往浮在面上，各说各话，问题意识不强，未形成真正的学术论争，也极少有给人以鲜明印象和深刻启示的高水准名著。三是研究视角单一，多属就事论事之作，未在其广阔的时代、生活背景和深远的学术渊源上下工夫，而且方法陈旧，很少将刘师培与同时代的学者、思想家联系起来考察，进行比较性、综合性的研究。

---

① 囿于笔者视角，以上所举论著（大体为2000年以前的论著）难免挂一漏万，望能得到同行的批评指正。

上述情形表明，刘师培研究还有相当大的发展余地，需努力的方面正多。要想推进这一研究，更严谨的学风和更开阔的视野必不可少。

学术研究有其自身的规范，严谨的学风便是基本前提，它要求研究者对所研究课题的已有成果以及对研究对象的基本情形有一个透彻了解。具体到刘师培那里，如果真正做到了这一点，熟悉研究状况并充分知晓刘氏生平、诗文系年、师友交往等方面的情形，便可避免一些忽视前人成果和存有硬伤的低水平重复研究现象的出现，从而使研究者能将有限的精力投入到开拓新的领域，并在扎牢史料编年等基础功夫的前提下提升研究水平。仅就扩大领域而言，应在以往初步探索了刘师培之经学、史学、文学等各类学问的基础上，把研究领域拓展到刘师培有关小学、子学、艺术观等层面，尤要着重在刘氏具有时代特色的学术上多加钻研。

在坚守严谨学风的同时，使研究水准更上一层楼是研究者的职责所在，在这方面，更开阔的视野至关重要。有了更开阔的视野，也就有了更宏观的眼光和思维，便能使研究者走出一些误区。如在对刘师培无政府主义的研究上，政治定性与阶级分析的窠臼以及因人废言的习惯思维已制约了研究水平的提高，只有挣脱这些束缚，以高屋建瓴的视野真正给出学理层面上的客观阐释，才有助于研究的进步。与此相关，对刘师培政治主张与立场前后剧烈变化之缘由的解释，也应摆脱以道德判断为主的狭隘视界，寻求多角度、多层次的理解渠道。对这一问题的合理解释，还具有普遍意义，因所谓早年"激进"、晚岁"保守"似乎成了清末民初不少人的共性，剖析刘师培这一个案，或许有助于为此类问题提供一个较好的答案。另外，在对刘师培学术成就的研究上，要想走出在介绍和叙述层面做文章的境地，也必须有更开阔的视野，不仅要看刘师培做了什么，关键是在刘氏学术的深厚渊源和其所研究之具体问题本身上下工夫，即不仅阐释刘氏自身的学术文本，而且阐释刘氏解决之问题在中国学术发展史上或在该问题研究史上具有何种地位。做到了这一点，加之充分的学理讨论和理论阐发，定能促使研究工作推进到更高的层次。

总之，刘师培研究目前并不成熟，亟待填补的空白点和亟待完善的方面还很多，正需要学术界通过努力把它推进一大步。

### 三、本书的研讨思路

鉴于刘师培一生的主要业绩在于他的学术贡献，也鉴于至今这方面的研究仍很薄弱，本书选择刘师培的学术思想与建树作为研究主题。

中国学术博大精深，门类繁多，笼统言之，大致可以经、史、子、集四部涵盖。古人讲求会通之学，往往出入于四部之间为"通儒"。作为清儒学术的继承者，刘师培治学亦有此种特色，称其为"国学大师"再恰当不过。所以对刘师培学术思想与学术建树的研究，是一个相当庞大的课题，非区区一部小书所能完成。且史学研究之通途，应是由点到线，由线到面，以小见大，如此，方能收事半功倍之效。故探讨刘氏学术，入手处不宜过于庞杂，应首先选取最能体现其特色与价值之点来开掘。

刘师培所处的时代，是中西古今文化大交融的时代，过渡性极强。就学术而言，一方面，西学大举东进，逐渐登上东方学术殿堂，与中国古典学术相激荡、相交融；另一方面，自古以来大多处于中心位置的经学地位下降，而处于次要位置的史学则愈益凸显。中西学术之交融导致现代学科体系乃至于现代中国学术的建立，经史地位的转换也带来一系列的学术变革，体现在诸如清季史学革命、学术史研究勃兴等方面。因此，这两种新气象的出现无论从哪个角度讲都是极有意义的。作为热血青年，刘师培深深感受到了学术潮流的新变化，而且在自己的学术实践中充分体现了这一新变化，这从其著述中所含大量的交融中西学术和回溯学术史的内容能够很清楚地看出。可以说，在刘师培庞大的学术体系中，中西交融之学和学术史研究是其最具特色的"预流"学问，① 最有探讨之价值，故而本书选择这两方面作为研究的核心。当然，刘师培是四世传经的国学家，其学术底

---

① 陈寅恪先生在《陈垣〈敦煌劫余录〉序》中说："一时代之学术，必有其新材料与新问题。取用此材料，以研求问题，则为此时代学术之新潮流。治学之士，得预于此潮流者，谓之预流（借用佛教初果之名）。其未得预者，谓之未入流。此古今学术史之通义，非彼闭门造车之徒，所能同喻者也。"（《金明馆丛稿二编》，236页，上海，上海古籍出版社，1980）今借用此义。

色由古典学术构成，此一特点又绝不能忽略。所以对其学术的研究不能不从其如何继承和发扬先贤学术开始，然后方论及其他。

还需说明的是，鉴于目前对刘师培的整体研究尚不理想，不少基本史实尚未弄清，一些研究成果存在对史料缺乏鉴别、匆促下笔的弊病，本书开端于编撰刘师培的年谱，在梳理清刘氏一生之行年纪实、诗文系年、师友交往等基本史实的基础上，再深入系统地探讨正文所涉猎的主要问题。考虑到本书主题，特将年谱的主体《刘师培学谱简编》作为附录附于正文之后。

# 第一章 先贤学术与刘师培

## 第一节 "扬州学派"的基本精神

按照通行说法，刘师培是"扬州学派"的殿军，其学术根源于扬州先贤之学。那么，何谓"扬州学派"？它的基本情形怎样？此类问题便不能不为我们所首先关注。

### 一、何谓"扬州学派"？

扬州位居江淮之间，大运河纵贯南北，历史悠久，文化璀璨，向为人才辈出之所，学术素称发达。清代朴学大师王念孙、王引之、汪中、焦循、阮元以及刘师培先祖刘文淇等人皆为扬州学者，他们的学术研究不仅成果丰硕，整体质量高超，而且具有一定特色，在当时即产生较大影响，可说是将乾嘉汉学推到了一个高峰。所谓扬州学术，笼统而言便是指这些朴学大师所代表的既具地域色彩又显主流风范的学术。具体而言，清代扬州府治（乾嘉时期），领二州（高邮、泰州）、六县（江都、甘泉、仪征、兴化、宝应、东台），作为以地域而得名的扬州学术，空间范围上即指这二州六县；时间段限上则应从乾隆年间至清末民初，因这段时间的扬州学术才称得上是有特色的学术；内容上则以清代占主导地位的学术——朴学为核心。

上述对扬州学术的界定，是以这一学术的基本面貌为出发点的。也就是说，这里指称的"扬州学术"是一专有名词，既非指扬州地区从古至今都存在的学术，也非指整个有清一代的扬州区域学术。确切地讲，它指的是当今学界习称的"扬州学派"所从事的学术。所谓"扬州学派"，早有学者论述，其立论依据在于王念孙、王引之、汪中、焦循、阮元、刘文淇等扬州籍学者以及一些客居扬州的学者相互间大都存在师承关系，有着共同的学术倾向。他们在学术渊源上受吴、皖两派影响，也可说是从吴、皖两派分化演进出来，故作为一个"学派"形成的时间稍晚于吴派和皖派，但延续的时间直到清末民初刘师培等人走上学术舞台为止。他们的学术特色为：继承发展惠栋、戴震学说，将乾嘉考据学进一步推向高峰，并取得总结性成就；对待学术，采取求同存异的态度，反对墨守门户之见；具有发展变化思想和求实批判精神，并用以分析事物；突破了传注重围，开拓了研究领域；等等。① 张舜徽先生还曾概括道：

> 余尝考论清代学术，以为吴学最专，徽学最精，扬州之学最通。无吴、皖之专精，则清学不能盛；无扬州之通学，则清学不能大。②

上述这些对"扬州学派"自成一体的论述不可谓不准确、不充分，但问题在于有了这些因素就是否必以"学派"名之，应该是值得讨论的。

什么叫学派？比较权威的工具书把"学派"一词定义为"一门学问中由于学说、观点不同而形成的派别"，或"一门学问中由于学说师承不同而形成的派别。如紫阳（朱熹）学派；姚江（王守仁）学派"。③ 这是当今一般意义上的学派概念。由此出发，吴派、皖派、常州学派确可称之为学派。吴派以惠栋为代表，宗汉学为旗帜的乾嘉学派，也是至惠栋时才正式形成。惠栋是江苏元和人，他周围和身后有一批学者，多是苏南人，如江声、余萧客、钱大昕、王鸣盛等，对惠栋"彬彬有师承之意"，故这些人和惠栋一起被称为乾嘉学派中的吴派（或惠派）。对该派学术，梁启超评价道：

> 惠派治学方法，吾得以八字蔽之，曰"凡古必真，凡汉皆好"。其言"汉经师说与经并行"，意盖欲尊之使侪于经矣。
> 
> 盖谓凡学说出于汉儒者，皆当遵守，其有敢指斥者，则目为信道

---

① 参见王俊义、黄爱平：《清代学术与文化》，沈阳，辽宁教育出版社，1993；张舜徽：《清代扬州学记》，上海，上海人民出版社，1962。

② 张舜徽：《扬州学记自序》，见《䎬庵学术讲论集》，719 页，长沙，岳麓书社，1992。

③ 据《汉语大词典》和《辞海》。

不笃也。①

皖派以戴震为代表。戴是安徽休宁人,属于该派的学者如金榜、程瑶田等也都是安徽人,另一些学者如段玉裁及王念孙、王引之父子虽非安徽人,但或系戴的学生,或推崇戴的学说,亦被公认属皖派之列。戴震治学"实事求是,不偏主一家",②与笃信汉儒经说的惠栋截然不同。王鸣盛曾评论两者之区别,谓:

> 方今学者,断推两先生,惠君之治经求其古,戴君求其是。③

章太炎认为:

> 吴始惠栋,其学好博而尊闻。皖南始戴震,综形名,任裁断。此其所异也。④

梁启超进而言之:

> 戴学所以异于惠学者,惠仅淹博,而戴则识断且精审也。⑤

可见吴派偏于"淹博"信古,唯汉是好;皖派则求是求真,"识断""精审"。而且两派渊源相异,"戴学从尊宋述朱起脚,而惠学则自反宋复古而来"。⑥故学术观点必然不同。与吴、皖两派相较,常州学派更是特色分明。吴、

---

① 梁启超:《清代学术概论》,见朱维铮校注:《梁启超论清学史二种》,26、27页,上海,复旦大学出版社,1985。
② 钱大昕:《戴先生震传》,见《戴震文集》,264页,北京,中华书局,1980。
③ 洪榜:《戴先生行状》,见《戴震文集》,255页。
④ 章太炎:《訄书(重订本)》,见《章太炎全集(三)》,156,上海,上海人民出版社,1984。
⑤ 梁启超:《清代学术概论》,见《梁启超论清学史二种》,31页。
⑥ 钱穆:《中国近三百年学术史》,353页,北京,商务印书馆,1997。但钱穆又认为"惠主求古,戴主求是,并非异趣","吴皖非分帜也",可备一说。

皖皆为古文经学派，共同遵循由声音、文字以求训诂，由训诂以治经的学术路向，可谓大学派下的两个分支学派。常州学派则独树一帜，是今文经学的典型代表，学术主张与治学途径和吴、皖两派截然不同。常州学派由常州人庄存与开创，庄的外孙刘逢禄和宋翔凤等人继承了庄的事业并光大之。庄氏与戴震大致同时，但其治学不是着重于名物训诂，而是"于六经皆能阐抉奥旨"，"独得先圣微言大义于语言文字之外"。① 刘逢禄、宋翔凤等人就更是通过推崇公羊学，寻求经书中的微言大义，并抨击古文经学"详训诂"而"略微言"，显示出独树一帜的特点。

上述吴、皖、常州学派的基本状况，以今天所谓"学派"标准来看，洵足当之，因它们确由师承和观点不同而分派。反观"扬州学派"，却不具备分派的条件，更多的是地缘因素在起作用。具体来说，在学术师承和观点上，"扬州学派"皆无可据以分派的独立性。学界一般认为久客扬州从事著述和讲学的惠栋、戴震对扬州学者影响甚大，扬州学者多和惠、戴有直接间接的师承关系，尤其是戴震，留下深远影响，"扬州学派"的代表人物王念孙、王引之、任大椿、焦循、阮元皆继承和发展了戴震的思想与方法，汪中则对戴震和惠栋都很推崇，承袭了两人的学术思想。对戴震与扬州学者的这种关系，身为扬州后学的刘师培感受最深，他曾在《南北学派不同论》中作过具体论述，谓：

> 戴氏弟子舍金坛段氏外，以扬州为最盛。高邮王氏传其形声训诂之学，兴化任氏传其典章制度之学。……仪征阮氏，友于王氏、任氏、复从凌氏（廷堪）、程氏（瑶田）问故，得其师说。……甘泉焦氏，与阮氏切磋，其论学之旨，谓不可以注为经，不可以疏为注，于近儒执一之弊，排斥尤严……亦戴学之嫡派也。②

可见扬州学者更多的是继承了戴震之学，与皖派较为接近，学术师承方面并非独树一帜。当然，众所周知，扬州学者在靠近皖派的同时，对吴派也

---

① 阮元：《庄方耕宗伯经说序》，见《庄存与〈味经斋遗书〉卷首》，阳湖庄氏藏板光绪八年重刻本。

② 刘师培：《南北学派不同论》，见《遗书》，556、557页。

不拒斥，而是本着兼容并包的精神吸纳两派之长，从而形成求同存异、不墨守门户的学术态度，并能以发展变化的眼光看待学术问题，终于使得乾嘉考据学在他们那里达到一个高峰，取得总结性成就。可以说，兼容并包是对扬州学术特色的最好概括（连治今文经之学者如凌曙也包容其中，这是专治古文经之吴、皖派所无的现象），但此一特色却并不足以成为单独立派的依据，因它更多地是指一种学术观念和风气，而非一个学派具有统御性的学说。①

考"扬州学派"这一概念之最早出现，当是方东树在《汉学商兑》中提出的。他说：

> 扬州汪氏谓文之衰自昌黎始，其后扬州学派皆主此论，力诋八家之文为伪体。②

这里方东树是把扬州学者作为论敌而将其视为一个学派的，且《汉学商兑》一书的偏激与片面某种程度上也使方氏立论的客观性大打折扣。与之相反，扬州学者本身并不把自己视作一个学派，王氏父子、焦循、阮元等都没有这样的议论，汪中虽曾指出扬州地区的学者有独特的联系和特点，但也不以学派名之。③ 民国初年，尹炎武作《刘师培外传》时明确肯定"扬州学派"的存在，认为：

> 扬州学派盛于乾隆中叶，任、顾、贾、汪、王、刘开之，焦、阮、钟、李、汪、黄继之，凌曙、刘文淇后起，而刘出于凌。师培晚出，

---

① 也有人认为扬州学者除了考证外，又能兼顾义理之学的探讨，是考证学风下的"新理学"，故可成一派。（参见林庆彰：《清代经学国际研讨会论文集·导言》，2页，台北，"中央研究院"中国文哲研究所，1994。）实则兼顾义理之学的主要为汪中、焦循、阮元数人，不足以代表扬州学者共同的学术取向，故该说难以服人。

② 方东树：《汉学商兑》，卷下，光绪十年六安求我斋重刊本。

③ 汪中指出："是时，古学大兴，元和惠氏、休宁戴氏咸为学者所宗，自江以北则王念孙为之唱，而君（指李惇）和之。中及刘台拱继之，并才力所诣，各成其学，虽有讲习，不相依附。"见汪中：《大清故候选知县李君之铭》，见《述学》，外篇一，嘉庆二十年刻本。

> 席三世传经之业，门风之盛，与吴中三惠九钱相望，而渊综广博，实隆有吴皖两派之长，著述之盛，并世所罕见也。①

这段论述除列出扬州学者的学术脉络外，并未提出分派依据所在，其所揭示的"有吴皖两派之长"一特点非能成为立派的标准。值得注意的是，尹炎武心目中的"扬州学派"殿军刘师培却不把自己视作学派中人。刘氏《南北学派不同论》、《近儒学术统系论》、《扬州前哲画像记》等文多论及扬州前贤学术，但绝不以"扬州学派"名之，反而多方强调扬州学术与戴震的承续关系，如将阮元、焦循、凌廷堪等扬州学者列入拟作之"东原学案"下，②俨然视扬州学术为戴学之遗绪或分支，而且特别指出扬州学者"力持学术之平，不主门户之见"，③派别色彩不浓。这表明刘不认可"扬州学派"之说。

上述对"学派"的界定与研究是依据现在一般意义上的学派概念进行的。

> 传统意义上的"派"、"家"、"家学"的内涵及界限要比传统学者及现代中国学者力图界定的范围模糊得多。有些时候，一个学派可能是拥有共同的文献学传统、地域上的接近、个别党社思想主张的一致、风格的相似，或这些因素的综合。在许多场合，一个"学派"仅仅是指为某种组织所作的辩护，这种序列化为某一地区特有的学术活动的中心内容准备谱系或使之系统化。④

正是在这种不甚清晰的"学派"概念下，艾尔曼把清代江苏地区的学者笼统划分为四派：昆山学派、苏州学派、扬州学派、常州学派，而且认为扬州

---

① 尹炎武：《刘师培外传》，见《遗书》，17页。
② 刘师培：《近儒学案序》，《左盦外集》，卷17，见《遗书》，1755页。
③ 刘师培：《扬州前哲画像记》，《左盦外集》，卷20，见《遗书》，1896页。
④ Benjamin A. Elman, *Classicism, Politics, and Kinship*: *The Ch'ang-chou School of New Text Confucianism in Late Imperial China*. University of California Press, 1990. p.4. 中译本见赵刚译：《经学、政治和宗族——中华帝国晚期常州今文学派研究》，南京，江苏人民出版社，1998。

学派主要是地理意义上的学派，如以师承来分，只能视之为苏州学派和皖派的分支。① 同样，也是在这种模糊意义上，与刘师培同时代的扬州后学李详论及"扬州学派"之源流，所论亦以地域为主，未提及扬州学术特色，把一般认为非属"扬州学派"的江藩等人也列入其中，并"自笑其偏，然不可不举示后人，以助谈柄"。② 一旦脱离这一意义而作缜密分析，李详对"学派"之分便很慎重，似乎不太赞成"学派"的说法，他曾以《说文解字》对"派"字的诠释证明："异于正源，本非雅词"，"古有师法，无所谓派者。有之，自宋吕居仁江西宗派图始。……一时之好尚，未为定论。""古文无派，于古有承者，皆谓之派。"③

总之，清代扬州地区的朴学研究确有自己的特色，如不加以精密界定，从传统习惯出发，或从地域观念出发，称之为"扬州学派"亦未尝不可。这里绝非否定以往对扬州学派的研究，只不过认为站在今天的高度，应尽量以当代学术的科学立场重新定义一些传统上的模糊概念，从而便于严密的学理阐发。基于此，才以带引号的"扬州学派"一词指代这一地域性的学术现象，以示其非为当今规范意义上的概念。④

## 二、"扬州学派"的成就与特色

作为颇具特色的地域性学派，"扬州学派"的内容是相当丰富的。张舜徽先生曾把扬州学者的成就归纳为六个方面：自然科学方面，哲学思想方面，专经研究方面，训诂名物方面，辨伪、校勘、辑佚方面，编书、刻书、藏书方面，⑤ 实则核心内容是以经学、小学为主干的朴学，自然科学、哲学思想的内容也是通过朴学研究来显现的。这不仅体现在"扬州学派"的主要代表王念孙、王引之、汪中、焦循、阮元等人身上，在"扬州学派"的

---

① Benjamin A. Elman, *Ch'ing Dynasty "SchooLs" of Scholarship*. Ch'ing-Shih Wen-T'i, Volume 4, Number 6, December 1981.
② 李详：《李审言文集》上，656页，南京，江苏古籍出版社，1989。
③ 李详：《论桐城派》，见《李审言文集》下，887、888页，南京，江苏古籍出版社，1989。
④ 有学者认为"以地域来区分学派，本身并不科学，与乾嘉学术发展的实际也不尽吻合"。见陈祖武：《关于乾嘉学派的几点思考》，清代经学国际研讨会论文集，第257页。
⑤ 张舜徽：《清代扬州学记》，14~16页。

其他代表如李惇、任大椿、程晋芳、刘台拱、贾田祖、江德量、凌廷堪、秦恩复、钟怀、顾凤毛、罗士琳、凌曙、刘文淇、黄承吉等人身上也是如此。这里仅就"扬州学派"主要代表人物的贡献予以论述。

王念孙（1744—1832），扬州高邮人，少年时代即向戴震学习经义，受过文字、音韵、训诂的训练，立志从事"许郑之学"。晚年自官场引退后，专意读书，以著述为事。其子王引之（1766—1834）亦自幼起便习声音训诂之学，一生治学，以父为师。政事之暇，时与父讨论经义，凡有所得，即笔之于篇。父子二人著述甚丰，王念孙有《广雅疏证》、《校正广雅音》、《郝氏尔雅义疏刊误》、《段氏说文签记》、《王氏读说文记》、《群经字类》、《释大》、《方言疏证补》、《毛诗、群经、楚辞古韵谱》、《读书杂志》、《王石臞先生遗文》等存世；王引之有《经义述闻》、《经传释词》、《太岁考》、《春秋名字解诂》、《字典考证》、《王文简公文集》等存世。其中最重要的著作为《广雅疏证》、《读书杂志》、《经义述闻》和《经传释词》。这四部合称为"王氏四种"的著作，被公认为乾嘉学术的代表之作。由此，王氏父子得到众多赞誉，如阮元便一再称道说：

> 高邮王氏一家之学，海内无匹。①
>
> 我朝小学训诂远迈前代，至乾隆间惠氏定宇、戴氏东原大明之。……怀祖先生（王念孙）家学特为精博，又过于惠、戴二家。先生经义之外，兼核诸古子史。哲嗣伯申（王引之）继祖，又居鼎申，幼奉庭训，引而申之，所解益多。②

方东树也说：

> 高邮王氏《经义述闻》，实足令郑、朱俯首，汉唐以来，未有其比。③

---

① 阮元：《王石臞先生墓志铭》，见《揅经室续集》卷二之下，道光阮氏文选楼刻本。

② 阮元：《王伯申经义述闻序》，见《揅经室集》上册，120页，北京，中华书局，1993。

③ 方东树：《汉学商兑》，卷中之下。

方氏本来反对汉学,却有此论,足见王氏父子的成就在当时学界可谓有口皆碑。

汪中(1744—1794),扬州江都人,自幼家境贫寒,但刻苦自学,利用在书店做学徒的机会遍观经史百家著作,壮年后专意学术,与王念孙、李惇、刘台拱为友,共讨论之。自谓治学趋向是遵循顾炎武的道路前行,"中少时问学,实私淑诸顾宁人处士。故尝推六经之旨以合于世用。及为考古之学,惟实事求是,不尚墨守"。① 同时对惠栋和戴震都推崇,学术思想受二人影响极大。他治学范围比较广泛,"经传诸史,旁逮医药种树之书,靡不观览。复推六经之旨,以合于世用。凡古今制度沿革,民生利病,皆博问而切究之"。② 他的著述不是很多,主要有《述学》、《广陵通典》、《大戴礼记正误》、《经义知新记》、《春秋列国官名异同考》、《国语校文》、《旧学蓄疑》等,皆非卷帙浩繁的大著述,但这些著作门庭开阔,与当时专守一书、专攻一艺之学者所著截然不同。他还以其在经、史、子学方面的深厚功力和新颖见解校勘《仪礼》、《尔雅》、《荀子》、《墨子》等古籍,成就斐然。在为文方面,更是宏丽渊雅,非当时朴学家们所易学步。故而时人对他相当推崇,王念孙称其"讨论经史,榷然疏发,挈其纲维",③ 阮元誉其"孤秀独出,凌轹一时。心贯九流,口敝万卷。鸿文崇论,上拟汉唐"。④

焦循(1763—1820),扬州甘泉人,少时聪颖好学,成年后亦尚经术,与阮元齐名。焦循博闻强记,每遇一书,必穷其源,所以经史、历算、声音、训诂,无所不究,治学范围相当广泛,其中尤以治《易》闻名,因从其曾祖开始,焦家世传《易》学,故专精《周易》。其主要著作有《易章句》、《易图略》、《易通释》、《论语补疏》、《周易补疏》、《尚书补疏》、《毛诗补疏》、《春秋补疏》、《礼记补疏》、《孟子正义》、《论语通释》、《释弧》、《释轮》、《雕菰楼集》等,焦循学问之广博,由此可见一斑,故阮元为之作传

---

① 汪中:《与巡抚毕侍郎书》,见《述学》别录。
② 支伟成:《清代朴学大师列传》上,110页,长沙,岳麓书社,1986。
③ 王念孙:《述学序》,见汪中:《述学》卷首。
④ 阮元:《述学序录》,见汪中:《述学》卷首。

时称其为"通儒",认为其学问"精深博大"。① 不仅如此,焦循还是扬州学者中哲学思想最丰富的一个。在这方面,他公开以私淑戴震自任,曾一再表示"循读东原戴氏之书,最心服其《孟子字义疏证》",② 他也自觉继承戴震的义理之学,对理欲、性情等问题多所阐发,时有精辟见解,丰富和发展了前人的哲学思想。

阮元(1764—1849),祖籍扬州仪征,乾隆五十四年(1789年)进士,历官乾、嘉、道三朝,多次出任地方督抚、学政,充兵部、礼部、户部侍郎,拜体仁阁大学士。宦迹所到之处提倡经学,奖掖人才,整理典籍,刊刻图书,如在浙江立诂经精舍,组织人力编成《经籍籑诂》;在江西刻《十三经注疏》;在广东立学海堂,刻《皇清经解》。他自身也从未放弃学术研究,幼时便从乡儒学,略通经史,涉猎百家。成年后与江藩、凌廷堪、焦循、孙星衍等学者交为益友,相互质疑辩难。入京中进士后,又得以向前辈大家王念孙、任大椿、邵晋涵等问学,从而奠定了坚实的汉学基础,并继承了由王念孙上溯至戴震的皖派治学精神与方法,使之通过自己的学术活动发展和成熟。他治学的范围相当广泛,经史、小学、天算、舆地、金石、校勘,无不穷极隐微,有所阐发,尽管"巨细无所不包,而尤以发明大义为主"。③ 其主要著述有《论语论仁论》、《孟子论仁论》、《诗书古训》、《曾子注释》、《十三经注疏校勘记》、《四库未收书目提要》、《畴人传》、《揅经室集》等,这些著作反映出阮元在经史、小学、自然科学等各方面的研究均具有很高的水平。正由于阮元在比较广泛的学术领域里有精深造诣,加之他所处之位置和所从事之学术活动皆有巨大影响,故后人对他评价极高,誉之为"乾嘉学派的殿军",④ "扬州学派中的领袖"。⑤

从上述"扬州学派"主要代表人物的学术成就来看,扬州学者之治学在深、广两个向度上均达到了相当的水准,既精且博,绝非累世守一先生之言或缘词生训之朴学者可比。不仅主要代表如此,"扬州学派"其他代表人

---

① 阮元:《通儒扬州焦君传》,见《揅经室集》上册,481页。
② 焦循:《寄朱休承学士书》,见《雕菰楼集》卷13,道光仪征阮亨刻本。
③ 支伟成:《清代朴学大师列传》下,634页,长沙,岳麓书社,1986。
④ 王俊义、黄爱平:《清代学术与文化》,342页。
⑤ 王章涛:《阮元与扬州学派》,见《学土》卷2,广州,广东高等教育出版社,1996。

物的治学也大略如此，足见这是具有区域特色的学术。这一学术所代表之学风，张舜徽先生曾准确地归纳为"能见其大，能观其通"，① 或可直接概括为"通"（"扬州之学最通"）。所谓"通"，"首先体现在推广了求知的领域"。② 与不少乾嘉学者仅钻研几部重要经传，连常见的史书都极少阅读的情形相比，扬州学者们的学术视野确实极其开阔，这已如前述。其次，对待学术采取求同存异的态度，运用变化、发展的观点分析事物，突破传注重围，不从事声气标榜并肯承认自身短处等，也是这一学风的具体体现。不过，仅仅这些，还不足以概括贵"通"的扬州学风的关键意义所在，必须把这一学风与"扬州学派"的基本特色——兼容并包结合起来，才能从根本上说明问题。需要指出的是，兼容并包与求同存异还不是一个层次上的概念，具体到"扬州学派"，它一方面指包容不同的学科门类和不同的观点、方法，将其融会贯通，如汪中所做熔铸各科、疏明大例的工作，阮元长于归纳，焦循长于演绎，两不相废。另一方面指打破门户。清儒治学，最讲门户，扬州学者极不满于此，③ 如焦循就竭力反对考据、汉学、宋学这一类名目，很想荡除这些狭隘名词，使学者不囿于门户，不执于一端；阮元也表现出折中汉宋、二者兼采的倾向。实则打破门户与融会贯通是相辅相成的。进而言之，这两者的结合才是对扬州学风——"通"的最好解释，也是此一学风的精髓和真正意义所在。

---

① 张舜徽：《清代扬州学记》，11页。
② 张舜徽：《学习扬州先辈的治学精神走博通的路》，见《讱庵学术讲论集》，38页。
③ "扬州学派"外，浙东之学也不讲门户，如章学诚所言："浙东之学，虽源流不异而所遇不同。故其见于世者，阳明得之为事功，蕺山得之为节义，梨洲得之为隐逸，万氏兄弟得之为经术史裁，授受虽出于一，而面目迥殊，以其各有事事故也。彼不事所事，而但空言德性，空言问学，则黄茅白苇，极面目雷同，不得不殊门户以为自见地耳。故惟陋儒则争门户也。"（章学诚：《文史通义》内篇二"浙东学术"，见仓修良编《文史通义新编》，70页，上海，上海古籍出版社，1993。）浙东学术以史学为主，扬州学术以经学为主，在打破门户方面，可谓学界双璧。

## 第二节 仪征刘氏家学

### 一、学术建树

刘师培是江苏仪征人,其家世传经学,亦属"扬州学派"成员。刘师培曾祖刘文淇是刘氏经学世家地位的奠定人。

刘文淇(1789—1854),字孟瞻,出身贫寒,年轻时便以授徒糊口,做乡村塾师。其舅凌曙予其生活和学习以关照,亲自指导其学业,这为其后来的成就奠定了坚实的基础,尽管舅甥二人在经学研究方面趣向不同,凌曙治《公羊》,刘文淇治《左传》,但凌曙在学问上的雄厚功力和刻苦精神都为刘文淇所继承和光大。终其一生,刘文淇科名不高,仅为优贡生,而且一直以课徒游幕为业。生活道路虽坎坷且不显达,但他始终对学问孜孜以求,最终以精研《春秋左氏传》而有名于当世和后世,成为公认的经学家。

《春秋左氏传》属十三经之一。诸经早在唐、宋之时便已有人为之作疏,但这些旧疏很为清代经学家所不满,《左氏传》之疏亦如此,正如刘师培伯父刘寿曾所言:

> 十三经者,宋人增补唐人《九经正义》之名也。六朝义疏之学最盛,其师法犹渊源于汉儒。唐人之作正义,多取六朝义疏而没其名。然掩复之过与存古之功,各不相蔽,其优劣当以所取注为断焉。唐人于《易》,弃马、郑、荀、虞诸家,而用王弼、韩康伯注。王、韩注《易》,多参清言,故《易》疏亦多空语。非其考订之疏,乃本原之舛也。于《书》则兼用伪古文,弃马、郑古谊,而用梅赜《传》,亦失裁断。惟疏中于名物训诂尚详备耳。于《左氏传》则弃贾、服、郑、颖诸家,而用杜预《集解》。疏中凡杜氏不用旧注者,每驳旧注而曲傅杜氏,亦其一蔽。此三疏皆出孔氏颖达手,《书》疏为上,《左氏》疏次之,《易》疏则最下也。……①

---

① 刘寿曾:《十三经注疏优劣考》,见《传雅堂文集》卷1,民国二十五年铅印本。

以是之故，清代经学家发愿对十三经重作新疏。

道光八年(1828年)，刘文淇与刘宝楠、梅植之、包慎言、柳兴恩、陈立共应乡试，"病十三经旧疏多踳驳，欲仿江氏、孙氏《尚书》，邵氏、郝氏《尔雅》，焦氏《孟子》，别作疏义"。①"始为约各治一经，加以疏证。"②刘文淇分任治《春秋左氏传》。此后直至去世，他断续在这部繁难的"大经"上下了许多功夫，做了大量工作，使《左传》的旧注、旧疏都得以被清理。具体情形，如其子刘毓崧所言：

> 生平湛深经术，于《春秋左氏传》致力尤勤。尝谓左氏之义，为杜注剥蚀已久，其稍可观览者，皆系袭取旧说。爰辑《左传旧注疏证》一书。先取贾、服、郑三君之注，疏通证明。凡杜氏所排击者纠正之，所剿袭者表明之，其沿用韦氏《国语注》者，亦一一疏记。……上稽先秦诸子，下考唐以前史书，旁及杂家笔记、文集，皆取为证佐，期于实事求是，俾左氏之大义，炳然著明。草创四十年，长编已具，然后依次排比，成书八十卷。又以余力辑《左传旧疏考正》一书，……凡得二百余条，厘为八卷。③

《左传旧疏考正》于道光十八年(1838年)即已刊行，《左传旧注疏证》却因博采众说、涉猎较广而不易卒业，刘文淇仅纂成《长编》八十卷，《疏证》则只成一卷，编至隐公四年，便撒手人寰。终其一生，刘文淇未完成《疏证》，除因工程浩大外，也与他用较多精力替人校勘书籍而未能全力投入有关，也就是说，他不仅以经学名世，也以校勘学为人推重。他曾替阮元校勘宋元本《镇江府志》，并成《校勘记》四卷，又替岑建功校勘《旧唐书》和《舆地纪胜》，与同事(含其子毓崧)共成《旧唐书校勘记》六十六卷、《舆地纪胜校勘记》五十二卷，还校订过《礼记训纂》。他之精于校雠，"不啻如己

---

① 陈立：《论语正义序》，转引自张舜徽：《清代扬州学记》，173页。
② 刘恭冕：《论语正义后序》，见刘宝楠：《论语正义》，434页，北京，中华书局，1957。
③ 刘毓崧：《先考行略》，见《通义堂文集》卷6，南林刘氏求恕斋刊本。

之撰述"。① 校勘之外，他也从事过编述之事，担任过重修《仪征县志》的总纂，并曾与人共注《南北史》。

刘文淇之子、刘师培祖父刘毓崧(1818—1867)，字伯山，自幼便随父客游四方，从父受经，"长益通博……以淹通经史有声江淮间"。② 一生科场不顺，仅以荐授八旗官学教习，故亦以课徒游幕为生。长于校书，居曾国藩、曾国荃幕中最久，任事金陵书局。左氏之学方面，著有《春秋左氏传大义》，但并未继承父业，续作《左传旧注疏证》。③ 经学方面，还著有《周易》、《尚书》、《毛诗》、《礼记》之《旧疏考正》各一卷。并有《经传》、《史乘》、《诸子》诸《通义》若干卷及《王船山年谱》二卷等著作。因精于校雠之事，故"自出游及家居，所主多专司校书。刊讹订谬，搜逸撮残。视己所撰述，尤加矜慎"。④ 最大的成就在于校勘《王船山遗书》。

刘毓崧长子、刘师培伯父刘寿曾(1838—1882)，字恭甫，也以游幕校书为生，助父校书数种。科名仅为副榜贡生，曾被保举知县，加同知衔。其志向仍在左氏之学，立意完成祖父刘文淇所未竟之《左传旧注疏证》，但虽殚精竭虑为之，还是"至襄公四年后成绝笔"，⑤ 卒未成完璧。之所以如此，亦与校书相关，"顾既悴精《左疏》，仍兼书局雠校文字之役，精力耗损，犹不自已"。⑥ 其校书之作有《南史校义集评》等。

刘毓崧次子、刘师培之父刘贵曾(1845—1898)，字良甫，早年佐父兄为文事，并游幕于南昌等地，后返扬州理家，与当地士绅一同助守令治事。曾中副榜举人，敕授文林郎。助兄寿曾作《左传旧注疏证》，遂通两汉

---

① 刘毓崧：《先考行略》，见《通义堂文集》卷6。
② 支伟成：《清代朴学大师列传》上，210页。
③ 科学出版社1959年出版的《春秋左氏传旧注疏证》之《整理后记》中言："刘稿相传为文淇、毓崧、寿曾三代所著，管见以为第一卷外实寿曾一人之笔。……据清史儒林传云：'文淇治左氏春秋长编数十巨册，晚年编辑成疏，甫得一卷而殁。毓崧思卒其业未果；寿曾乃发愤以继志述事为任。'检毓崧遗著及传记，亦未有言及续纂左传疏事。"
④ 刘寿曾：《先考行状》，见《传雅堂文集》卷3。
⑤ 刘师培：《读左札记·序》，见《遗书》，第292页。另，一般都说刘寿曾作至襄公四年而卒，只有彭作桢《周礼古注集疏序》说"止于襄公五年"(见《遗书》，184页)，科学出版社1959年出版《春秋左氏传旧注疏证》，整理者所依据的原稿确是止于襄公五年。
⑥ 支伟成：《清代朴学大师列传》上，211页。

古文家法。而且"平生于学靡不通，尤邃于历"。① 以所长治经，著有《左传历谱》、《尚书历草补演》、《礼记旧疏考正》。

由上可见，从刘文淇开始，刘师培的三代先人都以经学自任，左氏之学已成为其家学，《左传旧注疏证》赓续不绝（有证据表明刘师培之叔刘富曾也曾与其事），可谓学界一大奇观，以经学世家称其家族似不为过。

## 二、学术风格与特色

作为"扬州学派"的一员，仪征刘氏在学术渊源、学术风格、治学特色诸方面同样有该派成员的特质，即不拘门户，同时承受吴、皖两派的影响，尤其是皖派，从而兼有两派之长。

刘寿曾曾为文谈过扬州之学包括自家学术是如何源于徽州学者江永、戴震的。他说：

> 国初东南经学，昆山顾氏开之。吴门惠氏、武进臧氏继之。迨乾隆之初，老师略尽，儒术少衰。婺源江氏崛起穷乡，修述大业，其学传于休宁戴氏。戴氏弟子，以扬州为盛。高邮王氏，传其形声训故之学；兴化任氏，传其典章制度之学。仪征阮文达公，友于王氏、任氏，得其师说。风声所树，专门并兴。扬州以经学鸣者，凡七八家，是为江氏之再传。先大父早受经于江都凌氏，又从文达问故，与宝应刘先生宝楠切磨至深，淮东有二刘之目。并世治经者，又五六家，是为江氏之三传。先徵君承先大父之学，师于刘先生，博综四部，宏通淹雅，宗旨视文达为尤近。其游先大父之门，而与先徵君为执友者，又多辑学方闻之彦，是为江氏之四传。②

从这段文字来看，江永、戴震之学在扬州广为传播，王念孙、引之父子（高邮王氏）、任大椿（兴化任氏）、阮元（仪征阮文达公）等皆承其学并光大之，刘文淇自凌曙受经之余，与阮元多有交往，受其影响较大，再经与刘宝楠切磋，学问遂成，其子则承其学，父子之学可视为江氏学术之三传四传。这里所强调的刘氏家学自江永、戴震传承而来，即衍皖派之余绪确

---

① 刘师培：《先府君行略》，见《遗书》，1260页。
② 刘寿曾：《沤宧夜集记》，见《传雅堂文集》卷1。

属事实。但另一方面，吴派治学特色亦为刘家所汲取也是不争的事实，这尤其体现在刘文淇对《左传》旧注的疏证上。

刘文淇《左传旧注疏证》的一个基本做法是崇汉排杜，在他眼里，凡汉皆好，凡杜皆坏。这虽有矫枉之意，但显然源于吴派门径。《疏证》对贾逵、服虔等汉人之《左传》旧注进行纤细靡遗的罗列，而对晋杜预之注不遗余力地加以摒斥，有时甚至盲从贾、服之注而不顾杜注是否合理。《疏证》还"上稽先秦诸子，下考唐以前史书，旁及杂家笔记、文集皆取为证佐"，与吴派"好博"、"尊闻"的特点相契，而且尽量少用《史记》，也是受惠栋《史记》荒疏不可据之说的影响。吴派学术特色为刘氏汲取，所带来的一个长处便是使《疏证》汇集了极为丰富的材料，对《左传》汉人旧注进行了集大成的总结，贾、服旧说收罗之完备、归纳之清晰都罕有其匹。但同时也有短处，即凡汉皆好、凡杜尽坏的做法，似非公允。当然，刘氏毕竟主要承袭江、戴皖派之学，故在采吴派之长的同时并不固守吴派清规，"好博"而不"笃守"，"尊闻"而不迷古，"期于实事求是"。所以《疏证》能收罗运用其他古文家研究《左传》的成果，突破贾、服的局限，而且尊崇汉人也不薄后人，对清代学者的成果择善而从。值得一提的是，《疏证》充分吸取了皖派注重名物典章制度专题研究之长。刘氏在注例中说"释春秋必以礼明之"，故书中运用三礼，尤其是《周礼》解释古代典章制度的地方颇多，对服饰器物、姓氏地理、古历天算、日食晦朔、鸟兽虫鱼也皆细加训诂，精密考证，皖派学术特色体现得非常鲜明。可以说，刘氏家学结合了吴、皖两派之长。以是之故，章太炎在答支伟成所询刘氏应属何门派时认为，刘文淇"学在吴皖之间，入皖可也"。①

刘氏家学还有不局限于吴、皖之处，即对今文经学不一味排斥并有学术经世的意愿。刘文淇的学问由其舅凌曙发蒙，而凌曙却治《公羊》，服膺刘逢禄之今文经学，这一学术取向对刘氏治学颇有影响，刘氏治《左传》，不像一些所谓严守家法之学者那样抱残守缺，而是兼容异说，不废今文。另外，刘文淇为学颇重经世致用，他曾致书陈立，勉其"通经致用"，并且自身也在"治经之余，颇留心乡邦利害"。② 他还与汉宋学兼治的汪中之子

---

① 支伟成：《清代朴学大师列传》上，11页。
② 刘师培：《跋陈卓人上刘孟瞻先生书》，见《遗书》，1981。

汪喜孙多有交往，讨论过性道问题，汪希望他教导后生"通经致用，处为纯儒，出为良吏"。① 能被人如此寄望，可见其平日行止与此相近。他在学术上的这种追求，也为其后辈所继承和光大。除经学外，自刘文淇始，刘家几代人都精于校雠之事，这虽非其家学特色，但亦可表明其学术功力，因校勘学是从事经、史、子等古典学问研究的基础所在。

总体来说，刘氏家族的学术特色主要体现在经学上，尤其是左氏之学上。其学术风格与"扬州学派"总的学术倾向是一致的，既兼采吴、皖之长，又不局限于吴、皖，而是做到了兼容并包。

## 第三节　刘师培对先贤学术的继承与超越

### 一、对先贤学术之继承(1)：国学成就

刘师培生于这一经学世家，自幼濡染家学，② 8岁学《易》，12岁读毕四书、五经，15岁前后治《晏子春秋》和学《毛诗》郑笺、《尔雅》、《说文解字》诸书，并大量阅读周秦典籍，打下非常好的国学基础，加之聪颖过人，勤奋刻苦，随着年龄增长，功力愈益深厚。有人说他：

> 未冠即耽思著述，服膺汉学，以绍述先业，昌洋扬州学派自任。③
> 笃嗜左氏春秋，研经而外，并及子史。其答客难也，尝证穆王西征之事；其应射策也，历举苗岗种族之数。出语惊其长老，记问冠于朋从。④

可以说，到1903年(20岁)大量写作和发表著述前，他已经对家学风格颇有了解，知晓《左传》旧注旧疏的源流和古文经学的传承，于经、子、史皆有浓厚的探索兴趣，并认同扬州学风，欲负起弘扬家学乃至扬州学术的大任。

从1903年到1919年去世，是刘师培从事学术研究的17年。钱玄同认

---

① 刘师培：《跋汪孟慈与刘孟瞻书》，见《遗书》，1977。
② 按刘师培，名师培，字申叔，号左盦。师培、申叔，有师事于西汉经师申公培之意，可见家人对其抱有光大经学的愿望。
③ 尹炎武：《刘师培外传》，见《遗书》，17页。
④ 刘师颖：《刘申叔先生遗书跋》，见《遗书》，2407页。

为刘师培之学：

> 因前后见解之不同，可别为二期：癸卯至戊申（1903—1908）凡六年为前期，己酉至己未（1909—1919）凡十一年为后期。嫥较言之，前期以实事求是为鹄，近于戴学，后期以笃信古义为鹄，近于惠学；又前期趋于革新，后期趋于循旧。①

综观刘氏著述，确有钱说之特征，钱之分期应属不易之论。

刘师培著述所及，涉猎甚广，方面甚多，但最能体现其国学研究成就的，当为小学、经学和校勘学，其余政治思想和论古今学术思想则为具有时代特色之作。

小学系语言文字之学，清人将其视为研究经学的基础，故经学家大都精通小学，不过他们多集中精力专治一二部书，如研究训诂者，以《尔雅》为主；研究文字者，以《说文》为主；研究声韵者，以《广韵》为主。刘师培的小学研究则不像前人这样狭窄，他强调：

> 训诂者，研究字义之学也；文字者，研究字形之学也；声韵者，研究字音之学也。必三者俱备，然后可以言小学。②

可见他从事小学研究是主张汇合义、形、声三者来探讨的。他前期的小学成就，钱玄同曾归纳为三个方面：

> 就字音推求字义，其说出于黄扶孟、王石臞伯申父子、焦里堂、阮伯元、黄春谷诸先生而益加恢廓；
> 用中国文字证明社会学者所阐发古代社会之状况；
> 用古语明今言，亦用今言通古语。③

---

① 钱玄同：《刘申叔先生遗书序》，见《遗书》，28 页。
② 刘师培：《正名隅论》，《左盦外集》卷 6，见《遗书》，1417 页。
③ 钱玄同：《刘申叔先生遗书序》，见《遗书》，29 页。

这一概括相当准确。其《正名隅论》、《小学发微补》、《中国文学教科书》第一册、《物名溯源》及《续补》、《论前儒误解物类之原因》、《骈词无定字释例》、《尔雅虫名今释》等著述都阐发了音义相关的道理，如在《小学发微补》中他认为：

> 唯有字义，乃有字音；唯有字音，乃有字形。
> 字音源于字义，既为此声，即为此义。凡彼字右旁之声，同于此字右旁之声者，其义象亦必相同。①

在《正名隅论》里他又提出同韵之字义必相近之说：

> 上古之字，以右旁之声为纲，右旁之声既同，即可通用。……盖古人以声载义，声近而形殊，则其义不甚相远。②

《论小学与社会学之关系》、《论中土文字有益于世界》等文是刘师培用中国文字证明社会学者所阐发古代社会之状况的代表作，他在这些文章里以大量例证考古史、古事。《新方言序》则是他主张取古语以明今言、亦用今言以通古语的代表作，他曾依此主张作札记三十余条，被章太炎收入所纂《新方言》中。

刘师培后期的小学主张与前期大多相反，且明显后退，如对于《说文》，主张墨守，毋少违畔，与前期文中时见的驳《说文》之语正相矛盾；对于同音通用之字，主张于《说文》中寻找本字，反对前期的音近义通之说；对于新增事物，主张于《说文》中取义训相当之古字名之，反对添造新字新词。总之是要一切以《说文解字》为本，不得超越《说文》。这在《古本字考》、《答四川国学学校诸生问说文书》、《答江炎书》等篇中都强调过，尽管他这方面的学术实践并不多。

刘师培的经学研究前后期也差别较大。前期以实事求是之精神解经，阐发经中粹言，故虽偏重古文，偏重汉儒经说，但不专以此自限。刘氏世

---

① 刘师培：《小学发微补》，见《遗书》，429、430页。
② 刘师培：《正名隅论》，《左盦外集》卷6，见《遗书》，1420页。

传《左传》，自然以古文为宗，刘师培也不例外，但他并非那种一味拘泥固守的经师，而是倡为"通儒之学"。他曾说过：

> 仅通一经，确守家法者，小儒之学也；旁通诸经，兼取其长者，通儒之学也。
>
> 汉初经学，初无今古文之争也，只有齐学、鲁学之别耳。凡数经之同属鲁学者，其师说必同；凡数经之同属齐学者，其大义亦必同。故西汉经师，多数经并治。诚以非通群经，即不能通一经也。……后世儒学式微，学者始拘执一经之言，昧于旁推交通之义，其于古人治经之初法，去之远矣。①

基于此，他在治经时虽偏重古文，实亦左右采获，不抱残守缺，尤其不屏斥今文，在《中国民约精义》第一篇、《攘书·夷裔篇》以及《周末学术史序》的部分篇章中都援引了《公羊》学说以发挥己见，而且还在《读戴子高先生论语注》一诗中对今文家戴望用《公羊》说诠释《论语》之书大加赞扬。② 不过需指出的是，他不排斥今文经说，仅只限于经说本身，认为可与古文经说并行不悖，而对今文家视古文经为伪造以及孔子托古改制之说则持反对立场。他曾撰《汉代古文学辨诬》、《论孔子无改制之事》等文，批驳廖平之《今古学考》和康有为之《新学伪经考》、《孔子改制考》。除了兼采今文说外，他对宋元明人之经说也不一笔抹杀，能看到它们的长处，认为：

> 宋明说经之书，喜言空理，不遵古训，或以史事说经，或以义理说经，虽武断穿凿，亦多自得之言。③
>
> 或义乖经旨，而立说至精。④

可见他虽不赞成宋明人说经之书，但重视其中的创造性见解。他自身也力

---

① 刘师培：《群经大义相通论》，见《遗书》，361，348页。
② 刘师培：《读戴子高先生论语注》，《左盦诗录》卷4，见《遗书》，1932。
③ 刘师培：《经学教科书》第一册，《序例》，见《遗书》，2073页。
④ 刘师培：《汉宋学术异同论》，见《遗书》，542页。

求有所创造，治经有新义，如认为六经本系官书，而孔门将其编订为教科书；① 汉以前经无今古文之分，今古文经的差异是文字差异，

> 今文古文为汉儒之恒言，犹今日所谓旧板书新板书也。……汉代之所谓古文经，乃秦代之时未易古文为秦文者也，其故本至汉犹存。
> 所谓今古文者，以其由古文易今文有先后之殊，非以其义例亦有不同也。②

在左氏学方面，他的《读左札记》、《司马迁左传义序例》等文超越了今古文经的争论，主张对《左传》进行实事求是的研究，并认为"今观左氏一书，其待后儒之讨论者约有三端：一曰礼，二曰例，三曰事"。③ 实为《左传》研究辟了一条蹊径，与墨守汉师家法者绝异。

刘师培后期的经学研究与前期相较颇有不同，基本特点是转向笃信汉儒经说。在《中庸说》、《中庸问答》、《春秋原名》等文中此种倾向已很明显，他的专著如《礼经旧说》、《西汉周官师说考》、《周礼古注集疏》、《春秋古经笺》、《春秋左氏传时月日古例考》、《春秋左氏传例略》等更是充分体现了这一特点。他曾言及惠栋之学是"确宗汉诂，所学以掇拾为主，扶植微学，笃信而不疑"。④ 这句话恰可概括其后期的经学著述。在这些著述中，《左传》和《周礼》之研究是重点。《左传》研究自是秉承家学，但他并未继父祖之业去完成《左传旧注疏证》，而是转而研究自身所曾提倡过的一个课题——《左传》之"例"，撰成《春秋左氏传时月日古例考》、《春秋左氏传古例诠微》、《春秋左氏传传例解略》、《春秋左氏传例略》等一系列专著，把家学向前推进了一步。他之看重《周礼》，除因《周礼》与《左传》相关且在古文经上极其重要外，还因在四川讲学时受到廖平一些影响，如蒙文通所言：

> 礼制者，廖师（廖平）所持以权衡家法，辨析汉师同异者也。左盦

---

① 刘师培：《国学发微》，见《遗书》，477页。
② 刘师培：《汉代古文学辨诬》，《左盦外集》卷4，见《遗书》，1378、1377页。
③ 刘师培：《读左札记》，见《遗书》，299页。
④ 刘师培：《近儒学术统系论》，《左盦外集》卷9，见《遗书》，1533页。

(刘师培)于时亦专以《五经异义》、《白虎通义》为教学之规,出蜀后成书皆《周官》、《礼经》之属。左盫之渐渍于廖师,此其明验。①

另外,由于与廖平往还较多,他对"今文师说多宽假之辞",认为廖平之学"未易可轻也"。②

刘师培之校勘学前后没什么变化,以后期为主。他校书的范围较广泛,遍及四部,但以校订诸子为最多,这些古书主要有《管子》、《晏子春秋》、《老子》、《庄子》、《墨子》、《荀子》、《韩非子》、《贾子新书》、《春秋繁露》、《法言》、《白虎通义》、《周书》、《穆天子传》、《楚辞》等。他所校订各书,或名《补释》,或名《斠补》,大致前期所校名《补释》,后期所校名《斠补》,部分《斠补》是在《补释》基础上修改而成。他校书的方法基本同于先贤,即根据古人用字属辞的一般规律,结合自身的小学功力(如运用由字音推求字义原则)来进行。他也试图发展前人总结出的某些规律性的东西,曾写出《古书疑义举例补》,对俞樾的《古书疑义举例》有所补充,以此方便其他校勘学者。

总之,在古典学术的主要领域,尤其在清儒所擅长的领域里,刘师培取得了相当可观的成绩,并由此而奠定开拓学术新领域的基础。

## 二、对先贤学术之继承(2):治学特色与学术大势

上述刘师培的国学研究成就可以看出,刘氏是国学研究的多面手,他的贡献是在古典学术的几个方面,非专攻一经或一学的所谓经学家或小学家可比,称其为国学大师似不为过。但与其先贤比照,其学术范围大体未出"扬州学派",仅个别方面如用中国文字证明社会学者所阐发古代社会状况,因具时代特色而越扬州先贤;在学术主张上,他也"终不越乎扬州"。③ 1912年7月,他曾给吴虞开过一个小学经学书目,其中把汪中《述学》、阮元《揅经室初集》、钱大昕《潜研堂集》、戴震《东原集》列为"近人文集之最

---

① 蒙文通:《廖季平先生与清代汉学》,见廖幼平编:《廖季平年谱》,152页,成都,巴蜀书社,1985。
② 南桂馨:《刘申叔先生遗书序》,见《遗书》,32页。
③ 南桂馨:《刘申叔先生遗书序》,见《遗书》,33页。

资实用者",① 可见扬州学者在他心目中的地位及他所受到的影响。

就小学言之,刘师培的基本主张"就字音推求字义",便是继承明末黄生《字诂》、《义府》遗说,综合王念孙、王引之、焦循、阮元、黄承吉等扬州学者之成果而提出的。刘氏一向看重黄生《字诂》、《义府》,谙熟其说,并曾将两书特意赠予章太炎。② 至于王念孙、引之父子等人的学说,他更是烂熟于胸。在他给吴虞所开书目中,小学方面共七部书,王氏父子所著便占三部,即《广雅疏证》、《经义述闻》、《读书杂志》,③ 可见对其学说之推崇。他也必熟知《广雅疏证》中"就古音以求古义,引申触类"的主张。④ 实则他"用古语明今言,亦用今言通古语"的做法,其关键仍是在乎声音,⑤ 亦是由扬州先贤的主张中发展而来。

就经学言之,刘师培前期治经能做到突破家法,不拘门户,兼容今文,都与扬州先贤的影响分不开。他曾撰文评说先贤学术,认为戴震治学"会通古说","慎思明辨","悉以心得为凭";⑥ 焦循、阮元治经"于近儒执一之弊,排斥尤严"。⑦ 他对戴、焦、阮等人持推崇和赞赏的态度,学术上认同他们,自然会在学术实践中不墨守门户之规,突破古文家法,为"通儒之学"。他的兼容今文,也非己身的发明创造,而与家学渊源密切相关。在治学方法上他主张恢复古人"旁推交通"之旨,⑧ 这也正是乾嘉时扬州学者治学的遗规。王念孙、阮元的训诂学,汪中的诸子学,焦循的易学,黄承吉的文字学,都是采用"旁推交通"之法的。刘师培不过是遵循乡先辈遗规,将此方法运用到董理群经的事业中去。他后期治经转向笃信汉儒经说,近于惠学,也与家学渊源不无关联,其曾祖刘文淇《左传旧注疏证》的一个基本做法便是崇汉排杜、凡汉皆好,显然源于吴派门径。而且兼取吴

---

① 《吴虞日记》上册,45页,成都,四川人民出版社,1984。
② 章太炎:《说林》下,见《太炎文录初编》,82页,上海,上海书店影印本,1992。
③ 《吴虞日记》上册,44页。
④ 参见阮元:《王石臞先生墓志铭》,见《揅经室续集》卷二之下。
⑤ 参见刘师培:《新方言序》,《左盦外集》卷17,见《遗书》,1768页。
⑥ 刘师培:《南北学派不同论》,见《遗书》,556页;《近代汉学变迁论》,《左盦外集》卷9,《遗书》,1541页。
⑦ 刘师培:《南北学派不同论》,见《遗书》,556页。
⑧ 刘师培:《群经大义相通论》,见《遗书》,348页。

派之长，也不失扬州学者本色。至于其"兼综今文而假借廖氏，亦非尽由晚节转移，盖扬州学派固如此矣"。①

就校勘学言之，刘师培三代祖先皆以校书知名，他的校勘工作实为承继家学，只不过他校书的范围超过先祖，用力的重点在于诸子，这里有汪中的影响。他校书的基本做法是效仿前贤之著，如仿卢文弨的《群书拾补》、王念孙的《读书杂志》、俞樾的《诸子平议》、孙诒让的《札迻》，体现出扬州学者兼采众长的特点。

由上可见，刘师培的学术规模和治学特色可谓深得"扬州学派"之精髓，即长于会通，兼容并包。在这个意义上，他完全可称得上"扬州学派"之殿军。

再从清代学术发展大势来看，刘师培的国学研究也与之相合，恰是学术潮流的反映。

清代学术以汉学为中坚，由小学入手以通经，顾炎武可谓先驱，至乾嘉时蔚为大观。汉学与宋学一向有争论，嘉道时，汉学日过中天，盛极将衰，弊端愈益明显，不仅宋学中人不断诋斥其病痛，而且汉学中人对自家积弊亦多有反省，凌廷堪、焦循、王引之诸人皆有这方面的议论，随之"扬州学派"的其他人物也有此认识，基于其兼容并包的精神，对宋学也开始有一定的包容，即在学术上有不同程度的非宋非汉趋向。这一趋向在阮元身上体现得尤为明显。阮本为汉学家，但随着主持各省的教育、行政和大区军民政务的阅历日增，就越发倾向于调和汉宋。② 以阮元的地位和影响，汉宋调和或曰汉宋兼采渐成一学术潮流，在扬州学者中更是具有广泛性。也是在嘉道之际，随着时势、学风之变，刘逢禄公开打出恢复董仲舒、何休传统的旗帜，认为发挥《春秋》微言大义来达到"拨乱反正"目的，才符合孔子的"道"，由此今文经学不再如往日那般沉寂，而是若异军突起，渐成显学，这亦成为一新的学术潮流。同时在古文经学内部，学者们已不满足于以往各人专治一经的局面，而欲总结前贤成就或在总体上梳理

---

① 南桂馨：《刘申叔先生遗书序》，见《遗书》，32页。
② 参见朱维铮：《汉学与反汉学——江藩的〈汉学师承记〉、〈宋学渊源记〉和方东树的〈汉学商兑〉，求索真文明——晚清学术史论》，17页，上海，上海古籍出版社，1996。

群经，如阮元主持编纂的《十三经注疏校勘记》、《皇清经解》，刘宝楠、陈立、刘文淇等相约为十三经作新疏，都是这种潮流的体现，可称之曰群经汇释。此外，部分学者更是另辟蹊径，他们由经学而旁及周秦诸子，始于校勘训诂，进而研究其思想内容，可谓经子贯通。这方面汪中倡于前，嘉道及其后逐渐发展壮大，蔚为风气。可以说，汉宋调和、今文崛起、群经汇释、经子贯通这些基本共时性的学术潮流构成了自嘉道迄清末的学术大势。

在刘师培的著述中，这些潮流都有不同程度的反映。如前所述，他对宋明人之经说并不一笔抹杀，而是看到它们的长处，且主张"荟萃汉、宋之说，以类区别，稽析异同，讨论得失，以为研究国学者之一助焉"，① 反对"并有宋一代之学术而废之"；② 他不屏斥今文经说，曾援引《公羊》学说以申己见，后期又受到廖平一些影响；他治经主张"通群经"，虽以《左传》、《周礼》为重点，但亦旁及《尚书》、《诗经》、《尔雅》，并为《春秋》经本身作笺注，还撰有《群经大义相通论》，为数经并治之作，以实践自身主张；他亦由经及子，曾主《荀子》与《毛诗》、《春秋》三传相通之说，其校勘学著作以校订诸子为主。这些都说明他的国学研究不仅在学术领域上横跨数科，而且也顺应了学术潮流之变化，与学术大势相合。

### 三、清末的学术新潮流

上述嘉道时期形成的学术潮流固然对刘师培之为学产生了某种制约或导向作用，使得他的国学研究特色鲜明，但他的学术研究非仅于此，他还有现实关怀层面上的新学问，其重要性不亚于甚至高于他的古典学术研究，而这方面的成就又得益于他进入学坛时已成潮流的新学术趋向。

王国维曾以"国初之学大，乾嘉之学精，道咸以降之学新"来概括有清三百年学术。③ 他所谓"道咸以降之学新"固然是指道咸以来之经、史、地理之学不同于乾嘉专门之学，"务为前人所不为"，但如将其意扩展开来，却也可用其指代道咸以来一切学术新变化。的确，道咸之时，世事剧变，

---

① 刘师培：《汉宋学术异同论》，见《遗书》，541页。
② 刘师培：《国学发微》，见《遗书》，499页。
③ 王国维：《沈乙庵先生七十寿序》，见《王国维文集》第1卷，97页，北京，中国文史出版社，1997。

外敌压境，内乱频仍，学术文化也随之产生了一系列新变化。迄至清末，这种变化愈益剧烈，并渐次成为影响巨大的学术潮流，使学界面貌为之一新。综观清末学界实况，最具影响力并对学术有根本导向作用的潮流当为中西交融和经史地位的转换。

在晚清，西学东渐是个明显的历史事实。熊月之曾把晚清西学东渐进程分为四个历史阶段：1811—1842年、1843—1860年、1860—1900年、1900—1911年。① 在这四个阶段里，随着时间的推移，中国输入西学呈急速增长趋势，20世纪初达于极盛，亦即第四个阶段是输入西学最多的阶段。在这一阶段里，中国知识分子成为传播西学的主体，人文、社会科学译著的比重明显超过自然科学与应用科学，

> 以1902年到1904年为例，3年共译文学、历史、哲学、经济、法学等社会科学书籍327种，占总数61%。同期翻译自然科学112种，应用科学56种，分别占总数21%、11%。译书从多到少的顺序为社会科学—自然科学—应用科学，与此前几十年的译书顺序正好相反。这表明中国输入西学，已从器物、技艺等物质文化为主转为以思想、学术等精神文化为主。②

新学科、新名词被大量引入，表明西学影响空前深入，具体而言：

> 今人习用的许多名词、术语，诸如社会、政党、政府、民族、阶级、主义、思想、观念、真理、知识、唯物、唯心、主体、客体、主观、客观、具体、抽象等，都是那时确立的。这为五四时期的白话文运动打下了基础。③

更为重要的是，与汉晋之际佛教东来和明清之际耶稣会士来华输入西学时的情形相比，此时中国知识分子接受西学抱的是积极、主动的态度，

---

① 熊月之：《西学东渐与晚清社会》，7~15页，上海，上海人民出版社，1994年。
② 熊月之：《西学东渐与晚清社会》，14页。
③ 熊月之：《西学东渐与晚清社会》，14页。

欲抓住一切机会汲取西方新知，从而使得西学能成建制、成体系地进入中国。若进一步比较，和明清之际西学输入有所不同的是，当时所谓"西学"，既包括基督教教理，也包括一些伦理格言和科学知识，但到了清末，宗教教理与科学知识已完全分开，前者被称为"西教"，后者才称为"西学"。

> 如果说17世纪传入中国的是它的信仰、神圣和超越的一面，那么到了19世纪，世俗的和经验的知识成了影响中国社会的最主要因素。正是因为这后一种知识与实际的政治、经济和军事力量息息相关，所以它对一直关心自己国家独立、民族强盛的中国人就特别有吸引力。①

当然，西学进入中国，遭遇中国古典学问，双方相激相荡，相通相融，是自然的事情。中学、西学代表的是两种文化，两种文化相逢，必有矛盾冲突，同时也必有会通融合。所谓会通融合是指异质文化间的相互渗透、相互吸引及一种文化对另一种文化因素的吸收、消化。② 这种会通融合在学术界的表现，即如梁启超所言，一些先觉之士"欲以构成一种'不中不西即中即西'之新学派"，③ 姑不论这一"新学派"是否形成，仅这种努力的方向便可证明中西学术交融已成为学界一潮流。揆诸史实，确也如此。

中国古典学术发展到清末，自身也发生了新变化，这除了因西来思潮的冲击，主要还是内在理路演进的结果。所谓新变化，集中体现在学术的多元化上面，其中最明显的变化是经学地位下降，史学相对凸显。

经学自出现之日起，大多时候处于学术核心位置，这从经、史、子、集四部的排列次序便可看得很清楚，而且经学在一定时期还起着意识形态的作用，非纯学术可比。相对而言，处在第二位的史学则很难有经学这样的政治功用，而是基本以学术来定位（《春秋》之类颇具政治功用的史学著作已上升为经）。所以，这里谈经史地位的转换，完全是从学术层面加以探讨，如此才有可比性。

---

① 陈少明等：《被解释的传统——近代思想史新论》，199页，广州，中山大学出版社，1995。
② 参见龚书铎主编：《中国近代文化概论》，11页，北京，中华书局，1997。
③ 梁启超：《清代学术概论》，见《梁启超论清学史二种》，79页。

众所周知，经史关系一直是中国经学史和史学史研究中的一个基本问题。周予同先生认为，经史关系的演变经历了四个阶段，即史附于经时期（两汉时代）、史次于经时期（魏晋至隋唐、北宋）、经等于史时期（南宋至清末）、经属于史时期（五四运动以后）。① 他虽把清末划入经等于史时期，但同时又认为清末是中国史学"转变期"的开端，"转变期"的史学可称为"新史学"；② 转变的重要象征，是史学继文字学之后逐渐脱离经学的羁绊而独立，并且运用进化论研究中国历史；从思想方面给予中国史学以转变动力的，是今文经学。③ 依周氏观点，无论是把清末视作经等于史时期的结束，还是视作中国史学"转变期"的开端，总归清末是经史关系发生重要变化的时期，史学脱离经学羁绊而独立，在这之后则为经属于史时期，封建经学退出舞台，经典及其注疏变成了史料。周的这些见解确实反映了清末学术的一个新变化，即史学凸显而经学淡化。至于说史学此时才脱离经学羁绊而独立和此后经学退出历史舞台，则值得斟酌。周氏承认自己倾向今文，所以较看重今文经学尤其是康有为《孔子改制考》对经史关系变化所起的作用。若从古文经学路向来看，反映经史关系的"六经皆史"说在清末也比以往引人瞩目。"六经皆史"表达的是经等于史的观念，类似说法早就存在，但直到明李贽才正式界定为"六经皆史"，清代章学诚更对此作了系统条贯的论述，龚自珍亦曾深入阐发此说。不过，在今古文两派中，古文经学家一向以六经为周公旧典，视六经为古代史实的记载，故而"六经皆史"的观点相对更易为古文经学家接受。清末，章太炎力主此说，认为"六经都是古史"，"经外并没有史，经就是古人的史，史就是后世的经"。④ 研究经学是为了弄清古代历史实际，"说经者所以存古，非以是适今也"。⑤ 章氏是一位渊博的学者，论学所涉及的范围十分广阔，在思想上所散布的

---

① 许道勋、沈莉华整理：《周予同论经史关系之演变》，载《复旦学报》，1998年第1期。
② 周予同：《五十年来中国之新史学》，见朱维铮编：《周予同经学史论著选集（增订本）》，514页，上海，上海人民出版社，1996。
③ 朱维铮：《中国经学史研究五十年——〈周予同经学史论著选集〉后记》，见《周予同经学史论著选集（增订本）》，974页。
④ 独角：《论经的大意》，载《教育今语杂志》第2册，1910-4-9。
⑤ 章太炎：《与某论朴学报书》，载《国粹学报》，第23期，1906-12-5。

影响面要比康有为来得大。① 故他的"六经皆史"说得到不少学者的认同和响应，愈加促使人们更关注史学，从而有益于史学地位的上升。值得辨析的是，与章学诚倡"六经皆史"相比，章太炎等人再倡此说时立意已有所不同。章学诚"虽有经史并列之心，其基本立意还是希望提高史学（到近于经学）的地位"，章太炎等人虽也认同此点，但在当时民族危机的情势下，史学"荣其国家，华其祖宗"的功用较平日凸显，"随着历史对国家兴衰重要性的增加，'六经皆史'说的社会学意义也与前大异"。② 史学已取得"道德提升"的地位。此外，"西学的东渐及其在士人心目中逐渐树立起优越感"和"晚清经世风气的兴起"，都曾"有助于史学的提升"。③

作为一种学术趋势，史学地位上升主要体现在清末史学革命或曰新史学运动上。1900年，章太炎在手校本《訄书·哀清史第五十九》所附《中国通史略例》中，最早提出要编撰一部不同于旧史的新的中国通史。1901年，梁启超在《清议报》发表《中国史叙论》，也说明拟编一部新的中国通史。1902年，梁启超又在《新民丛报》发表《新史学》，自命为"新史氏"，呼吁"史界革命不起，则吾国遂不可救。悠悠万事，唯此为大"；④ 留日学生侯士绾翻译日本学者浮田和民所著《史学原论》，比较系统地介绍西方史学理论和方法，1903年出版时特改书名为《新史学》。1903年，上海镜今书局又出版一部新近史学著译文集，题名为《中国新史学》。类似著译，还有很多，不胜枚举。由此可以看出，20世纪的帷幕一拉开，主张史学革命，建立新史学，便已成为一股生气勃勃的学术潮流。在提倡新史学的同时，一些学者也在努力实践这一新主张。1903年，留日学生曾鲲化编辑出版《中国历史》上卷，1904年续出中卷，该书打出"新历史旗帜"，强调历史要重

---

① 参见余英时：《五四运动与中国传统》，见《中国思想传统的现代诠释》，344页，南京，江苏人民出版社，1995。
② 参见罗志田：《清季民初经学的边缘化与史学的走向中心》，见《权势转移：近代中国的思想、社会与学术》，331页，武汉，湖北人民出版社1999。
③ 罗志田：《清季民初经学的边缘化与史学的走向中心》，见《权势转移：近代中国的思想、社会与学术》，326页。
④ 梁启超：《新史学》，载《新民丛报》，第1号，1902-2-8。

视进化因果关系的同时,突出了"国民"在中国历史上的地位。① 1904年,夏曾佑开始编写最新中学教科书《中国历史》,到1906年,陆续出版了一至三册,他认为历史应该记载"民智"进化的过程,揭示历史发展不同阶段国民的文化状况,实则他是用进化的观点来解释中国古代社会历史的发展。曾、夏等人的新史学著作在当时引发热烈反响,好评如潮,而且行销量极大,尤其夏的著作几十年后仍有较大影响。与新史学运动广泛开展同时,学术界也在反思和检讨自己所走过的道路,以便借"辨章学术,考镜源流"获取前进的方向,以为新史学之助。以是之故,学术史的研究渐成显学。这也是从章太炎开始的,② 其他学者继之。

和新史学引起的广泛注意相比,经学此时稍显沉寂,尽管有以康有为、章太炎为代表的所谓今古文学之争,有孙诒让、廖平、皮锡瑞等人的经学著作陆续刊行,但毕竟康、章之争很大程度上是披着经学外衣的政争,政治意义大于学术意义;孙、廖、皮等人的著述也无新史学著作那样的效应,不再像以往经学中心时代那样受人注意,也不再在学术舞台上占有主要位置。所以,相对而言,学术研究的重心已由经学转向史学。

应该指出的是,说中西交融和经史地位的转换成为清末的学术新潮流,并非是指此时的学术研究都围绕此潮流进行,也非指以往的学术潮流如今文崛起、经子贯通等便退出舞台了,实则今文经学除有康有为的政治性鼓噪外,还有廖平、皮锡瑞等的大力提倡,并非毫无学术号召力,而且子学复兴亦是清末引人瞩目的学术现象。只不过在诸多学术潮流中,中西交融和经史地位转换后来居上,最具影响力,对当时学术有导向作用,显示了学术发展大势。

**四、对先贤学术之超越**

刘师培走上学术舞台,应该从1903年正式发表论著算起,此时也正是上述两大潮流方兴之际。刘一进入学界,立即为此潮流所吸引,几乎将其早慧的学术生命都投入于与此相关的学术著述中,1903至1908数年内陆续写出《小学发微》、《中国民约精义》、《中国民族志》、《攘书》、《新史

---

① 参见俞旦初:《二十世纪初年中国的新史学》,见《爱国主义与中国近代史学》,76、77页,北京,中国社会科学出版社,1996。
② 参见侯外庐:《中国近代启蒙思想史》,181页,北京,人民出版社,1993。

篇》、《论小学与社会学之关系》、《国学发微》、《周末学术史序》、《论文杂记》、《南北学派不同论》、《古政原始论》、《汉宋学术异同论》、《两汉学术发微论》、《中国哲学起原考》、《伦理教科书》、《经学教科书》、《中国历史教科书》、《中国地理教科书》、《近儒学术统系论》、《清儒得失论》、《近代汉学变迁论》、《论中土文字有益于世界》等论著，尽管这些论著不少带有政治色彩，是学术与政论的结合，有的以政论为主，但绝大多数仍是学术的，而且是学术"预流"之作。具体言之，《小学发微》、《中国民约精义》、《攘书》、《论小学与社会学之关系》、《论文杂记》、《古政原始论》、《论中土文字有益于世界》等更多地体现出交融中西的特色，而《新史篇》、《国学发微》、《周末学术史序》、《南北学派不同论》、《汉宋学术异同论》、《两汉学术发微论》、《中国历史教科书》、《近儒学术统系论》、《清儒得失论》、《近代汉学变迁论》等更多地体现出新史学色彩和与之相关的学术史反思意识。实际上二者很难分得十分清楚，因两大潮流是相辅相成、相激相荡的，没有中西交融，便不会出现新史学；没有新史学，中西交融也落不到实处。故而对刘师培著述的这种划分只是相对的，仅就其中哪种特色较明显而言。

在世人心目中，一般皆认刘师培为国学大师、"扬州学派"殿军，实则1903至1908年间刘氏的学术精力更多用在上述体现时代关怀的"预流"学问上，而于国学研究用力较少，1908年后才是他专意于国学研究的时期。今天看来，这些"预流"性的学术成就更值得注意，也更重要，因为这才是他超越包括先祖在内的"扬州学派"先贤之所在。尽管他在国学研究方面也对先贤学术有所发展，但那毕竟是在已有"范式"内的前进，非此超越可比。或者说，面对先贤在经学、小学、校勘学等方面的巨大成就，如果没有观念和方法的更新，刘师培即便在他们的基础上前进了一步，也很难说是超越，更何况刘氏在这些领域中仍基本遵循先人治学遗规，没有什么突破。进一步说，刘氏的经学、小学、校勘学成就既适于乾嘉，又适于清末，时代性不强，他如仅有这方面的成就，便与先祖没什么本质上的差别。他的特色恰恰在于生逢学术转型时代，可以走与处在经学中心时代的先人不同的路，而且他在这条新路上走得比较好，故而今天评价他的学术，应更多关注其具有现实关怀意味的那些成果，才算抓住了问题的关键，也才更有助于我们全面理解这一复杂、多变的历史人物。

需要指出的是，这里把刘师培的国学研究（或曰古典学术研究）与他的体现现实关怀的学术截然分开，纯是出于叙述上的方便。实则二者往往是纠结在一起的。从根本上说，刘师培的中西交融之学是古典学术与西学的交融，学术史研究是对古典学术的回顾与总结。只不过较纯粹的古典学术如经学、小学、校勘学是纯然的中国学问，且时代性不强，可单列出来。所以，为了研究上的便利，姑且进行这样的划分。

# 第二章　刘师培的中西交融之学

## 第一节　刘师培关注并接受西学之缘由

在学术传承上，刘师培具有非常大的优势。这不仅因其父祖世代传经，家学渊源深厚，也因其从小聪颖过人，智力超常，在家人的厚望下，又异常刻苦努力，博览群籍。这样的背景和条件，使得他后来顺理成章地成为国学大师。不过令其父祖辈望尘莫及的是，他是个能交融中西学术的国学大师，尽管这种交融可能相当肤浅。当然，交融中西并非刘师培的专利，他的不少同辈也做到了这一点，可以说，这是时代特色所赐。但每个人都有自己独特的人生旅程，并非千篇一律，就刘师培这一个体而言，他所以能关注西学，进而交融中西学术，除了共同的大背景外，自有不同于他人的具体因素。对于学术研究而言，深入探索这类具体因素，与详论时代条件，显然同等重要。

### 一、救亡与救学

众所周知，鸦片战争以来，西学凭借武力全面东进，迫使中国人由师夷长技而中体西用。尤其是"自义和团动乱以来，包括政府官员、知识界、绅士以及商人在内的人士，几乎普遍地确认，向西方学习是十分必要的，反对西式教育的人几乎不见了"。① 即朝廷和士大夫等都承认了西学的先进性，从而开始了对西学的主动接受。与此相对，则是中国固有文化权威的动摇。相应地，整个国家都面临着生死存亡的危机，救亡理所当然地成为时代主题。如何救亡，或者从正面来讲，如何在大厦将倾的满清王朝基础上建立新国家，成为有识之士最关注的问题，而且围绕此"建国"问题还展

---

① 徐雪筠等译编：《上海近代社会经济发展概况（1882～1931）——〈海关十年报告〉译编》，164 页，上海，上海社会科学院出版社，1985。

开了一场涉及广泛的争论。对这一关乎全民族前途命运的大问题，政治家们各有其立场，学者们也有其独特的思考角度。顾炎武的"亡国"与"亡天下"之辨此时经常被学者提及，便反映了学者的视角。顾氏曾说过：

> 有亡国，有亡天下，亡国与亡天下奚辨？曰：易姓改号，谓之亡国；仁义充塞，而至于率兽食人，人将相食，谓为亡天下。……保国者，其君其臣，肉食者谋之；保天下者，匹夫之贱，与有责焉耳矣。①

对于传统中国士人而言，亡天下是比亡国更可怕的事情，是最根本的灭亡，因中国首先是作为文化集合体的"天下"而存在，文化存亡是民族兴衰的首要因素。所以，"天下兴亡，匹夫有责"，文化承担者的社会责任相当重大，就像国粹派学者所言：

> 盖以易朔者，一家之事。至于礼俗政教，澌灭俱尽，而天下亡矣。夫礼俗政教固自学出者也，必学亡而后礼俗政教乃与俱亡。②

鉴于此，救亡必先救学，建国必先建学。学术兴，礼俗政教必兴，天下亦随之兴。依此思路，清末学术出现中西交融之势乃属必然。因前已言及，当时在朝在野之士基本都承认西学先进，有必要向其学习，而中国固有文化又相对衰微，那么要兴学，只有借助于西学的生命力和创造力，与中国固有学术相激相荡，相融相合，才能走出困境，达到目的，进而实现兴学背后最根本的关怀。当然，这些都是笼统言之。仅就刘师培这一个体而言，他生逢这一时代，自然会与其他知识者感同身受，有共同的现实关怀，难脱时代大势的制约。更何况刘师培少年时代在家乡时便读过含反满情绪的《扬州十日记》、刘宝楠《胜朝殉扬录》、黄宗羲《明夷待访录》以及王夫之的著作，并在20岁前写出《扬民却虏录》、《读船山丛书札记》等，表露

---

① 顾炎武：《日知录·正始》，《黄汝成集释》，见《日知录集释》，590页，石家庄，花山文艺出版社，1990。
② 潘博：《国粹学报叙》，载《国粹学报》，第1期，1905-2-23。

出自己的反满意识。① 可见其素怀救国之志。这种出于满汉华夷之辨的救国之志也许很狭隘，但易于与救亡的时代主题相契合，因清政府无可救药，当时反满也便是救国。刘氏在离开家乡到上海后迅即加入中国教育会、对俄同志会等革命爱国组织的行动，是其对自身救国主张的政治实践。不过就本质而言，刘氏毕竟是个书生，更擅长于学术救国，所以，他一登上学术舞台，便在中西交融方面多所建树。这既是时代潮流使然，也与他一贯的志向相符。

## 二、扬州地域特点与考据学的先天优势

西学进入中国，从时间上来说是步步深入，从空间上来说也是层层递进。最早接受西学的是香港、广州、福州、厦门、宁波、上海等东南沿海城市，由此向内地辐射，渐渐地上海超过其他城市，成为西学传播中心。② 上海周围的江浙地区，由于得地利，在接受西学方面便也开风气之先。扬州地近上海，学术文化素来发达，而且有接纳外来人才和风气开放的传统，③ 故而在接受西学上能紧随上海之后。"扬州学派"在学术上主会通之旨，有兼容并包之风，实与扬州的开放气氛密不可分，反过来，这种学风也对接纳西学极为有利。在西学未至之时，所谓兼容并包是兼采吴、皖乃至今文经学之长，在西学已成潮流并凸显强大威力的时候，兼容并包顺理成章地便也兼采西学之长。可以说，"扬州学派"的生命力正在这里。

另外，包括扬州在内的江浙地区之所以成为西学传播中心，也与该地区学人的学问特色密切相关。所谓清代考据学，其倡导者和实行者以江浙学人为主，"实际上，江浙学人在使清初的儒学义理从核心地位变成从属于考据手段时，就已不断创造着能与西学器技之道相吻合的制度化因素"④。

---

① 光汉：《甲辰年自述诗》，载《警钟日报》，1904-9-10。
② 参见熊月之：《西学东渐与晚清社会》，213～218页。
③ 参见大谷敏夫：《扬州常州学派及其江南文化圈》，见《中国文化研究集刊》，第4辑，上海，复旦大学出版社，1987。艾尔曼也说："外来客赋予扬州以大都市的风情。"见艾尔曼：《从理学到朴学——中华帝国晚期思想与社会变化面面观》，8页，南京，江苏人民出版社，1995。
④ 杨念群：《儒学地域化的近代形态——三大知识群体互动的比较研究》，317、318页，北京，生活·读书·新知三联书店，1997。

梁启超认为，考据学者之治学，"纯用归纳法，纯用科学精神"。① 也许梁氏的这一说法从严格的学术意义上讲有牵强之处，但应承认他毕竟看到了考据学与义理之学的差别所在，所谓"科学精神"一语如在广义上用，确也是考据学的特色，仅此而言，便存在与西学接轨的可能。考据学的另一特征是专门化。"考证学者认为这些专门学科是施展考证方法，处理各种具体学术问题的天地，如地理相对于天文学。"②专门化也恰恰是近代西学的特征，它促使西方学术由专精而深入。对于中西学术交融来说，这又是一个可能的契合点。考据学者通行的研究方式是作札记，札记体著作在他们之间广为流传。表面看来，这只是个著述体裁问题，细细考索，并非如此简单，实则亦对接受西学有益处，诚如有学者所言：

> 江浙学人治经方式从"语录体"向"札记体"的转变，表明其已在相当程度上使考据方法从手段变成了目的。对"道"的追求被框限在了极其严格的学术阐释过程之内，而无法进行自由的发挥。这正是科学能够在中国逐步制度化的先决条件之一。因为西学特别是其中的科学成分，在融入中国文化结构的内部时，必须尽量避免与非西方的基因文化成分，如中国的道德伦理观等因素发生正面交锋。其渗透过程也需要中国本土文化的配合与支持。在这种情况下，江浙考据运动使一些中国道德抽象观念融入了实证的过程，实际上为科学的制度化扫清了异质文化有可能构成的重大障碍。③

总之，江浙学人所擅长的考据学在与西学交融方面有先天优势。

作为江浙学人中的一员，刘师培出身扬州经学世家，自幼对家学耳濡目染，浸淫于扬州学风之中，且生逢西学东渐时代，比父祖辈更多一层遭遇，故而国学、西学在其身上交汇，乃属必然。有人曾说，刘氏少年在扬

---

① 梁启超：《清代学术概论》，见《梁启超论清学史二种》，51页。
② 艾尔曼：《从理学到朴学——中华帝国晚期思想与社会变化面面观》，48页。
③ 杨念群：《儒学地域化的近代形态——三大知识群体互动的比较研究》，323、324页。

州时"内典道藏旁及东西洋哲学，无不涉猎及之"。① 目前虽已很难查考刘氏当时读了哪些"东西洋哲学"书籍，但考虑到扬州处在接受西学的核心地域，以及他1903年20岁来上海时已撰有《小学发微》而且在上海迅即与林獬共撰《中国民约精义》的情况，可推测他在扬州时必已读过与天演进化有关的著作和卢梭的著作，因《小学发微》"以文字之繁简，见进化之第次"，②《中国民约精义》则是参考卢梭《民约论》之作。前已述及，"扬州学派"兼容并包之风在刘师培的国学研究中已充分体现，那么在这西学东渐的时代里，刘氏兼容和接受西学便是这一学风顺理成章的延伸，若再与当时已风行的学术潮流如经子贯通结合起来考察，更可看出这一学风和刘氏本人包容西学的特点是合乎当时逻辑的。按中国传统目录学的分类，西学内容除部分可纳入经、史两部外，大多可纳入子部之中。自汪中大倡子学以来，经子贯通渐渐蔚为风气，清末且有子学复兴之举。由是学人大多有兼容经、子之部为一体的通达眼光，这本身便为将他们眼里以子部为主的西学纳入中学系统中来设定了观念前提。刘师培从来便推崇汪中，读书、治学涉猎广泛，横跨四部，有此视野，在读"内典道藏"时"旁及东西洋哲学"，自是自然之事。当然，刘师培之关注和接纳西学，从最根本的学理因素上讲，在于其所承继之考据学具有与西学接轨的先天优势，如刘氏在交融中西学术时，将中国古典学术按西学标准分类，力图从中体现出专门化的科学精神。他能做到这一点，与他所受的考据学训练密不可分，已由此凸显出考据学的专门化特征。这已涉及他是如何接纳西学并将中西学术相交融的，此处暂不多谈。

### 三、废科举、兴学堂的制度变迁

晚清国运衰微，上自封疆大吏，下至文人学者，纷纷谋求救亡图存之道，制度变迁由此提上日程。读书人所最关切的，除学术救国外，便是如何培养人才以强国，于是变科举、兴学校的呼声日益高涨。在他们看来，已维持千余年的科举取士制度是禁锢人才的制度，要想培育强国之才，必须破除旧制，取法西方，变科举以兴学校，如谭嗣同、梁启超之所言：

---

① 冯自由：《刘光汉事略补述》，见《革命逸史》，第三集，186页，北京，中华书局，1981。
② 章太炎：《与刘光汉书二》，见《遗书》，20页。

> 故夫变科举，诚为旋乾斡坤转移风会之大权，而根本之尤要者也；①
>
> 故欲兴学校，养人才，以强中国，惟变科举为第一义，大变则大效，小变则小效。②

变科举有一个过程，首先是废试八股文，改变考试内容。1902年，光绪壬寅补行庚子、辛丑恩正并科乡试，是首次废试八股文的科考，考试内容改为第一场试中国政治史事论五篇，第二场试各国政治艺学策五道，第三场试四书义二篇、五经义一篇。③ 第二年的会试，考试方式与范围也同于此。直到1905年，清廷才正式决定废止科举。变科举的同时，各种新式学堂在全国各地纷纷设立起来，1904年全国已有学堂4222所，1905年猛增至8277所，1906年更达到19830所，④ 此后逐年都有增加，且增加幅度较大。除读经外，新式学堂开设了外语、数理化、体育、音乐等新课程，大量西学知识由此进入教学内容，使学生的知识结构发生了根本性的变化。与兴办学堂热并行的是出国留学热，赴日留学是留学浪潮的主流，留学生所学专业包括军事、警察、法政、师范、工业、商业、土木、铁道、测绘、物理、医药、音乐、外语、美术等，凡认为是有用的新知识，全在他们追求之列。

废止科举及所引发的教育制度的变革，对当时士子的心理冲击是相当大的。本来，科举入仕向来是读书人的正途，他们中不少人终生孜孜于策论、制艺之术。废止科举代以学堂却一下子导致读书人不得不放弃举业而群趋新学，因清廷规定学堂毕业也能得到科举出身。⑤ 此一规定的实行，

---

① 谭嗣同：《报贝元征》，见《谭嗣同全集》，208页，北京，中华书局，1981。
② 梁启超：《变法通议·论科举》，《饮冰室合集》，第一册，27页，上海，中华书局，1936。
③ 商衍鎏：《清代科举考试述录》，北京，生活·读书·新知三联书店，1958，第65页。
④ 《宣统元年教育统计图表》，转引自桑兵：《晚清学堂学生与社会变迁》，145页，上海，学林出版社，1995。
⑤ 1905年清帝谕立停科举以广学校，其中有言："总之学堂本古学校之制，其奖励出身亦与科举无异。"见舒新城编：《中国近代教育史资料》，上册，66页，北京，人民教育出版社，1961。

对中国教育体制顺利地从科举向学校过渡起了很大作用。既然进学堂一样可得到出身,读书人也就不再固守举业所赖之旧学转而在学堂所授之新学上下工夫了,西学遂赖以日昌。值得注意的是,此时的学堂除向学生提供类似科举的出身以使学生入仕外,它也能向学生提供多种选择,这就非科举的单一出路所能比。因清末时代剧变,朝廷衰微,国家政权力量大大缩减,社会空间则由此而扩大。仅看当时政治、文化团体之多(戊戌时全国各地已有近百个团体,之后又有增加),报刊之盛(仅孙中山等革命派人士便相继创办120多种报刊),便能说明这一点,更何况学堂本身的大量兴办,也是对社会空间的极大开拓,从而读书人可在入仕之外,投身于更广阔的社会领域中去。但无论入仕与否,掌握新学都是必备条件,进学堂与留学都起着同样的作用。所以,晚清士人群趋于学堂或出国留学便是自然而然的事情了。在这一过程中,不免泥沙俱下,求真学问者只是极少数,就像梁启超所言:

> 时主方以利禄饵诱天下,学校一变名之科举,而新学亦一变质之八股。学子之求学者,其什中八九,动机已不纯洁,用为"敲门砖",过时则抛之而已。①

于是,"小人阶之以取富贵"的捷径,除商部和北洋,还有借新学以求躁进一途。被世人目为中国社会里最颟顸的亲贵与"东西文明"造出来的新学中人沆瀣一气,非常醒目地合为当时新政变法的一种奇观。②

刘师培成长的年代,正逢此制度变迁之时。刘氏自幼在家中受传统教育,饱读经书,并表现出超常的智力,他又是独子,自然被父辈寄予莫大的期望。这期望除了传承家学外,便是在科名上光宗耀祖,因其父祖辈在功名上都不顺畅,不是终于老贡生,就是止于副榜举人。刘氏果然不负众望,1901年刚18岁时便中了秀才,第二年又再告捷,乡试中了举人。值得注意的是,此次乡试恰是中国历史上第一次废试八股文,改考中国政治史事论、各国政治艺学策和四书五经义的考试,这一考试内容虽有旧科举

---

① 梁启超:《清代学术概论》,见《梁启超论清学史二种》,80页。
② 参见杨国强:《清末新政:历史进化中的社会圮塌》,载《史林》,1997年第3期。

的残余如四书五经义，但毕竟已在尝试变革，向新学靠拢。就算是为了应付考试，包括刘师培在内的芸芸士子也不得不去接触西学，这实际是在制度上对西学传播的一种保障，也是学习西学的最大动力。1903年，在考试方式、范围与上一年乡试相类的会试中，刘师培却落了第。按说初次失败，不该使他轻易放弃中进士入翰林的清梦，但他却自此绝意科场。当然，此后不久科举被废止，他也无从再进科场。不过这里值得思考的倒是他主观上已不想再走父祖老路，猎取功名。之所以如此，其实是因这个时代已给士子提供了能出人头地的多种选择，不用只走科举这一条路了。这里的关键在于只要能掌握新学，就有较以往相对充裕的社会空间去发挥。

既然不能像古代知识分子那样实现"为王者师"的理想，刘师培便断然放弃旧路寻找新路，投向社会舞台。他科举失利后来到上海，因"家贫不能自给"，① 欲谋求一教席解决生活问题。② 教职虽未谋成，但他从此却开始了革命宣传活动，在报刊上发表大量鼓吹排满革命之文，同时为小学校编撰课本，如由上海开明书店出版的《国文典问答》等。无论是在报刊上搞革命宣传，还是编新式小学课本，一定的西学知识储备都是必需的，社会空间的扩大既给刘师培提供了充分发挥才能的天地，同时也要求他不能在知识结构上固守陈规。从他所发表的文章和所编教科书来看，他也确实是在吸纳西学。当然，也不排除他这样做除为革命大业和个人生计外，还有一些个人目的。前已言及，清末有"借新学以求躁进"之徒，虽不能说刘师培完全属于这种人，但从其心态和所作所为来看，确有相类之处。因其好名近利，如陶成章所言"光汉之性务名"③；其叔刘富曾也曾感叹："侄得名太早，厥性无恒，好异矜奇，悁急近利。"④既然好名，必急于光宗耀祖，故会试一失利，顿觉沮丧之极，痛感"飞腾无术儒冠误，寂寞青溪处士家"⑤，以不能改变家族的"寂寞"处境为憾，但随即又振作起来，"一剑苍

---

① 尹炎武：《刘师培外传》，见《遗书》，17页。
② 参见王瑜主编：《扬州历代名人·朴学大师刘师培》，244页，南京，江苏古籍出版社，1992。
③ 陶成章：《浙案纪略》，见《中国近代史资料丛刊·辛亥革命（三）》，48页，上海，上海人民出版社，1957。
④ 刘富曾：《亡侄师培墓志铭》，见《遗书》，第16页。
⑤ 刘家祖屋为扬州青溪旧屋。

茫天外倚，风云壮志肯消磨"①。显然是找到了科举之外的"躁进"之途，而此一途径又非借助于西学不可。总之，不管出于何种考虑，接纳西学对于刘师培来说已是势所难免。

## 第二节 刘师培所见西书考

刘师培接触西学虽较早，但接纳西学并以之与中学相交融当从其1903年在上海发表有关著述算起，此前在扬州的读西书只是打下了基础而已。直到1908年，六年间他发表了一系列具有中西交融色彩的论著，当然最后两年(1907、1908)以宣扬无政府主义思想为主。从1909年起，他的思想"趋于循旧"（钱玄同语），故基本无交融中西的论著。

需要说明的是，这里所谓西学，也包括当时日本学者的某些译著，因通过日本引进西学是主要途径之一，而且日本的学问形态此时已西化，广义上可视为西学之组成部分。当然，从日本引进西学，还有一个转手译介之西学知识是否准确的问题，因当时之中国人渴求新知识新文化，非常热衷于读译书，故出现这样的景象：

> 日本每一新书出，译者动数家。新思想之输入，如火如荼矣。然皆所谓"梁启超式"的输入，无组织，无选择，本末不具，派别不明，唯以多为贵，而社会亦欢迎之。②

实则直接从西文所译之书也存在同样问题，严复那样的翻译大师毕竟寥寥无几。这是刘师培那一代人汲取西学时所共同面临的问题。此处谈刘师培阅读西书便是在这一前提下展开。

还需说明的是，这里对刘师培阅读西书情形所做的考索以内证为主，即通过审读其文本内容取证，并结合当时西书翻译出版状况确定其所用之版本，版本状况不详者予以标明。

---

① 光汉：《甲辰年自述诗》，载《警钟日报》，1904-9-7。
② 梁启超：《清代学术概论》，见《梁启超论清学史二种》，79、80页。

## 一、前《国粹学报》时期对西学的吸纳

从现有资料看,刘师培第一篇涉及西学的文章应为《小学发微》。1903年4、5月间,刘师培会试失利后从开封回扬州途中滞留上海,得晤章太炎,两人惺惺相惜,极为投契,引为知己。6月底,章太炎因"苏报案"被捕入狱,在狱中两次致书刘师培,其第二封信即谈到《小学发微》。这封信是对刘氏来书的答复,因写信前一天收到刘氏手札及所撰《驳太誓答问》、《小学发微》,信中对《小学发微》给以很高评价,说其"以文字之繁简,见进化之第次,可谓妙达神指,研精覃思之作矣"①。《小学发微》疑已佚。钱玄同认为《小学发微》与刘师培的《论小学与社会学之关系》一文(刊于《警钟日报》1904年11月21日至12月3日)为异题同文:

> 盖此篇初名《小学发微》,登报时欲求意义明显,故改题为《论小学与社会学之关系》……而内容亦必不尽相同。②

实则二者非同文。一是因刘氏本人非以二者为同文,而是视作独立的两篇文章,如在《周末学术史序》夹注中,他几次分别提及"见旧作《小学发微》"、"见旧作《小学与社会学之关系》";二是从《论小学与社会学之关系》所征引的译著看,该文脱稿的时间不可能早于1904年1月,因其所引用的严复译《社会通诠》一书在1904年1月由商务印书馆首次出版,且刘氏与严复没什么往来,在严译正式出版前读到其手稿的可能性微乎其微。而《小学发微》则是1903年的作品。③《小学发微》"以文字之繁简,见进化之第次",显然是进化论影响下的产物,因此时正是进化论风行之际。进化论之风行,肇始于严复所译赫胥黎《天演论》的出版。《天演论》正式出版于1898年,出版后马上轰动士林,一时洛阳纸贵,不胫而走。一心想从西学中取经的刘师培不可能不读这部士人皆知、影响至广的著作,这从他此时

---

① 《章太炎再与刘申叔书》,载《国粹学报》,1905年第1期;《癸卯与刘光汉书》,见《太炎文录初编·文录卷二》;《与刘光汉书二》,见《遗书》,20页。
② 钱玄同案语,见《遗书》,1438页。
③ 参见都重万:《刘师培对晚清史学演进的贡献及影响》,北京大学博士论文,1998。

的诗《读〈天演论〉》(二首)中即可看出。① 至于以小学研究成果证明进化之道理，也许与章太炎的影响有关。在前引章太炎信中，章氏还说过这样的话：

> 下走三四年来，夙持此义，不谓今日复见君子，此亦郑、服传舍之遇也。②

章氏又提出一些证据以补刘说。章氏确早有此想法。1900年，他的《訄书》初刻本问世，其中《订文》篇便征引斯宾塞学说，就文字之繁简谈进化之理。③ 三年后，刘师培从他的主张中得到启示，进而阐释其未尽之意，应是顺理成章的。

1903年夏，刘师培与林獬共撰《中国民约精义》。刘氏在该书序言中说：

> 吾国学子知有"民约"二字者三年耳，大率据杨氏廷栋所译和本卢骚《民约论》以为言。顾卢氏《民约论》于前世纪欧洲政界为有力之著作，吾国得此，乃仅仅于学界增一新名词，他者无有，而竺旧顽老且以邪说目之，若以为吾国圣贤从未有倡斯义者。暑天多暇，因搜国籍，得前圣曩哲言民约者若干篇，篇加后案，证以卢说，考其得失，阅月书成。都三卷，起上古迄近世，凡五万余言。④

---

① 刘师培：《读〈天演论〉》(二首)，《左盦诗录》卷1，《匪风集》，见《遗书》，1907页。
② 章太炎：《与刘光汉书二》，见《遗书》，20页。
③ "吾闻斯宾塞尔之言曰：有语言然后有文字。文字与绘画，故非有二也，皆昉乎营造宫室而有斯制。……顷之，以画图过繁，稍稍刻省，则马牛凫鹜，各以尾足相别而已，于是有墨西哥之象形字。其后愈省，凡数十画者，杀而成一画，于是有埃及之象形字。凡象形字，其沟陌又为二：一以写体貌，一以借形为象，所谓'人希见生象，而按其图以得仿佛'者也。乃若夫人之姓氏，洲国山川之主名，主形者困穷，乃假同音之字以依托之，于是有谐声字，则西域字母根株于是矣。"见章太炎：《訄书(初刻本)》，《章太炎全集(三)》，45页。
④ 刘师培、林獬：《中国民约精义》，见《遗书》，563页。

由此可见，《中国民约精义》是据卢梭《民约论》以立说，用中国典籍文献上的有关议论比附卢梭民约之义。全书正文即据此安排，所涉文献从上古《周易》迄于清代戴望之书，中国典籍精华几尽萃于此。案语中处处可见引证《民约论》中的言论，以之与中国古人议政之语相比较。其所用《民约论》一书，是杨廷栋据日本原田潜日文译本所转译的，1900年底至1901年初在《译书汇编》上连载部分内容，1902年上海文明书局印刷了全译本，书名为《路索民约论》。这里用的是全译本。另外，从《中国民约精义》所论看，天演进化学说也被采纳，如曾有"盖世界进化之公理，必经贵族政治之阶"之类的议论。① 严复所译亚当·斯密《原富》（1901—1902年上海南洋公学译书院印）亦被提及。

1903年11月，刘师培所撰之《中国民族志》由中国青年会出版。② 该书由十八章组成，要旨厥有三端："汉族界限之扩张"、"异族势力之侵入"、"汉族与异族之混合"。③ 通观全书，种族民族主义思想贯穿始终：

> 值此民族主义之世，存亡之机，间不容发，是在汉族有以自择耳。④

天演进化之说亦被融汇于内：

> 今太西哲学大家创为天择物竞之说。物竞者，物争自存也；天择者，存其宜种也。种族既殊，竞争自起，其争而独存者，必种之最宜者也。⑤

---

① 刘师培、林獬：《中国民约精义》，见《遗书》，第566页。
② 钱玄同在编《刘申叔先生遗书》时，误将《中国民族志》之出版年系为民元前七年，即1905年。今在北京大学图书馆得见此书原印本，末页所记内容为：癸卯十月出版；著作者：光汉子；发行者：中国青年会；发行所：上海棋盘街恒德里二十世纪丛书社。封面亦标注：癸卯十月，中国青年会出版。
③ 刘师培：《中国民族志》，见《遗书》，601页。
④ 刘师培：《中国民族志》，见《遗书》，626页。
⑤ 刘师培：《中国民族志》，见《遗书》，629页。其中"物竞者，物争自存也；天择者，存其宜种也"一语直接采自严复：《原强修订稿》，见王栻主编：《严复集》，第1册，16页，北京，中华书局，1986。

在此,从《天演论》中所搬来之思想已表露无遗。书中引用了日本桑原骘藏《东洋史要》(樊炳清译,东文学社 1899 年印)对亚细亚人种分类的观点:

> 亚细亚人种约别为二种:曰西伯利人种,曰支那人种是也。支那人种蔓延于支那本部、西藏及后印度一带地方,更详别为三族:曰汉族、曰西藏族、曰交趾支那族。第一汉族,东洋史上尤要之人种也,大抵据支那本部。此族在上古时似自西方移居内地,栖息黄河沿岸,而次第蕃殖于四方。古来司东亚文化之木铎者,实推此族。①

进而以日本白河次郎、国府种德《支那文明史》(上海竞化书局编译,竞化书局 1903 年印)中的看法为汉族西来作佐证。这是刘师培首次阐发"汉族西来说",此后他对此问题多有论述。另外,书中还提及高田早苗的《国家学原理》(稽镜译,译书汇编社 1901 年印),并时有中外历史相比附的内容,所涉及的外国史实颇为繁杂,可见作者必已读过相当的外国史书,方有立论之依据。

1903 年刘师培还编写出版过小学课本《国文典问答》,所附录之《国文杂记》颇有新意,内中言及:

> 中国国文所以无规则者,由于不明论理学故也。……若夫我国古时之名家,在公孙龙、尹文之流,亦多合于论理,然近于希腊诡辩学派,非穆勒氏所谓求诚之学也,而儒家又多屏弃之,此论理学所以消亡也。今欲正中国国文,宜先修中国固有之论理学,而以西国之论理学参益之,亦循名责实之一道也。②

论理学(或名学)即今日所称之逻辑学,当时刚刚输入中国,刘师培便注意及此,且了解到约翰·穆勒的有关学说。严复于 1900—1902 年译出《穆勒

---

① 刘师培:《中国民族志》,见《遗书》,602 页。
② 刘师培:《国文杂记》,《左盦外集》卷 13,见《遗书》,1660 页。

名学》的上半部，但迟至1905年才由金陵金粟斋木刻出版，① 显然1903年的刘师培无法见到此书。他之知道穆勒学说很可能得自两个途径，一是严复本人，因严氏1900年在上海曾"开名学会，讲演名学，一时风靡"，有可能留下有关记录；二是日本的逻辑学著作，因已有一些日本逻辑教科书被译成中文，较有代表性的如上海会文学社1903年出版的范迪吉等译富山房之《论理学问答》。②

1904年1月，刘师培撰成《攘书》十六篇。全书主旨为攘除夷狄，即从大汉族主义出发，反对满族贵族的统治，实为倡导革命之作。但因刘氏是以深厚学养引经据典而撰成，学术性颇强，故又不同于一般政论著作。该书所征引的西书或提及的西方与日本学者有：达尔文《物种由来》(上海开明书局译印)、岸本能武太《社会学》(章太炎译，上海广智书局1902年印)、斯宾塞《社会学原理》(马君武译，少年中国新丛书之一，少年新中国社1903年印)、韦廉臣《古教汇参》(董树棠述，益智书会出版)、《印度史览要》(广学会1902年编译出版)、高田早苗《国家学原理》、柏拉图(此时尚无柏拉图著作中译本，但严复在《天演论》案语里便提到柏拉图学说，在国民丛书社1903年所译日本文学士著《哲学十大家》里系统介绍了柏拉图思想)、福泽谕吉("福泽谕吉力破同姓不婚之说"，此意取自福泽《男女交际论》，张肇桐译，文明书局1903年出版)、白河次郎、国府种德《支那文明史》、《穆勒名学》(此时严译尚未出版)等。刘师培利用《物种由来》、《社会学》、《社会学原理》等书的观点阐述各民族进化、发展之理，并以《古教汇参》、《印度史览要》、《国家学原理》等书所载古希腊、印度史实加以佐证，而且再次提及"汉族西来说"和穆勒名学之"求诚"对于传统中国"正名"的意义。

1904年11月21日至12月3日，刘师培在《警钟日报》上发表《论小学与社会学之关系》。全文主旨在于以社会学"考中国造字之原"，③ 所考之字有舅、姑、妇、赋、君、林、烝、田、尊、酉、社、牧、赀、民等，共三

---

① 王栻：《严复与严译名著》，见《论严复与严译名著》，10页，北京，商务印书馆，1982。
② 熊月之：《西学东渐与晚清社会》，第647页。
③ 刘师培：《论小学与社会学之关系》，载《警钟日报》，1904-11-21；《左盦外集》卷6，见《遗书》，1427页。

十三则。该文所征引之西书有：松平康国编《世界近世史》（梁启勋译，上海广智书局 1903 年印）、马恩西《泰西新史揽要》（李提摩太译，广学会 1894 年出版）、艾约瑟编《希腊志略》（总税务司出版）、那特硔《政治学》（冯自由译，上海广智书局 1902 年印）、甄克思《社会通诠》（严复译，商务印书馆 1904 年出版）、斯宾塞《群学肄言》（严复译，文明编译书局 1903 年出版）、岸本能武太《社会学》、斯宾塞《社会学原理》等。刘师培在文中通过阐发《社会通诠》、《群学肄言》、《社会学》、《社会学原理》所言社会进化之理，探讨中国文字之来源和引申之义，并运用《世界近世史》、《泰西新史揽要》、《希腊志略》、《政治学》等书提供的西方史实，佐证中国文字演化之迹。其中尤重《社会通诠》，说：

> 英甄克思《社会通诠》，于社会进化之阶级，言之最详。然中国字义，颇有赖此证明者。①

所以用该书立论处较多，曾数次出现。

## 二、《国粹学报》创办后对西学的吸纳

1905 年初，邓实、黄节等发起成立"国学保存会"，刘师培加入其中，成为骨干；2 月 23 日，国学保存会的机关刊物《国粹学报》创刊发行，国粹派由此登上历史舞台。国粹派的宗旨为"研究国学，保存国粹"，② 且主张"古学复兴"，但对西学并不排斥，而是力主"会通"，这在《〈国粹学报〉发刊辞》和《〈国粹学报〉略例》中都有阐发，即：

> 学术所以观会通也……海通以来，泰西学术输入中邦，震旦文明不绝一线，无识陋儒，或扬西抑中，视旧籍如苴土。夫天下之理，穷则必通，士生今日，不能借西学证明中学，而徒炫皙种之长，是犹有良田而不知辟，徒咎年凶；有甘泉而不知疏，徒虞山竭，有是理哉？
> 
> 本报于泰西学术，其有新理精识足以证明中学者，皆从阐发。阅

---

① 刘师培：《论小学与社会学之关系》，《左盦外集》卷 3，见《遗书》，1429 页。
② 《国学保存会简章》，载《国粹学报》，1906 年第 13 期。

者因此，可通西国各种科学。①

有人推断《发刊辞》是刘师培所撰。② 不管是否是刘师培所撰，作为刊物的《发刊辞》和《略例》，其所提出的观点至少代表了包括刘氏在内的主办人的主张。进而言之，他们认为"古学复兴"的途径是引西学以重新研究古学：

外学日进，而本国旧有之古学亦渐兴。③

凡国学微言奥义，均可借皙种之学，参互考验，以观其会通，则施教易而收效远。④

有了这种观念，刘师培就更是自觉地将西学引入其学术系统中，中西交融之工作较前做得更多。

在《国粹学报》创刊号上，发表或开始连载刘师培的《论古学出于史官》、《文章原始》、《读左札记》、《国学发微》、《周末学术史序》、《论文杂记》等论著。

《论古学出于史官》（收入《遗书》时改题为《古学出于史官论》）主旨在于申明标题所言之义，认为"史也者，掌一代之学者也"，"九流学术皆原于史"。⑤ 该文从宗教起源入手论列，征引斯宾塞《社会学原理》和法国人《支那文明论》（不详）中的观点为立论依据，即：

西儒斯宾塞有言：各教起原皆出于祖先教。斯言也，证之中国古代，益信而有征（观斯氏《社会学原理》谓：崇信祖宗之风习，凡初民皆然。又法人所著《支那文明论》云：崇拜死者乃支那家庭之主要也，而其特色则崇拜祖宗是也）。⑥

---

① 《〈国粹学报〉发刊辞》，《〈国粹学报〉略例》，载《国粹学报》，1905 年第 1 期。
② 方光华：《刘师培评传》，59 页。
③ 邓实：《古学复兴论》，载《国粹学报》，1905 年第 9 期。
④ 《拟设国粹学堂启》，载《国粹学报》，1907 年第 26 期。
⑤ 刘师培：《古学出于史官论》，《左盦外集》卷 8，见《遗书》，1477、1478 页。
⑥ 刘师培：《古学出于史官论》，《左盦外集》卷 8，见《遗书》，1477 页。

《文章原始》纵谈文章之起源与发展历程，亦申进化之义，说：

> 昔罗马文学之兴也，韵文完备，乃有散文，史诗既工，乃生戏曲，而中土文学之秩序适与相符。乃事物进化之公例，亦文体必经之阶级也。①

这一关于罗马文学的议论取自涩江保的《罗马文学史》（何震彝译，上海开明书局出版），并结合岸本能武太《社会学》之言以立论。

《读左札记》是刘师培继承先人世传《左传》之传统所做的初步研究工作，对今文学家的一些观点予以批驳，认为《左传》非刘歆伪造，同《公羊》、《谷梁》一样，都是解《春秋》经之作。文中提及：

> 较近数年，暂种政法学术播入中土，卢氏民约之论，孟氏法意之编，咸为知言君子所乐道，复援引旧籍，互相发明，以证暂种所言君民之理，皆前儒所已发……《左氏传》所载粹言亦多合民权之说。②

"卢氏民约之论"指的是卢梭的《民约论》；"孟氏法意之编"指的是孟德斯鸠的《法意》，该书由严复译为中文，共七册，由商务印书馆出版，1904年已出三册。

《国学发微》是刘师培读章学诚《文史通义》后的仿效之作，实为一简明中国学术史，从周秦两汉到明代，举凡经子、三教九流之学莫不有所评述。文中说：

> 荀子《非十二子篇》论诸子学派颇详，即荀子所言观之，知周末诸子之学派，多与西儒学术相符。比较而观，可以知矣。③

故此该文以古希腊伊壁鸠鲁学派、什匿克学派、斯多噶学派、诡辩学派和

---

① 刘师培：《文章原始》，《左盦外集》卷13，见《遗书》，1646页。
② 刘师培：《读左札记》，见《遗书》，293页。
③ 刘师培：《国学发微》，见《遗书》，479页。

苏格拉底之学等以及近代边沁、培根、笛卡尔等人之学说与周末诸子之学相较，还提及穆勒《名学》和卢梭天赋人权说，可见作者至少是通晓西方哲学发展历程的。

《周末学术史序》是刘师培拟著之《周末学术史》一书的序目，在形式上，它将中国古典学术之门类打乱，完全按西学门类重组和分类，计有心理学、伦理学、论理学、社会学、宗教学、政法学、计学、兵学、教育学、理科学、哲理学、术数学、文字学、工艺学、法律学、文章学等共十六类，是典型的中西交融之作。在《心理学史序》中征引了西人《学术沿革史》(不详)、日本人《哲学大观》(建部遯吉著，湖南编译社编译出版)、《哲学要领》(井上圆了著，罗伯雅译，上海广智书局1900年出版)诸书；《社会学史序》征引斯宾塞《社会学原理》、甄克思《社会通诠》及美国人葛通哥斯(今译吉丁斯)之说(应指葛通哥斯《社会学理论》所阐发的学说，该书由吴建常据市川源三日译本译为中文，题为《社会学提纲》，教科书译辑社1903年出版)；《政法学史序》亦征引《社会通诠》；《哲理学史序》征引柏拉图、笛卡尔、康德、达尔文、赫胥黎、边沁之学说以及斯宾塞《群学肄言》；《文字学史序》征引美国威尔巽(逊)《历史哲学》(罗伯雅译，广智书局1901年印)、白河次郎、国府种德《支那文明史》、岸本能武太《社会学》；《工艺学史序》亦征引《社会通诠》。这些著作多被刘师培用来证明中西学术之发展有相合之处，如《心理学史序》中所言：

> 吾尝观泰西学术史矣。泰西古国以十计，以希腊为最著。希腊古初有爱阿尼学派，立论皆基于物理(以形而下为主)，及伊大利学派兴，立说始基于心理(以形而上为主)，此学术变迁之秩序也。(见西人《学术沿革史》及日本人《哲学大观》、《哲学要领》诸书)
>
> 吾观炎黄之时，学术渐备，然趋重实际，崇尚实行，殆与爱阿尼学派相近。夏商以还，学者始言心理。[①]

《论文杂记》是刘师培对中国历代文辞诗赋之流变进行系统阐发的论

---

① 刘师培：《周末学术史序·心理学史序》，见《遗书》，504页。

著。他以进化论的眼光看待文学的变化,认为文学变化是一个自然的历史过程,不同历史时期必然会有不同的文学形式。其借以立论者,为斯宾塞学说,即:

> 英儒斯宾塞耳有言:世界愈进化,则文字愈退化。夫所谓退化者,乃由文趋质、由深趋浅耳;……然天演之例,莫不由简趋繁,何独于文学而不然!故世之讨论古今文字者,以为有浅深文质之殊,岂知此正进化之公理哉!故就文字之进化之公理言之,则中国自近代以来,必经俗语入文之一级。①

1905年3月25日,在《国粹学报》第2期上开始发表并连载刘师培的《论古代人民以尚武立国》、《南北学派不同论》。

《论古代人民以尚武立国》借甄克思《社会通诠》所言人类社会进化分图腾、宗法、国家三阶段之学说以立论,"图腾之民事游牧,宗法之民事耕稼,然图腾之民莫不从事于战斗"。反观中国,亦是如此,"炎黄以前民群尚武,与后世流为文弱者不同"。②

《南北学派不同论》考析历代南北各派学术之异同短长、功过得失,其立论基础有地理环境决定论色彩,如谓:

> 山国之地,地土硗瘠,阻于交通,故民之生其间者,崇尚实际,修身力行,有坚忍不拔之风;泽国之地,土壤膏腴,便于交通,故民之生其间者,崇尚虚无,活泼进取,有遗世特立之风。故学术互异,悉由民习之不同。……此说本之那特硁《政治学》诸书。③

5月23日,《国粹学报》第4期开始连载刘师培《古政原始论》。该文追溯国土、氏族、君长、宗法、田制、阶级、职官、刑法、学校、礼俗、古乐、财政、兵制等"古政"之来源,多次征引《社会通诠》以立论,并提及法

---

① 刘师培:《论文杂记》,见《遗书》,711页。
② 刘师培:《论古代人民以尚武立国》,《左盦外集》卷10,见《遗书》,1563页。
③ 刘师培:《南北学派不同论》,见《遗书》,549页。

国人拉克伯里之说,"迦尔底亚为中邦祖国,故所奉宗教仍沿迦尔底亚之遗风"①。该说应取自拉克伯里的《支那太古文明西元论》(蒋观云在1903年9月至1905年1月间连续于《新民丛报》上撰文介绍此书),这是主张中国文明西来论的代表性著作。

6月23日,《国粹学报》第5期开始连载和发表刘师培《小学发微补》、《东原学案序》等文。

《小学发微补》对语言文字之起源及与小学相关之问题作了精辟阐发,一方面在乾嘉学者研究基础上提出"字义起于字音"说;另一方面以中国文字证明社会学者所阐发的古代社会之状况,进一步发挥了《论小学与社会学之关系》所言之精义。全文征引西书有《社会通诠》、岸本能武太《社会学》、拉克伯里《支那太古文明论》(即《支那太古文明西元论》)等,其中数次引用拉克伯里之说,如:

> 西人拉克伯里著《支那太古文明论》,以易卦为古文,于一字之中包含众多之义。……试用拉克伯里氏之例解坤、屯二卦。②
> 西人谓伏羲画卦,出于巴比伦锲文(西人拉克伯里氏说)。③

可见对拉氏之说很是信从,不仅认同其中国文字西来说,而且以其例解释中国古文。另外文中还曾提及:

> 英斯宾塞尔之言曰:有语言然后有文字,文字与绘画无二理也。④

可见亦参考过斯氏著作。

《东原学案序》是对戴震学术、思想的综合评论,围绕以《原善》、《孟子字义疏证》为代表的戴震义理思想进行阐发,内中以《穆勒名学》和日本井上圆了所述"唯心论"作注,即:

---

① 刘师培:《古政原始论》,见《遗书》,678页。
② 刘师培:《小学发微补》,见《遗书》,430页。
③ 刘师培:《小学发微补》,见《遗书》,434页。
④ 刘师培:《小学发微补》,见《遗书》,433页。

> 古人之所谓理，即《穆勒名学》之所谓伦，皆由对待而生，故理亦必由比较分析而后见。
>
> 日本井上圆了云：唯心论者，由物心两象，总由一心而起。然物对心而可知，心对物而可知，二者缺一，亦不能存。心能知物，物因心而被知，一称主观，一称客观。①

井上著作应为《哲学要领》、《哲学原理》诸书，当时译本较多，在知识界广为流传。

9月18日，《国粹学报》第8期开始连载刘师培的《理学字义通释》和《古学起原论》。

《理学字义通释》通过对理、性、情、志、意、欲、仁、惠、恕、命、心、德、义、敬等字义的诠释，阐明汉宋之儒所言之义理。文中数次用西方生理学、心理学、伦理学所述之理以为佐证，如：

> 西人伦理学多与心理学相辅，心理学者，就思之作用而求其原理者也；伦理学者，论思之作用而使之守一定之轨范者也。②

还提及"日本人福泽谕吉以中国之礼为束缚身体之具"。③

《古学起原论》探究古代学术之发端，认为源于二端：宗教和实验。内中征引了《社会通诠》以及西人若柏黎等人的中国文化西来说，即：

> 若中国文字、文化之胚胎，则汉族东迁，已传播西方学术（近世以来，西儒若柏黎诸人谓中国文化咸导源加尔底亚、巴庇伦）。④

11月16日，《国粹学报》第10期开始连载刘师培《两汉学术发微论》。全文以中学比附西学，这从其子目即可看出（两汉政治学发微论、两汉种

---

① 刘师培：《东原学案序》，《左盦外集》卷17，见《遗书》，1759、1761页。
② 刘师培：《理学字义通释》，见《遗书》，469页。
③ 刘师培：《理学字义通释》，见《遗书》，472页。
④ 刘师培：《古学起原论》，见《左盦外集》卷8，《遗书》，1477页。

族学发微论、两汉伦理学发微论），虽未具体引证西书，但时见将两汉政治比附西政的说法，如"西汉之时，凡国有大政大狱，必下博士等官会议，此即上议院之制度也"①，并认为汉儒伦理学"与西洋伦理学其秩序大约相符"。②

1906年5月13日，《国粹学报》第16期开始连载刘师培《中国哲学起原考》。该文借用西方"哲学"概念纵论中国古代"哲学"之渊源，内中追溯西人最初之宇宙观念，征引布列氏、磨特氏、比多古罗氏、扬可拉兹氏之说，这些率多出自于井上圆了《哲学要领》、《哲学原理》（王学来译，闽学会1903年出版）诸书。另外文中还提及西儒"效实"、"储能"之义，显系采自严复译述《天演论》时所造之词。③

6月11日，《国粹学报》第17期发表刘师培《孔学真论》、《补古学出于史官论》。

《孔学真论》对孔子学说进行了公允的评价，认为：

> 周室既衰，史失其职，官守之学术一变而为师儒之学术，集大成者厥唯孔子。④

文中将孔子之学与古希腊梭格拉氏（即苏格拉底）之学进行比较，并提及柏拉图弟子亚里士多德，认为"今太西科学大抵出于亚氏"，还说：

> 太西当近世以来，培根主实验，笛卡儿主穷理，二派并行，而西人之学遂日以进步。⑤

这类议论，足以看出其对西学之了解及识见。

《补古学出于史官论》是对前已发表的《古学出于史官论》的补充，仍持

---

① 刘师培：《两汉学术发微论》，见《遗书》，530页。
② 刘师培：《两汉学术发微论》，见《遗书》，535页。
③ "效实"、"储能"两词在刘师培其他著述中也时见引用，如《理学字义通释》等，显示出刘所受进化论影响之深。为免重复，本文不一一列举。
④ 刘师培：《孔学真论》，《左盦外集》卷9，见《遗书》，1508页。
⑤ 刘师培：《孔学真论》，《左盦外集》卷9，见《遗书》，1510页。

"上古之时，学掌于史"的基本观点，① 内中征引了弥儿《自由原理》(即《弥勒约翰自由原理》，马君武译，上海开明书局 1903 年出版)中的个别论点。

12 月 5 日，《国粹学报》第 23 期开始连载刘师培《论孔子无改制之事》。该文主旨在反驳今文家的孔子改制说，认为：

> 以庶民而操改制之柄，始于汉儒言孔子改制。然孔子改制之说，自汉以来未有奉为定论者，奉汉儒之言为定论，则始于近人。夫以庶民而改制，事非不美，特考其时，度之于势，稽之于书，觉孔子改制之说，实有未可从者。②

文中再次征引拉克伯里的中国文化西来说，言明采自日本白河氏(白河次郎)《支那文明史》，还提及柏拉图、康德、赫胥黎之学，以证明学术与宗教不同，孔子之学非宗教。

1906 年，刘师培完成并已出版之关涉西学的著作尚有《伦理教科书》、《经学教科书》、《中国历史教科书》等。

《伦理教科书》(二册)是刘师培以西方伦理学观念阐释中国伦理之作。书中开首即言：

> 西人之治伦理学者，析为五种，一曰对于己身之伦理，二曰对于家族之伦理，三曰对于社会之伦理，四曰对于国家之伦理，五曰对于万有之伦理，与中国《大学》所言相合。③

故第一册"所言皆伦理学之大纲及对于己身之伦理"，第二册所言为"家族伦理"和"社会伦理"。全书对西方伦理学、心理学、社会学成果有所借鉴，但明确提到的西方学者仅有笛卡尔和斯宾塞，还言及日本井上圆了将西方伦理学"析为二十余派"。④

---

① 刘师培：《补古学出于史官论》，《左盦外集》卷 8，见《遗书》，1480 页。
② 刘师培：《论孔子无改制之事》，《左盦外集》卷 5，见《遗书》，1394 页。
③ 刘师培：《伦理教科书》，见《遗书》，2026 页。
④ 刘师培：《伦理教科书》，见《遗书》，2027 页。

《经学教科书》(二册)是刘师培阐述中国经学发展历程的著作,第一册述"经学源流",第二册"发明易例",专讲《易经》。第二册又引用拉克伯里《支那太古文明论》(即《支那太古文明西元论》)中"以易卦为古文"的说法,① 同于《小学发微补》之所引,而且提及斯宾塞的《群学肄言》,并在《论易学与科学之关系》、《论易学与史学之关系》、《论易学与政治学之关系》、《论易学与社会学之关系》、《论易学与伦理学之关系》、《论易学与哲学之关系》诸子目下率多中西学比附之论。

《中国历史教科书》(二册)是刘师培概述中国从远古迄西周的历史发展进程的著作。他在"凡例"中便言明:

> 今日治史,不专赖中国典籍,西人作中国史者,详述太古事迹,颇足补中史之遗。今所编各课于征引中国典籍外,复参考西籍,兼及宗教、社会之书,庶人群进化之理可以稍明。②

以是之故,该书较重视征引西书,所征引者有白河次郎、国府种德《支那文明论》(即《支那文明史》)、拉克伯里《支那太古文明西元论》、甄克思《社会通诠》、威尔逊《历史哲学》等,其中对《支那太古文明西元论》、《社会通诠》皆反复征引,一再强调中国民族西来,"汉族初兴,肇基迦克底亚……厥后逾越昆仑,经过大夏,自西徂东,以卜居于中土",且认为,"拉氏(拉克伯里)为法国考古大家,则所言必非无据,按以中国古籍,亦多相合,而人种西来之说,确证尤多"③,并多方论证《社会通诠》所言进化之理,合于中国历史实际。此外还认为"周代之制多与西政相符",④ 故以西方三权分立之说比附周代政治。

1907 和 1908 两年,刘师培基本生活在日本,所写作品以政论居多,尤以宣传无政府主义思想为主,但在这一过程中也涉及一些社会主义思想。这方面的论著主要为发表在《天义报》、《衡报》上的《人类均力说》、

---

① 刘师培:《经学教科书》,见《遗书》,2105 页。
② 刘师培:《中国历史教科书》,见《遗书》,2177 页。
③ 刘师培:《中国历史教科书》,见《遗书》,2178 页。
④ 刘师培:《中国历史教科书》,见《遗书》,2272 页。

《论种族革命与无政府革命之得失》、《欧洲社会主义与无政府主义异同考》、《无政府主义之平等观》、《〈总同盟罢工论〉序》、《论新政为病民之根》、《亚洲现势论》、《苦鲁巴特金学术述略》、《〈共产党宣言〉序》、《议会之弊》、《共和之病》、《论共产制易行于中国》、《论中国资本阶级之发达》、《论中国宜组织劳民协会》、《无政府革命与农民革命》、《论农业与工业联合制可行于中国》等。其中征引了卢梭《民约论》、罗列《总同盟罢工论》、马尔克斯（马克思）、因格尔斯（恩格斯）《共产党宣言》、苦鲁巴特金（克鲁泡特金）《无政府主义之哲学》、《诉青年》、《互助》、《自由合意》、《面包掠夺》、《田野制造所及工场》、《代议政体》、达尔文《种源》、《物种由来》、因格尔斯《英国劳动阶级状态》（今译《英国工人阶级状况》）、马尔克斯《困贫之哲学》（今译《哲学的贫困》）、《万国劳民同盟宣言》（今译《国际工人协会成立宣言》）、杜尔斯特（托尔斯泰）《致中国人书》、斯密亚丹《原富》、布鲁东（蒲鲁东）《何谓私有财产》、母耶（莫尔）《无何有乡》（今译《乌托邦》）、科比耶（康帕内拉）《太阳之都》（今译《太阳城》）、哈林枯顿《太阳洲》、马尔克斯《由空想的科学的社会主义之发达》（按即恩格斯《社会主义从空想到科学的发展》，刘师培误为马克思所作）、拉萨尔《劳动与科学》等论著，并提及柏拉图、阿理斯多德（亚里士多德）、甄克斯、斯宾塞、霍布斯、康德、海克尔（黑格尔）、赫胥黎、伯伦知理、斯撒纳尔（施蒂纳）、巴枯宁、撒西门（圣西门）、布利奥（傅立叶）、拉美纳（拉梅耐）、康拜（卡贝）、握恩（欧文）、露易·佛兰（路易·勃朗）、们斯秃（蒙斯特）、维特林替（魏特林）等人的思想学说。此外，亦通过短篇序、跋及译作的方式介绍无政府主义、社会主义等西方思想。除上面提到的《〈总同盟罢工论〉序》、《〈共产党宣言〉序》，还为民鸣译恩格斯《〈共产党宣言〉1888年英文版序言》作跋文，为怪汉译《俄国第二议会提议之土地本法案及施行法案》作序，为周作人、吴弱男译马拉泰斯塔《无政府共产主义之工人问答》作序，翻译了克鲁泡特金的《快愉之劳动》、《未来社会生产之方法及手段》、《面包掠夺》等著作，并撰文简介托尔斯泰的《人道主义》一书。

除政论外，这两年刘师培涉及西学的学术著作比以往大为减少，仅有以下篇章：《中国古用石器考》、《荀子名学发微》、《论中土文字有益于世界》。

《中国古用石器考》发表于1907年4月2日出版的《国粹学报》第27期，

文章开篇即言：

> 近世以来，西人言社会学者，考社会进化之次序，分为三级，一曰石器时代，二曰铜器时代，三曰铁器时代。①

全文通过考证中国古人用石器的情况，来证明中国古代也是先经历石器时代，再进入铜器时代，合于进化之秩序。

《荀子名学发微》发表于1907年8月28日出版的《国粹学报》第32期，该文以西方逻辑学概念释荀子名学，如篇首所言：

> 中邦古代学术，其确守秩序者，厥惟名学。言名学者不一端，而精析其理者，厥惟荀子。夫名学之大要，不外归纳、演绎二端，而《荀子·正名篇》早明斯义。②

《论中土文字有益于世界》发表于1908年10月14日出版的《国粹学报》第46期，文中言：

> 中土史编，记事述制，明晰便章。惟群治之进，礼俗之源，探赜索隐，鲜有专家。斯学之兴，肇端暂种。英人称为Sociology，迻以汉字，则为社会学，与Humanism之为群学者，所述略符。……暂种治斯术者，书籍浩博，以予所见，则斯宾塞尔氏、因格尔斯氏（即甄克思——引者）之书为最精。③

且认为"治小学者，必与社会学相证明"，"欲社会学之昌明，必以中土之文为左验"。④

1909年起，因思想、学术态度有所转变，刘师培基本不再致力于学术

---

① 刘师培：《中国古用石器考》，《左盦外集》卷12，见《遗书》，1617页。
② 刘师培：《荀子名学发微》，《左盦外集》卷9，见《遗书》，1512页。
③ 刘师培：《论中土文字有益于世界》，《左盦外集》卷6，见《遗书》，1439页。
④ 刘师培：《论中土文字有益于世界》，《左盦外集》卷6，见《遗书》，1439页。

上的中西交融，而是专意于中国古典学术的研究。在这一时期的著述中，征引过西书的仅有《论中国古代财政国有之弊》一文，① 文中亦仅提到欧人 Laveleye 著《原始时代之财产》，并未阐发其说。

## 三、所见西书的综合分析

为便于系统考察刘师培的中西交融之学，以上刘氏征引西书和西方、日本学者、思想家的情况，可表列说明之：②

| 刘师培之著述 | 征引西书和西方与日本学者、思想家 |
| --- | --- |
| 中国民约精义 | 卢梭《民约论》、亚当·斯密《原富》 |
| 中国民族志 | 桑原骘藏《东洋史要》、白河次郎、国府种德《支那文明史》、高田早苗《国家学原理》 |
| 国文杂记 | 约翰·穆勒 |
| 攘书 | 达尔文《物种由来》、岸本能武太《社会学》、斯宾塞《社会学原理》、高田早苗《国家学原理》、白河次郎、国府种德《支那文明史》、韦廉臣《古教汇参》、《印度史览要》、《穆勒名学》柏拉图、福泽谕吉 |
| 论小学与社会学之关系 | 松子康国《世界近世史》、马恳西《泰西新史揽要》、艾约瑟《希腊志略》、那特砼《政治学》、甄克思《社会通诠》、斯宾塞《群学肄言》、岸本能武太《社会学》、斯宾塞《社会学原理》 |
| 论古学出于史官 | 斯宾塞《社会学原理》、法国人《支那文明论》 |
| 文章原始 | 岸本能武太《社会学》、涩江保《罗马文学史》 |
| 读左札记 | 卢梭《民约论》、孟德斯鸠《法意》 |
| 国学发微 | 《穆勒名学》<br>伊壁鸠鲁学派、什匿克学派、斯多噶学派、诡辩学派<br>苏格拉底、边沁、培根、笛卡尔、卢梭 |
| 周末学术史序 | 西人《学术沿革史》、建部遯吉《哲学大观》、井上圆了《哲学要领》、斯宾塞《社会学原理》、甄克思《社会通诠》、葛通哥斯《社会学理论》、斯宾塞《群学肄言》、威尔逊《历史哲学》、白河次郎、国府种德《支那文明史》、岸本能武太《社会学》柏拉图、笛卡尔、康德、达尔文、赫胥黎、边沁 |

---

① 刘师培：《论中国古代财政国有之弊》，载《国粹学报》，1909年第55期。
② 表中所列刘师培征引西书或西方与日本学者、思想家之名，一如刘氏文中所引，尽管有些译名已不合今日规范。个别译名刘氏各文本身即不统一，如"苦鲁巴金"，"苦鲁巴特金"之类，为尊重原文，亦一仍其旧。特此说明。

续表

| 刘师培之著述 | 征引西书和西方与日本学者、思想家 |
|---|---|
| 论文杂记 | 斯宾塞 |
| 论古代人民以尚武立国 | 甄克思《社会通诠》 |
| 南北学派不同论 | 那特砎《政治学》 |
| 古政原始论 | 甄克思《社会通诠》、拉克伯里《支那太古文明西元论》 |
| 小学发微补 | 甄克思《社会通诠》、岸本能武太《社会学》、拉克伯里《支那太古文明西元论》<br>斯宾塞 |
| 东原学案序 | 《穆勒名学》、井上圆了《哲学要领》《哲学原理》 |
| 理学字义通释 | 福泽谕吉 |
| 古学起原论 | 甄克思《社会通诠》<br>若柏黎 |
| 中国哲学起原考 | 赫胥黎《天演论》、井上圆了《哲学要领》《哲学原理》 |
| 孔学真论 | 苏格拉底、亚里士多德、培根、笛卡尔 |
| 补古学出于史官论 | 弥儿《自由原理》 |
| 论孔子无改制之事 | 白河次郎、国府种德《支那文明史》<br>柏拉图、康德、赫胥黎 |
| 伦理教科书 | 笛卡儿、斯宾塞、井上圆了 |
| 经学教科书 | 拉克伯里《支那太古文明西元论》、斯宾塞《群学肄言》 |
| 中国历史教科书 | 拉克伯里《支那太古文明西元论》，白河次郎、国府种德《支那文明史》，甄克思《社会通诠》、威尔逊《历史哲学》 |
| 人类均力说 | 卢梭 |
| 论种族革命与无政府革命之得失 | 杜尔斯德、苦鲁巴特金、霍布斯、卢梭 |
| 欧洲社会主义与无政府主义异同考 | 母耶《无何有之乡》、科比耶《太阳之都》、哈林枯顿《太阳洲》、马尔克斯《由空想的科学的社会主义之发达》（实为恩格斯所作）、拉萨尔《劳动与科学》<br>柏拉图、奥依禾林克、撒西门、布利奥、拉美纳、康拜、握恩、海克尔、巴枯宁、施撒奈耳、布鲁东、苦鲁巴特金、路易·佛兰、们斯秃 |
| 无政府主义之平等观 | 卢梭《民约论》<br>阿理斯多得、甄克斯、斯宾塞、康德、苦鲁巴特金、布鲁东、柏拉图、索宾霍耳、杜尔伯特 |

续表

| 刘师培之著述 | 征引西书和西方与日本学者、思想家 |
|---|---|
| 亚洲现势论 | 马尔克斯《共产党宣言》、苦鲁巴特金《无政府主义之哲学》、杜尔斯特《致中国人书》<br>布鲁东、巴枯宁 |
| 苦鲁巴特金学术述略 | 苦鲁巴特金《诉青年》、《无政府之哲学》、《互助》、《自由合意》、《面包掠夺》，达尔文《种源》、《物种由来》<br>赫胥黎、伯伦知理、杜尔斯特、斯撒纳尔 |
| 议会之弊 | 苦鲁巴特金《代议政体》 |
| 共和之病 | 美国《独立宣言》 |
| 论共产制易行于中国 | 苦鲁巴特金《面包掠夺》 |
| 论中国资本阶级之发达 | 斯密亚丹《原富》 |
| 论中国宜组织劳民协会 | 布鲁东《何谓私有财产》、罗列《社会总同盟罢工》<br>苦鲁巴金 |
| 无政府革命与农民革命 | 苦鲁巴特金《面包掠夺》、《田野制造所及工场》 |
| 论农业与工业联合制可行于中国 | 苦鲁巴金 |
| 《总同盟罢工论》序 | 罗列《总同盟罢工论》 |
| 《共产党宣言》序 | 马尔克斯、因格尔斯《共产党宣言》、因格尔斯《英国劳动阶级状态》、马尔克斯《困贫之哲学》、马尔克斯《万国劳民同盟宣言》<br>维特林替、巴枯宁 |
| 《〈共产党宣言〉1888年英文版序言》跋 | 因格尔斯《〈共产党宣言〉1888年英文版序言》 |
| 《俄国第二议会提议之土地本法案及施行法案》序 | 《俄国第二议会提议之土地本法案及施行法案》 |
| 《无政府共产主义之工人问答》序 | 马拉泰斯塔《无政府共产主义之工人问答》 |
| 译克鲁泡特金《快愉之劳动》、《未来社会生产之方法及手段》、《面包掠夺》 | |

续表

| 刘师培之著述 | 征引西书和西方与日本学者、思想家 |
|---|---|
| 简介托尔斯泰《人道主义》 | |
| 论中土文字有益于世界 | 斯宾塞、因格尔斯 |
| 论中国古代财政国有之弊 | Laveleye《原始时代之财产》 |

约略统计一下，刘师培所征引之西书至少有50部，除具体著作外，提到的西方与日本学者、思想家有苏格拉底、柏拉图、亚里士多德、笛卡尔、康德、培根、边沁、福泽谕吉、霍布斯、巴枯宁、施蒂纳、伯伦知理、魏特林等，可见其所读西书绝不止这50部。① 这些著作大体可分为两类：学术与政治。前者所涵盖的领域包括社会学、历史学、哲学、政治学、经济学、文学等，不下于30部；后者是以无政府主义思想为核心并兼及社会主义思想的政论，不下于20部。

总体而言，这些著作大都是西方学术和思想体系里的重要著作，有的已入经典之列，如卢梭《民约论》，亚当·斯密《原富》，达尔文《物种由来》，斯宾塞《社会学原理》《群学肄言》，约翰·穆勒《穆勒名学》《自由原理》，甄克思《社会通诠》，孟德斯鸠《法意》，赫胥黎《天演论》，马克思、恩格斯《共产党宣言》，马克思《哲学的贫困》，恩格斯《英国工人阶级状况》，克鲁泡特金《无政府主义之哲学》《互助》，蒲鲁东《何谓私有财产》等。它们所反映的学说、思想各异，但基本代表了近代西方主流思想学术界的成就(无政府主义与社会主义思潮亦是当时主流思潮之一)。若再细加分疏，可以看出，关于社会主义与无政府主义思想的著作以德、俄作者为主，其他领域的著作则以英、法作者为主，这似乎也在一定程度上反映出西方思想分野的大致情形。这些著作在西方的影响自不必说，在近代中

---

① 当然也不排除有这种可能，即刘师培并未全部见到他所提及的西方学者的著作，而是通过阅读一些人介绍西学的著述来获取这类新知，如梁启超《乐利主义泰斗边沁之学说》、《近世第一大哲康德之学说》、《政治学大家伯伦知理之学说》等。

国，它们也给处在求索中的知识分子以极大的震撼和冲击，造成以新知识分子为先导的中国思想、学术界的巨大变动，从而带来中国政治、经济、社会的一系列变迁。而且通晓它们，对知识分子个人而言，亦象征着其已达到的新学水准。此外，在刘师培所征引的著作中，也有一些是未入经典之列且被西方人评价不高者，然而对近代中国人来说，它们却相当重要，别有一番意义。如马恩西《泰西新史揽要》、艾约瑟《希腊志略》、拉克伯里《支那太古文明西元论》等，或为在华传教士的译述，或为二流汉学家的作品，但在当时影响颇大。《泰西新史揽要》是西方史学家眼里"第三流历史学著作中最乏味的一些残余"，[①] 却成为晚清所有翻译西方历史书籍中销售量最大、读者面最广的一部；《支那太古文明西元论》虽仅为少数专家信奉和推崇，但因这些人（以章太炎、刘师培为主）皆为影响社会思潮和学术潮流的关键人物，所以也具相当的影响力；至于艾约瑟的《希腊志略》，与他同时所编的《欧洲史略》、《罗马志略》等书一样，系同类西书中比较著名者，[②] 亦深受渴求西方新知的读者欢迎。非经典的西方著作在近代中国受到如此重视，这一现象值得引起注意和分析。

与欧美学者和思想家的著作相比，刘师培所征引的日本学者著作则以教科书及"概论"类书为主，如桑原骘藏《东洋史要》，白河次郎、国府种德《支那文明史》，松平康国《世界近世史》，高田早苗《国家学原理》，岸本能武太《社会学》，涩江保《罗马文学史》，建部遯吉《哲学大观》，井上圆了《哲学要领》、《哲学原理》等。这种情形的出现，显然与前述清末废科举兴学堂的制度变迁相关。新式学堂的纷纷设立，新知识的大量传授，势必带来对教科书、教学参考书以及概述新学之"概论"类书的数额巨大的急迫需求。但在国门初启之时，仅靠国内极少量通晓新学之学者著述自然不能满足这一需求，而翻译引进日本的此类著述则为既省力又于书局有利可图的捷径。因此时日本亦处在大量引入西学消化西学之时，学问形态基本西化，中国人所急需的教科书、"概论"类书在日本已是铺天盖地，为数众多

---

① 柯林武德：《历史的观念》，164 页，北京，中国社会科学出版社，1986。
② 熊月之：《西学东渐与晚清社会》，480 页。

的中国留日学生则发挥了将其输入中国的桥梁作用。这些书籍进入中国，不仅使一般受教育者从中获取新知，也使一些学者能利用其中所提供的诸多信息，再建或丰富自己的学说体系，刘师培即为其中之一。另外，刘师培为学一向主会通之旨，尚通儒之学，其《古学起原论》、《古政原始论》、《南北学派不同论》、《国学发微》等著作率皆如此，而日本学术界此时所兴起的"概论"风，与刘之所谓"通学"论著相类。① 这一两相契合的情形，更易于使刘氏从日本学者的著作中汲取养分。

需要说明的是，作为学者兼政治人物，刘师培在著有大量学术论著的同时，亦有众多政论问世，有时甚至寓政论于学术之中。关于政治与学术的关系，他虽持"中国一切之政治，均生于学术"之见，② 但在分析具体问题时，还是较好地把握住了二者的分野，并不混为一谈。1907、1908 两年，他在宣扬无政府主义的同时，仍从事学术研究，并以政治和学术的不同标准来看待问题，如在《非六子论》中，他对自己曾推崇备至的"六子"（顾炎武、黄宗羲、王夫之、颜元、江永、戴震）取倍加责难的态度，说他们"乱政、败俗、蠹民"。③ 之所以如此，盖因以往是按学术标准评判，此次是按无政府主义的政治理想来评判。对今天而言，讨论刘师培的学术观念，自当以其按学术标准而发的评语为准。同理，讨论刘师培的中西交融之学，亦当以其纯学术著作为主，辅之以学术政论相结合之作。应该指出的是，刘师培宣扬无政府主义的作品大体离学术较远，这类作品所征引的西书基本为政论著作。所以，囿于本书所论范围并考虑到目前的研究状况，④ 以下在分析刘师培中西交融之学时，不列入其宣扬无政府主义的作品及所征引之西书。

---

① 小岛祐马：《刘师培的学》，载《艺文》，第 11 年第 5、7 号，大正九年 5 月、7 月。
② 震、申叔：《论种族革命与无政府革命之得失》，见张枬、王忍之编：《辛亥革命前十年间时论选集》，第 2 卷，947 页，北京，生活•读书•新知三联书店，1963。
③ 申叔：《非六子论》，载《天义》，第 8、9、10 卷合册，1907-10-30。
④ 关于刘师培的无政府主义思想与活动，迄今为止研究成果较丰富，可参见本书"绪论"所列的有关成果。

## 第三节 以西释中：刘师培之"新学"

### 一、阐释中学：交融中西的起点与终点

作为经学世家的传人，刘师培的学术根基在于中国古典学术，他之交融中西，其出发点亦由此。故而他的所谓"新学"（与其古典学术研究相对之称）虽时以中学比附西学，但最终目的仍在阐释中学，西学不过是手段而已，就像《国粹学报》发刊辞所表明的，重要的是"借西学证明中学"。① 这方面例子颇多，如前已言及《论小学与社会学之关系》是用社会学"考中国造字之原"；《读左札记》曾说过"《左氏传》所载粹言亦多合民权之说"，从而对《左传》多一新解。另外，在《国学发微》里，他又指出：

> 中国人民每以圣人为天授，不可跻攀。自良知之说一昌，以为人人良知既同，则人之得于天者亦同。人之得于天者既同，所谓尧舜与人同耳，与西儒卢梭天赋人权之说相符。②

这段话虽借助了卢梭学说，但其目的在于说明王阳明的良知之说。在《伦理教科书》中，他先把西方伦理学观念分为五种，即对于己身、家族、社会、国家、万有之伦理，然后便指出，这些"与中国《大学》所言相合，《大学》言正心、诚意、修身即对于己身之伦理也，《大学》言齐家即对于家族之伦理也，《大学》言治国、平天下即对于社会、国家、万有之伦理也"③。这段话意在说明伦理学观念中国古已有之。类似例子，不胜枚举，限于篇幅，不再赘引。诚然，刘师培在对中西学术进行比附的过程中，所采用的方法是多样的，有学者将其析为平行类比与同构类比，平行类比即将中外相近的史实平行罗列，同构类比是以思想史为主要内容的类比，即从中西思想观念出发进行类比，以显现思想观念的共同性与普遍性。④ 但不管类

---

① 《〈国粹学报〉发刊辞》，载《国粹学报》，1905 年第 1 期。
② 刘师培：《国学发微》，见《遗书》，500 页。
③ 刘师培：《伦理教科书》，见《遗书》，2026 页。
④ 李洪岩、仲伟民：《刘师培史学思想综论》，载《近代史研究》，1994 年第 3 期。

比形式如何，出发点或中或西，其根本目的仍在于以西证中。多了西学这一新手段，对中学的理解与阐释便可较前人更加完备。

既然中西交融的根本目的是为了阐释中学，那么刘师培在征引西书时有自己的重点所在便很可理解了。在他所引用的西方、日本学术著作中，社会学方面斯宾塞的《社会学原理》《群学肄言》、岸本能武太的《社会学》、甄克思的《社会通诠》，历史学方面白河次郎、国府种德的《支那文明史》、拉克伯里的《支那太古文明西元论》，哲学方面约翰·穆勒的《穆勒名学》，皆多次被征引，反复用以说明中国学术上的若干问题。相对而言，政治学、经济学、文学著作虽被引用，但较少用以阐释与该学科相关的学理问题。此可见出刘师培吸纳西学的重点所在，即社会学、历史学、哲学是被吸纳的主体。应该说，这是一个以中国古典学术为根基和归宿的学者的必然选择，是一个经学家兼革命者的必然选择。

## 二、社会学新知与小学旧统

社会学是形成于19世纪中叶的一门新兴学科。法国实证主义哲学家奥古斯特·孔德是社会学的创始人，他在《实证主义哲学大纲》一书中首次使用了"社会学"一词。随后，英国学者赫伯特·斯宾塞发挥了他的学说，建立起自己的社会学体系，成为19世纪下半叶西方社会学的代表人物。中国学者在清末引入西方社会学，首先系统介绍的便为斯宾塞学说，如前已提及严复所译斯宾塞《社会学研究》（The Study of Sociology），名为《群学肄言》（"群学"亦是当时对社会学的称呼），马君武所译斯氏《社会学原理》等。斯氏学说之所以先于孔德被引入中国，恐与其所阐释的进化论密切相关，

> 正如孔德力求把一切知识纳入他的科学分类法一样，斯宾塞企图把一切知识纳入他的进化论。人类进化是斯宾塞的主题，认为社会是某种普遍规律的具体例证。①

在达尔文进化论经严复译介而风靡中国知识界，成为一种激励人们救亡图存的学说的时候，同是谈进化论的理论必然受到普遍关注，而离救亡主题

---

① 艾伦·斯温杰伍德：《社会学思想简史》，51页，北京，社会科学文献出版社，1988。

较远的孔德实证主义社会学便相对被冷落。实则斯宾塞的进化论虽承认达尔文的某些说法,但更多的是从拉马克那里获取生物学资源。不过对急于从西方得到理论武器以挽救国家的清末学人来说,这两种进化论的区别并不重要,也无暇辨别清楚,关键在于只要能起到激励人群的作用即可。以是之故,斯宾塞的社会学说便紧随达尔文进化论风行于清末知识界。在这种形势下,作为素怀救国之志、以排满复汉为己任的革命者、新知识分子,刘师培关注以斯宾塞为代表的社会学乃出之于必然。

从前述刘师培征引西书的情况看,当时译成中文的几种主要社会学著作他都读过,而且通过比较覆按,对以斯宾塞为主的有关社会学思想有了较系统的理解,尽管可能有理解不确切的时候。如他曾言及:

> 藏往基于探赜,以事为主,西人谓之动社会学;察来基于索隐,以理为主,西人谓之静社会学。……今西儒斯宾塞作《社会学原理》,以心理为主(美人葛通哥氏亦然),考察万物,由静观而得其真,谓人类举止,悉在因果律之范围。……而西国社会学萌芽伊始,亦以物理证明,故英儒甄克思《社会通诠》亦胪陈事物实迹,凡论一事持一说,必根据理极,旁征博采,以证宇宙所同然(此即社会学之统计法也)。①

这段话所言之内容,虽非刘师培独自发明,内中有章太炎、严复谈社会学的言论,但从总的方面看,这种归纳还是显示出了刘氏对社会学的理解程度。这里把甄克思《社会通诠》也归入社会学,盖因《社会通诠》亦阐述进化思想,认为社会发展进化要经历三个阶段,即图腾社会、宗法社会和军国社会。严格说来,《社会通诠》应属政治学著作,其原名为 *A History of Politics* 即《政治史》,但对当时众多初涉西学者来说,这种学术上的分野尚无法细致做到,尽管严复已言明该书"原名《政治短史》"②不过只要是言进化的学说,便容易被划入社会学领域。在这一问题上,刘师培只是从众而已,并非他个人理解上的偏差。

从本质上来说,1908年前的刘师培首先是个学问家,其次才是革命

---

① 刘师培:《周末学术史序·社会学史序》,见《遗书》,507页。
② 严复:《读新译甄克思〈社会通诠〉》,见《严复集》,第1册,146页。

者，他之热心吸纳社会学，除了受其进化理论的吸引外，最根本还在于他自身的国学修养与社会学相契合，特别是其小学修养。清代学术以经学为中坚，"小学本经学附庸，音韵学又小学附庸，但清儒向这方面用力最勤，久已'蔚为大国'了"①。之所以如此，是因小学被视为治经之初阶，不通小学无以通经。作为经学世家的传人，刘师培所受学术训练亦循此途径，故他对小学极为重视，曾谓：

> 察来之用，首恃藏往，舍睹往轨，奚知来辙？……政俗迁移，礼制损益，夏殷而上，书缺有间，欲阐厥隐，惟恃文字：察所从之形一也；穷最先之训二也；一字数义，求其引申、假借之故三也。②

西方社会学本属专门学问，与中国之小学并无关联，但严复在译介《群学肄言》、《社会通诠》等著作时，常通过序文、凡例、案语、夹注等形式不断援引中国古典文化内容，与所述西方文化比较、对照、印证，尤其在透过语言文字的含义来观察中西文化内涵的异同方面有很敏锐的洞察力，如他曾言及：

> 尝考六书文义，而知古人之说与西学合。何以言之？西学社会之界说曰："民聚而有所部勒，祈向者，曰社会。"而字书曰："邑，人聚会之称也，从口有区域也，从巴有法度也。"西学国之界说曰："有土地之区域，而其民任战守者曰国。"而字书曰："国古文或，从一，地也，从口以戈守之。"观此可知中西字义之冥合矣。③

这样一来，社会学便与中国传统学问小学联系起来了。"幼治小学"④、精通文字训诂的刘师培在见到严复这类议论后，立即受到启示，很快写出

---

① 梁启超：《中国近三百年学术史》，见《梁启超论清学史二种》，329 页。
② 刘师培：《字诠自序·左盦集》，见《遗书》，1238 页。
③ 严复：《群学肄言·译余赘语》，见斯宾塞：《群学肄言》，XI 页，北京，商务印书馆，1981。
④ 刘师培：《尔雅虫名今释·序》，见《遗书》，446 页。

《论小学与社会学之关系》以回应和发展严氏之说。① 这篇文章征引《社会通诠》、《群学肄言》的有关内容和严复译两书时所作之"译余赘语"、案语、夹注等，并旁及斯宾塞《社会学原理》、岸本能武太《社会学》诸书，以充分的社会学依据"考中国造字之原"，从而成为小学与社会学互释的研究范例。

值得注意的是，严复所译社会学著作还含有西方历史比较语言学的知识，刘师培通过严译名著也吸取了历史比较语言学的某些方法和成果。由于该门西学新知恰好含有可以与中国小学旧统互相呼应的治学门路，因而刘氏不难将它引入到小学中去。② 在《论小学与社会学之关系》一文中，他便指出：

> 《工贾行社分第七》(《社会通诠》)云：阿利安种民，其旧语无通行铁字，以此知冶业不始于欧。按：中国上古亦无冶铁之业，古铁字从金从夷，则冶铁亦由外域所输入之业矣。③

如核之以严译《社会通诠》原文，可以看出，刘师培所引证之语其源别有所自。严译原文曰：

> 学者多言，冶铁非欧民自致之能事，而得诸东方若埃及诸古国。盖埃及，相传其民知冶铁最早。此其为说，有或然者。近世有声名甚盛之德儒(按：此盖指马克·穆勒)，以言语文字，证阿利安民种之源流，尝云，阿利安种民，其旧语无通行铁字，以此知冶业不始于欧，乃学而得诸他种者。此其说固抑或信。④

由此可知，刘师培所引证之语，源出于马克·穆勒，而非《社会通诠》的作者甄克思，甄克思只是转述了马克·穆勒之言而已。也就是说，予刘师培

---

① 《群学肄言》出版于1903年4月，《社会通诠》出版于1904年1月，《论小学与社会学之关系》发表在1904年11月21日至12月3日的《警钟日报》上。
② 关于刘师培之小学与西方历史比较语言学的关系，都重万《刘师培对晚清史学演进的贡献及影响》一文言之较详，可参考。
③ 刘师培：《论小学与社会学之关系》，《左盦外集》卷6，见《遗书》，1429页。
④ 严复译，甄克思：《社会通诠》，55页，北京，商务印书馆，1981。

以学术上之启示，使他能从古铁字之字形构造上得出"中国亡古亦无冶铁之业"的结论者，系马克·穆勒。马克·穆勒是德国著名历史比较语言学家，他的说法能被甄克思引用，盖因当时西方社会学已在发展过程中摄取了生物学、历史比较语言学等学科的理论、方法与成果。刘师培对西学的了解程度无法与严复相比，故不明其中底蕴，受惠于西方历史比较语言学而不自知。

另外，前已言及，刘师培受进化论的影响甚深，他又是个经学家兼革命者，所写政论学术色彩很浓，因而他对进化论并非仅以激励人群之政论看待，而是力求从学理上予以阐发。他的小学与社会学互释，便是以社会进化论的眼光治文字训诂学，进而解释中国古代文化的内涵，并为进化论提供佐证。他曾说过：

> 英甄克思《社会通诠》于社会进化之阶级，言之最详，然中国字义，颇有赖此证明者。
> 进化之理，舍六书何以征之哉？①

并举例说明：

> 草昧之初，婚礼未兴，男女之防未严，夫妇之名未立，故血胤相续，咸以女而不以男，母统之兴，先于父统，此社会学家所公认之说也。今观中土文字，女生为姓，得姓之字，均从女形，姚、姬、姜、嬴，斯其最著，则古为女统，益以有征。②

在这里，传统中国小学与西方社会学新知得到了较完美的结合。

刘师培极力吸纳社会学，使之与小学交融互释，还有一个目的，那便是改造小学，为小学开辟一条新路。小学在清代虽为显学，但毕竟为经学附庸，尤其为经古文学之附庸，随经学兴盛而兴盛，亦随经学衰落而衰

---

① 刘师培：《论小学与社会学之关系》，《左盦外集》卷6，见《遗书》，1429、1431页。

② 刘师培：《论中土文字有益于世界》，《左盦外集》卷6，见《遗书》，1439页。

落。乾嘉时期，以经学考证为核心的汉学达于鼎盛，随之便是盛极而衰。嘉道年间及其后，国力衰退，内忧外患接踵而来，而汉学家仍热衷于风光不再的古经考证，不问时事。因此，一些学者立足于宋学和今文经学，严厉申斥汉学为与现实问题完全脱节的无用之学。作为治经法门的小学，亦自然同时受到猛烈批评。批评者前有方东树，后有廖平、康有为，皆认小学"为文史之末技"、"无可与经并列"、"无济实用"。① 在这种情形下，小学不得不稍作变通，其探讨对象，开始由经学及于其他。其中，有些学者从小学入手推究残存在古文字里的上古社会文化痕迹。在这方面，阮元是开创者。② 他远承宋代金石学遗绪，异常珍视商周钟鼎文在研究上古文化方面的重要性，认为"欲观三代以上之道与器，九经之外，舍钟鼎之属，曷由观之？"③阮元之后，继起者不绝，清末尤以孙诒让成就大。孙氏继承了阮氏以铭文证经辨史的具体方法，所著《古籀拾遗》等书"用象形古字来考证古代文物制度，每每鲜明若画"④。阮元、孙诒让等人变通小学的做法给了刘师培以较大启示。前已言及，刘师培对扬州先贤之学尤其是阮元之学颇为熟悉与钦服，《揅经室集》很为他所推崇；对孙诒让，刘氏视为"父执"，曾为其《名原》、《籀廎述林》两书作序，自谓：

  师培少奉清尘，长窥绪论，聿披往帙，如诵德音。校安国之书，载惭子政；识扬云之业，窃比君山。⑤

可见对其的了解与崇敬。作为熟知清代小学演变脉络的经学家，刘师培深明小学革新的必要性，阮元、孙诒让已为他树立了榜样，严复译介西方社会学时所采用的诠释手段又让他看到了小学在西学面前的生命力。这样，旧学新知交相辉映给他带来的双重启示，无疑会使他肩负起为小学开辟新

---

  ① 关于小学在当时的境遇和方、廖、康等人对小学的指斥，都重万《刘师培对晚清史学演进的贡献及影响》一文言之较详，可参考。
  ② 参见胡奇光：《中国小学史》，305、306页，上海，上海人民出版社，1987。
  ③ 阮元：《商周铜器说上》，《揅经室三集》卷3，《揅经室集》下册，633页。
  ④ 周予同：《孙诒让与中国近代语文学》，《周予同经学史论著选集（增订本）》，第787页。
  ⑤ 刘师培：《籀廎述林序》，《左盦外集》卷17，见《遗书》，1781页。

路的重任。于是他积极探寻小学与社会学互释之途，同时反击廖平、康有为等今文大师对小学的种种指斥，如他曾说道：

> 盖欲考古政，厥有三端：一曰书籍……二曰文字。造字之初，始于仓颉。然文字之繁简，足窥治化之浅深（中国形声各字，观其偏旁，可以知古代人群之情况）……况近代以来，社会之学大明，察来彰往，皆有定例之可循，则考迹皇古，岂迂诞之辞所能拟哉！①

从这段话中，既可看到承袭阮元、孙诒让小学旧统和吸纳社会学新知的内容，又显示出对康有为等人的反击，"则考迹皇古，岂迂诞之辞所能拟哉"一语，便是针对康有为"上古茫昧无稽考"之类观点的。② 可以说，就刘师培的小学研究实绩而言，他确乎以清代小学发展的内在理路为基础，结合西方社会学，开启出了一条更新小学的道路。这进一步证明他之交融中西学术的出发点和落脚点都是为了阐释和发展中学。

### 三、历史学的新视野

除社会学外，刘师培著述中征引西书较多的是历史学著作。史学是中国传统学问，一向自成体系，清末以前的学者在撰述本国历史时是不引用西方有关成果的。刘师培这一辈学者能引证西方成果以充实本国历史，一方面因时势使然，西学大量进入；另一方面在于中国传统史学此时已出现危机，新史学或曰史学革命方兴未艾，亟须西方历史学的渗入以改造中国史学。

如前所述，刘师培征引的西方与日本史学著述主要有桑原骘藏《东洋史要》，白河次郎、国府种德《支那文明史》，松平康国《世界近世史》，马恳西《泰西新史揽要》，艾约瑟《希腊志略》，拉克伯里《支那太古文明西元论》，威尔逊《历史哲学》等，其中以《支那文明史》和《支那太古文明西元论》征引最多，反复引申其义。《支那文明史》和《支那太古文明西元论》的共同之处在于强调中国人种（汉族）、中国文化西来说，而且前书之立论往

---

① 刘师培：《古政原始论》，见《遗书》，664页。
② 康有为观点见《孔子改制考》卷1，姜义华编校：《康有为全集》，第3集，2~9页，上海，上海古籍出版社，1992。

往来自于后书，可见其源为一。章太炎、刘师培等人1907年前颇信此说。刘师培在《攘书》、《古政原始论》、《论孔子无改制之事》、《中国历史教科书》等著作中皆征引和阐发此说，认为：

> 汉族初兴，肇基西土。①
>
> 神州民族，兴于迦克底亚。《史记·封禅书》曰"泰帝兴，神鼎一"，《淮南子》曰"泰古二皇，得道之柄"。泰帝泰古者，即迦克底之转音也。厥后踰越昆仑，经过大夏，自西徂东，以卜宅神州之沃壤，暂种人民称为巴枯逊族。巴枯逊者，盘古之转音，亦即百姓之转音也。②
>
> 西人之称汉族也，称为巴枯民族，而中国古籍亦以盘古为创世之君，盘古为巴枯一音之转。盖盘古为中国首出之君，即以种名为君名耳。③

中国人种西来，文化自然也西来，所以上古学术、技术、文字、文学"无不与巴庇伦迦克底亚相同"。刘氏且相信"拉氏（即拉克伯里）为法国考古大家，则所言必非无据，按以中国古籍，亦多相合"。④

所谓中国人种、文化西来说，并非拉克伯里所创，而是来自于欧洲19世纪人类文明源于一的观念。尽管这种观念非所有学者所赞同，但却得到部分考古、人类学家的支持，以科学面目出现，最典型的是英国的"传播论"派。⑤ 在中国，出于传教需要，一些传教士也利用此观念倡"中学西源"说，如在1875年6月5日出版的《万国公报》上，刊登了署名"济南牧师"的《盘古氏论》，该文用牵强附会的考证方法，在中国远古神话中寻找耶稣基督的神迹，指认《尚书》所记"盘古开天地说"与《圣经》"创世说"同源，上帝的后人

---

① 刘师培：《攘书·华夏篇》，见《遗书》，631页。
② 刘师培：《古政原始论》，见《遗书》，664页。
③ 刘师培：《中国历史教科书》，见《遗书》，2178页。
④ 刘师培：《中国历史教科书》，见《遗书》，2178页。
⑤ 王会昌：《古典文明的摇篮与墓地》，11页，武汉，华中师范大学出版社，1997。

生育众多，分散到四方大洲大岛，各居各地，成为邦国。

向来不知中华之盛民当列在何名之下，今案考对证东西书籍便得实凭据，能把此枝接在老根上。①

在刘师培引用过的《古教汇参》中，也有这样的话：

该隐子孙渐离故土，一支东迁，为蚩尤及三苗之祖。……挪亚之后由北而东，居于中国，则汉族与苗族为二族明矣。②

如此一来，中国文化就成了基督教文化的衍流。至于拉克伯里倡中国文化西来说，则与先于他的这些传教士的出发点不同。拉氏从小生长在香港，接受过中国经籍的教育，推崇中国文化，但同时又轻视中国人民，这种心态正代表当时西方人中间普遍存在着的矛盾心理。为了解决这种矛盾，他建立了一个假说：中国文化本为外来，后为"极端保守又不进步"的中国人保存至今。③ 拉克伯里的著作多于19世纪80年代完成，日本人白河次郎、国府种德1900年著《支那文明史》（该书1903年被译为中文出版）时引用了他的大部分理论，加之蒋观云在《新民丛报》上对其《支那太古文明西元论》的大量介绍，使其学说很快在中国为人所知，并被章太炎、刘师培等一批学者所接受。这些学者能接受这种学说，固然是因吸纳西学步入误区，④

---

① 转引自李天纲：《基督教传教与晚清"西学东渐"——从〈万国公报〉看基督教在近代中国的传播》，见高瑞泉主编：《中国近代社会思潮》，502、503 页，上海，华东师范大学出版社，1996。

② 刘师培：《攘书·苗黎篇》，见《遗书》，633 页。

③ Martin Bernal, Liu Shih-p'ei and National Essence, Charlotte Furth ed, *The Limits of Change: Essays on Conservative Alternatives in Republican China*, Harvard University Press, 1976. 中译本见刘静贞译：《刘师培与国粹运动》，见《近代中国思想人物论——保守主义》，台北，时报出版公司，1980。

④ 在当时的历史条件下，学习西方在多数人"也就是仿、袭、套，比附和类推。同时也便把西方资产阶级为了扩张而竭力推广的西方文明，包括为此目的炮制出来的种种理论观念，有意无意地照单全收"。参见刘桂生：《近代学人对"罢黜百家、独尊儒术"的误解及其成因》，见《北京大学百年国学文粹·史学卷》，521 页，北京，北京大学出版社，1998。

"史学革命"中对西学饥不择食,尽量运用西方观念附上中国史料以推倒中国旧史学,但对刘师培乃至于章太炎这样的个体而言,主要因素还在于现实政治的需要和学理上的依据。

本来,刘师培和章太炎都是激进的民族主义者,力主在中国排满复汉,但他们却接受汉族和中国文化西来的观点,表面看有点不可思议,实则这正与他们的政治目标相符。因他们一向认为汉族是世界上的优秀民族,与欧洲民族没什么本质差别,汉族西来说恰证明他们的想法,说明汉族同样富有欧洲民族的"种姓",完全有能力在优胜劣败的种族生存竞争中取得胜利。刘师培且借鉴古希腊和古印度的种姓等级制度,视汉族之民为"百姓","乃贵族及公民也",异族之民为"黎民","乃贱民及奴隶也"①;并把历史上的强盛归功于"百姓",衰弱归咎于"黎民"。这种华夷观具有强烈的种族民族主义色彩,显然是服务于当时排满斗争的需要。从学理上讲,拉克伯里的理论是通过尊重和信任中国古典经籍的途径来实现的,他大量征引被今文家斥之为无稽的古典经籍尤其孔子之前的经籍,并给予这些经籍中国人看来具有西方科学性的肯定意义,这无疑是站在康有为"上古茫昧无稽考"之说的对立面。他还反对今文家强调孔子地位的态度,同意古文家对孔子的基本估计。② 这些因素无疑对属古文家阵营、从中学出发吸纳西学的刘师培、章太炎颇具吸引力,使他们将拉氏视为同道,并通过征引其说进一步强化自己的学术立场。另外,相信汉人和中国文化自西方迁入,中国制度、思想自古与西方相合,也为他们所倡导的东西方历史类比提供了可行性基础,为学术上的中西互释开辟了道路。所以,尽管这种西来说今天看来是不科学的,但在当时还是有多方面作用和意义的,不可一概抹杀。

刘师培用以解释中国历史现象的西方学说还有"地理环境决定论"。20世纪初,西方的"地理环境决定论"在中国风行一时。该理论的代表孟德斯鸠、黑格尔、巴克尔、拉采尔等人的著述被陆续介绍到中国,不仅弥漫整

---

① 刘师培:《攘书·苗黎篇》,见《遗书》,633 页。
② Matin Bernal,*Liu Shih-p'ei and National Essence*.

个地理学界，而且侵入哲学、社会学、史学、政治学等各个领域。① 国粹派学人同样热衷于以这种理论解说中国历史现象。刘师培在辨析中国古代学术源流时，赖以申论的一个重要理论根据便是"地理环境决定论"，但他征引此论并非采自孟德斯鸠等几位代表者的著述，而是从德国人那特硁的《政治学》一书中获取。那特硁曾言：

> 生山谷者，其自由之精神坚忍而不拔；生海滨者，其自由之精神锐进而易化。②

并以此来论证古罗马民主政治。刘师培从那特硁的类似言论中得到启发，认为东周以降，中国学术日分南北，北方之学"发源于山国之地也"，南方之学"发源于泽国之地也"，因山地、泽国之别而各异其趣。③ 诸子学、经学、理学、考证学、文学莫不如此。当然，刘师培也并非将地理条件绝对化，他也曾指出，随着学者间的交流增加，南北学派之差异，也不是一成不变的。

## 四、名学与义理

社会学和历史学之外，西方哲学也较为刘师培所关注。一方面，他通过阅读日本人的《哲学大观》、《哲学原理》、《哲学要领》等著作了解哲学基本原理和西方哲学常识（包括自古以来的西方哲学家）；另一方面，通过阅读达尔文《物种由来》（今译《物种起源》）、赫胥黎《天演论》和《穆勒名学》以熟悉进化论哲学和哲学的重要分支逻辑学。这两方面以后者为重点，因前者在其著作中主要是引用现成结论或仅提及而已，未作多少阐发，而后者对其有特殊意义且阐发较多。

关于进化论对刘师培的影响，前已谈及，虽是从社会学视角，但差异不大，这里不再赘言。至于《穆勒名学》给予刘师培的启示，则值得关注。

---

① 参见郭双林：《晚清西方地理环境决定论在中国的际遇》，见《学人》，第9辑，南京，江苏文艺出版社，1996。
② 那特硁：《政治学》上卷，上海，广智书局，光绪二十八年版，第一篇《国家之重要质点》，5页。
③ 刘师培：《南北学派不同论》，见《遗书》，549页。

刘师培把《穆勒名学》视为"循名责实之学",① 他当然也很清楚名学(逻辑学)讲归纳和演绎,曾数次提及此点,但似乎更看重的还是"循名责实",并将其运用于自己的研究中。在《东原学案序》里,他说:

> 自宋儒高谈义理,以为人同此心,心同此理,以心为至灵至神之物,凡性命道德仁义礼智,咸为同物而异名。故条分缕析,区域未明(由于知义理而不知训诂),不识正名之用。②

这里指责宋学因不知训诂而"不识正名之用",强调"正名"的重要。就道学之"理"而言,因其基本上属于一种道德范畴,自身内容的界定相当模糊,要使得其涵义能够清晰起来,必须以具体的方式加以分疏界定。在界定"理"之涵义时,刘师培引入《穆勒名学》中所谓"伦"的概念,③ 认为古人所言之"理"即"伦","皆由对待而生,故理亦必由比较分析而后见"。他还进一步引用郑玄"训理为分"之注,从汉学考据角度对"理"作了精确界分:

> 理可以分,故曰分理,且肌之可分者曰肌理,腠之可分者曰腠理,文之可分者曰文理。且事事物物莫不有理,故天曰天理,地曰地理,性命曰性命之理,犹之科学家之言心理学、物理学、地理学也。④

显然,这是将名学与汉学训诂结合起来以"循名责实"。在《理学字义通释》中他进一步发挥了此义。

刘师培之注意"正名",固然出于《穆勒名学》以及严复的影响,因严氏本身也极重视名实之分,强调概念的严密性,⑤ 但从根本上来说,还是出于经学家的立场和为了继承扬州先贤之遗绪,这从其《理学字义通释·序》

---

① 刘师培:《国学发微》,见《遗书》,480页。
② 刘师培:《东原学案序》,《左盦外集》卷17,见《遗书》,1759页。
③ "两物遇而伦生焉,对待之名因之以起。故欲观伦之果为何物,莫若历举对待之名,而察其所同有者为何义。盖即诸异中取其同,此求公名之义之定法也。"见严复译:《穆勒名学》,63、64页,北京,商务印书馆,1981。
④ 刘师培:《东原学案序》,《左盦外集》卷17,见《遗书》,1759页。
⑤ 可参见严复为《穆勒名学·部甲》所作之案语。

中可以看得很清楚。该序文说：

> 昔东原戴先生之言曰"经之至者，道也。所以明道者，其词也；所以成词者，字也。由字以通其词，由词以通其道，必以渐求"。（与是仲明论学书）……则欲通义理之学者，必先通训诂之学矣。昔宋儒之言义理者，以心字理字为绝对之词，凡性命道德仁义礼智皆为同物而异名……此则宋儒不明训诂之故也。近世东原先生作《孟子字义疏证》，据《孟子》以难宋儒；而甘泉焦先生亦作《论语通释》，以继戴氏之书；仪征阮先生病宋儒高谈性命，作《性命古训》，并作《论语·孟子论仁论》，皆折中故训，不杂两宋之书。……夫字必有义，字义既明，则一切性理之名词，皆可别其同异，以证前儒立说之是非。近世巨儒渐知汉儒亦言义理，然于汉儒义理之宗训诂者未能一一发明，于宋儒义理之不宗训诂者亦未能指其讹误。不揣愚昧，作《理学字义通释》，远师许、郑之绪言，近撷阮、焦之遗说。周诗有言：古训是式。盖心知古义，则一切缘词生训之说自能辨析其非，此则古人正名之微意也。①

有此立场，加以《穆勒名学》所言西学精义，自然使得刘师培能在诂训"正名"方面较前贤更加精到。这也再次证明，刘氏吸纳西学之出发点和最终目的都在中学。

社会学、历史学、哲学之外，刘师培所读西书还涉及政治学、经济学、文学等。如前所述，政治学方面的主要著作如甄克思《社会通诠》和那特硁《政治学》被刘氏当做社会学名著和宣扬"地理环境决定论"的著述而用之，至于卢梭的《民约论》、高田早苗的《国家学原理》等著作主要被用于政论中，借它们的现成结论以阐述个人政治见解。当然刘师培的政论与学术往往是混杂在一起的，政论中不乏学理上的真知灼见，如《中国民约精义》之类的著作，但对西方政治原理他被动地接受多，主动地阐述少，尚未见学理上有更多的发挥。对于西方经济学、文学著作，刘师培只是见到《原

---

① 刘师培：《理学字义通释·序》，见《遗书》，460 页。

富》、《罗马文学史》等寥寥几部，且仅是用其一两句话或仅提一下而已，只能说他涉猎过，很难说他有什么见解，故不论。

### 五、进化论与小学："新学"之纽带

从上述刘师培的西学知识和中西交融情形，可以看出他的"新学"结构，即社会学、历史学、哲学为主，政治学、经济学、文学处在外围。就社会学、历史学、哲学而言，这三者之关系及其联结之纽带，是深入了解刘师培新学的关键所在。

前已言及，刘师培与同代读书人一样，受进化论的影响相当大。进化论一般被视作社会学理论，尤其在斯宾塞那里，而斯宾塞恰是清末影响最大的社会学家。当然，在当时人用语中，也有时将"社会学"看成一广泛概念，用以泛指整个西方近代的社会科学。不过这种界定不清的情形并未在刘师培身上出现，因他对西方社会学有较系统的了解，如深知斯宾塞动社会学与静社会学之差别，葛通哥斯之学"以心理为主"，① 等等。他曾自夸"予于社会学研究最深"，② 故而他对"社会学"一词的应用是在其原本意义上，而非泛指社会科学。也就是说，他心目中的进化论属于社会学理论，③ 而非一般社会科学理论。自然，以今天的视角言之，进化论也是一种哲学思想，《天演论》代表了一种哲学世界观，刘师培服膺《天演论》，也等于是从哲学角度接受了进化论，尽管他本人并无这样的主观认识。至于历史学，也与进化论分不开。一方面，进化论是刘师培新史学著作的指导思想。与倡导新史学的其他学者类似，刘师培也以进化史观作为自己撰史的基本观念。在《中国历史教科书》之《凡例》中，他强调：

> 今日治史，不专赖中国典籍。西人作中国史者，详述太古事迹，颇足补中史之遗。今所编各课，于征引中国典籍外，复参考西籍，兼及宗教、社会之书，庶人群进化之理可以稍明。④

---

① 参见刘师培：《周末学术史序·社会学史序》，见《遗书》，507页。
② 光汉：《甲辰年自述诗》，载《警钟日报》，1904-09-11。
③ 刘师培曾明确指出："西人于言人群之进化者，名曰社会学。"《论小学与社会学之关系》，《左盦外集》卷六，见《遗书》，1428页。
④ 刘师培：《中国历史教科书》，见《遗书》，2177页。

该书就是这种思想指导下的产物。他还认为，中国旧史学之所以满足于"侈陈往迹"，无所发明，归根到底，是史家"不明社会学之故"。① "不明社会学"也就意味着不明进化论，因进化论是当时中国人所理解的社会学的理论基础。另一方面，西方社会学家依据进化思想得出的某些研究结论为刘师培所接受并将其运用于中国历史的研究中。甄克思《社会通诠》提出社会发展进化要经历三个阶段：图腾社会、宗法社会、军国社会，刘师培据此认为中国亦然，"人民进化之阶级"始于图腾（游牧）、继以宗法（耕稼）、成于国家。② 他还分上古历史为石器、铜器、铁器三时代，并以中国典籍证明石器时代之存在，③ 这同样是借用西方社会学家所言社会进化之次序而得出的结论。④ 总之，进化论是将刘师培所接受之社会学、哲学、历史学联系起来的纽带，而进化论又基本是一种社会学说，故可以说，构成刘氏新学结构之主干的这三个学科应以社会学为核心。

应该指出，刘师培之新学以社会学、哲学、历史学为主干，也与其本身的知识结构和学术训练密切相关。刘氏是经学世家传人，其学术基础首在经学，而通经必先通小学，故其"幼治小学"，又有良好的小学功底。前已言及，基于其小学修养，刘师培在小学与社会学互释方面做了不少工作。实际上，这些工作也可从历史学角度来看待，即所谓以字诠史，如通过对《说文》"禾部"诸字的研究，来分析古代财产和所有观念的产生；通过对"銕"（中国铁字，古文作"銕"）字的研究，"知铁器时代为文明渐进之时代矣"；通过对"姓"字的研究，揭示"上古之民知有母不知有父，故所生之子即以母族为姓"，以此论证母系社会的存在。⑤ 类似例证很多，率皆与其以小学证社会学之理的成果重合。也可以说，在研究过往事物方面，社会

---

① 刘师培：《周末学术史序·社会学史序》，见《遗书》，507页。
② 刘师培：《论古代人民以尚武立国》，《左盦外集》卷10，见《遗书》，1563页。严复亦有类似说法，见其《社会通诠·序》，刘此说大概直接得自严。
③ 刘师培：《中国古用石器考》，《左盦外集》卷12，见《遗书》，1617~1620页。
④ 关于刘师培运用进化学说研究中国历史的现有成果较多，可参考袁英光、仲伟民：《刘师培与〈中国历史教科书〉研究》，载《华东师范大学学报》，1988年第4期；曹靖国：《刘师培史学思想述评》，载《东北师大学报》，1991年第6期；李洪岩、仲伟民：《刘师培史学思想综论》，载《近代史研究》，1994年第3期等论文，兹不赘述。
⑤ 刘师培：《论小学与社会学之关系》，《左盦外集》卷6，见《遗书》，1431、1430、1438页。

学与历史学有重叠之处，小学则通过社会学与历史学发生关系，新旧学在这里奇妙地组合起来。至于哲学，其基本原理和其分支"名学"为刘师培所关注，盖因刘氏所受之经学熏陶和学术训练使他看重义理和"正名"。扬州学者如汪中、焦循、阮元等除重经学考证外，又能兼顾义理，这予刘师培以较大影响，他之"正名"之学亦是探"理"之学。在具体做法上，往往是将名学与汉学训诂结合起来以"循名责实"，即是将逻辑学与小学相结合，小学再次显示了它的功用。

总之，小学本是治经的工具，但在刘师培这里成了联结社会学、历史学、哲学的纽带和使这三者成为其新学主干的关键因素，甚至可以说，刘师培吸纳西学的出发点是在小学。

## 第四节 对刘师培交融中西学术的评价

### 一、吸纳西学的角度和程度——与严复之比较

众所周知，在晚清，严复的西学成就是巨大而无人能望其项背的，他所译介的西学名著深深影响了一代学者，给后人也留下了深刻的启示。不仅如此，在中学方面他也非常人所能比，在译介西学的同时，多从事中西会通的工作，同样取得了很大成就，以至于梁启超称赞他"于西学中学，皆为我国第一流人物"[①]。相比较而言，刘师培的西学要浅薄得多，因他不通外文，[②] 只能通过严复等人的中文译本了解西学，难免时有误解之缺憾。如在《补古学出于史官论》一文中，他征引马君武所译穆勒《自由原理》之见解，认为"无识陋儒皆以学术定于一尊为治世，岂知此实阻学术进步之第一原因哉！"[③]此论采自马君武译本中议论中国传统学术、思想的言论，[④]

---

[①] 《新民丛报》，第1号，1902-2-8。

[②] 刘师培《甲辰年自述诗》曾言："西籍东来迹已陈，年来穷理倍翻新。只缘未识佶卢字，绝学何由作解人。"载《警钟日报》，1904-9-11。

[③] 刘师培：《补古学出于史官论》，《左盦外集》卷8，见《遗书》，1480页。

[④] 马君武译：《自由原理》，见莫世祥编：《马君武集》，46、51页，武汉，华中师范大学出版社，1991。

非穆勒原文所有,①而是马君武出于思想启蒙有意添加的文字。刘师培不知就里,误为穆勒见解而引证。不过刘氏亦有他的优势,即他的中学造诣极为深厚,以此为出发点吸纳西学,也还是有其独到见解和过人之处的。

刘师培不懂外文,故接触西学时颇受译者影响,其中以严复的影响最大,这已如前述。由于生活环境、教育背景、知识结构等方面的差异,两人在体认西学乃至于会通中西等问题上不可能绝对一致,有同有异是必然的,那么具体情形如何呢?

在接受西学的出发点上,刘师培是基于中学的,借西学佐证中学,强调二者相通之处,即同的一面,甚至有"西学古微"的倾向。所谓"西学古微",是指清末对中西文化关系的一种流行说法,即认为西方科学、哲学、伦理等思想学术在中国古代都已存在。该说并不新鲜,与清初即已形成的"西学中源"说有类似之处。王仁俊辑编的《格致古微》集该说之大成。他用经史子集列目分卷,辑出在他看来与西学相近的古训语录,并在解释中将古训类同于西方科学、哲学、政治、风俗、礼仪等各科知识,如他解释"河出图、洛出书",便说"此上古地图及地理书也";解释"震为雷、离为电",便说"此郑君言电学也"。② 目前尚无什么证据可证刘师培受过这类著述的影响,但他的某些看法确有与此相近之处,如在《周末学术史序》中进行中西学比附时,便说:

> 近世泰西巨儒倡明名学,析为二派,一曰归纳,一曰演绎。荀子著书,殆明斯意。归纳者,即荀子所谓大共也……演绎者,即荀子所谓大别也;
> 中国社会学见于大《易》、《春秋》;
> 古代学术以物理为始基,而数学发明始于黄帝。③

---

① J. S. Mill, *On Liberty and Considerations on Representative Government*, Oxford, Basil Blackwell, 1946, pp. 30、41.

② 王仁俊辑编:《格致古微》卷一,光绪二十二年刻本,参见李天纲:《基督教传教与晚清"西学东渐"——从〈万国公报〉看基督教在近代中国的传播》,见高瑞泉主编:《中国近代社会思潮》,504页。

③ 刘师培:《周末学术史序》,见《遗书》,506、514页。

当然，刘师培这样做也有借西学阐释中学的用意，与其接受西学的出发点相符，但这毕竟是一种较浅薄的类比。

与刘师培相较，严复尽管也有中西学比附之时，但他是站在西学立场上把握中学，如在《天演论·自序》中说：

> 及观西人名学，则见其于格物致知之事，有内籀之术焉，有外籀之术焉。……乃推卷起曰：有是哉，是固吾《易》、《春秋》之学也。迁所谓本隐之显者，外籀也；所谓推见至隐者，内籀也。①

可以说他在对待中西学术的态度上，是以西学为坐标来评判中学的，故更强调中西学相异之处。他认为，如果用西学的眼光观察中学，那么中国的学问不能称其为"学"。

> "学"者所以务民义，明民以所可知者也。明民以所可知，故求之吾心而有是非，考之外物而有离合，无所苟焉而已矣。……是故取西学之规矩法戒，以绳吾"学"，则凡中国之所有，举不得以"学"名；吾所有者，以彼法观之，特阅历知解积而存焉，如散钱，如委积。此非仅形名象数已也，即所谓道德、政治、礼乐，吾人所举为大道，而诮西人为无所知者，质而言乎，亦仅如是而已矣。②

中国学问不成其为"学"的核心在于它不是建立在科学的基础之上，因中国学问的目的是修身养性、治国平天下，而修身养性、治国平天下之道又被认为是先圣已在经书中为后人准备好了的，那么学问内容便自然是经书中的东西。"盖吾国所谓学，自晚周秦汉以来，大经不离言词文字而已。"③既然道理、知识都在经书之中，那么学术研究必然是围绕经书而进行，久而

---

① 严复：《天演论·自序》，见王栻主编：《严复集》第 5 册，1319、1320 页，北京，中华书局，1986。
② 严复：《救亡决论》，见《严复集》，第 1 册，52、53 页。
③ 严复：《阳明先生集要三种序》，见王栻主编：《严复集》，第 2 册，237 页，北京，中华书局，1986。

久之，一定会走向穷途末路。反观西学则不然，

> 一理之明，一法之立，必验之物物事事而皆然，而后定之为不易。其所验也贵多，故博大；其收效也必恒，故悠久；其究极也，必道通为一，左右逢源，故高明。①

严复如此比照中西学术，贬斥中学，其目的在于学习西方，改造中学，使中学现代化，故他提出一系列在中国建立类似西学之学科的设想，认为中国虽无政治学、计学(经济学)、名学(逻辑学)、群学(社会学)等学科，但古代典籍中不乏与这些学科相关的内容，可在此基础上发展起各学科。②这与刘师培仅是借西学阐释中学和两相比附显然不同，且有高下之分。

在对西学的了解程度上，刘师培与严复也有差异。前已言及，刘师培的新学结构是以社会学、历史学、哲学为主干，其他学科次之，这基本是从其固有知识结构出发吸纳西学而得到的结果，谈不上成体系地了解和接受西学。反观严复，则已对西学有系统地加以理解和体认了。他曾把西学分为三个层次，第一层次为"数名力质"四学，治数学和名学，"以察不遁之理，必然之数也"，治力学和质学(化学)，以审"因果功效之相生也"；第二层次为"天地人三学"，治此三学，"以尽事理之悠久博大与蕃变也"，并强调：

> 三者之中，则人学为尤急切……人学者，群学入德之门也。人学又析而为二焉：曰生学，曰心学。生学者，论人类长养孳乳之大法也，心学者，言斯民知行感应之秘机也；

第三层次即最高层次为群学，

> 群学治，而后能修齐治平，用以持世保民以日进于郅治馨香之极

---

① 严复：《救亡决论》，见《严复集》，第1册，45页。
② 参见严复《政治讲义》、《译斯氏〈计学〉例言》、《名学浅说》夹注、《原强》等的有关论述。

盛也。①

以现代观念言之，这可谓严复心目中的西学谱系，由自然科学而至于研究人自身的科学再进至群学。群学至高无上，是命脉之学，"惟群学明而后知治乱盛衰之故，而能有修齐治平之功"。② 所以学习西方，最重要的是学好群学。严复对西学的这种认识框架，很明显的是受了19世纪下半叶伟大科学运动的影响，主要是摄取了达尔文、穆勒、赫胥黎、斯宾塞等英国科学家、思想家著作中的养料。③ 比较而言，刘师培虽对社会学（群学）十分看重并有一定认识，但对严复所言的其他学科则仅提及或时而引用，达不到这种认识高度。仅就社会学而言，他也并未将其视为有修齐治平功效的科学，而只是把其进化理论作为指导思想并使其与中国传统小学互释以改造小学。从称呼的不同也许能看出这种差异之端倪。严复将Sociology译为群学，给人以统摄众学之感；刘师培以及章太炎等人在多数场合下称其为社会学，未赋予其特殊意义，而且刘师培还曾说过：

> Sociology迻以汉字，则为社会学，与Humanism之为群学者，所述略符。④

Humanism汉译应为人文学，人文学包含广阔，将其理解为群学，似也不差，但说其与社会学"所述略符"则系误解。刘氏本不通英文，有此误解无足怪，但至少从中可看出他对Sociology一词的用法与严复有些差异。

总体来说，在对待西学的问题上，严、刘相较自然是严复占上风，但也要看到刘师培尚未做到圆融贯通的中西学交融之意义所在。刘氏毕竟是国学大师，他之交融中西固受严复之影响，但也是因对严文持论感"犹有未尽"而欲弥补之，相应来说是发挥了自己的长处，即以己之中学补严复

---

① 严复：《原强》，见《严复集》，第1册，6、7页。
② 严复：《原强修订稿》，见《严复集》，第1册，18页。
③ 参见刘桂生主编：《时代的错位与理论的选择——西方近代思潮与中国"五四"启蒙思想》，75、76页，北京，清华大学出版社，1989。
④ 刘师培：《论中土文字有益于世界》，《左盦外集》卷六，见《遗书》，1439页。

中学之不足，使中西交融更坚实地立足于中国古典学术的基石之上。另外，还值得一提的是：严复是当时寥寥无几的翻译大师之一，他的教育背景和对西学的理解程度几乎无人能及，所以不具有普遍意义。而刘师培对西学较严复为浅的理解，却恰好代表了当时多数士子接受西学的程度，因他们与刘氏一样，既不通外文，又受过多年中国旧式教育，差不多有共通的知识基础，尽管在具体知识领域内每个人各有短长，但明显具有共性。在中国古典学术逐步与西学融合从而迈向现代形态的过程中，刘师培等人看似简单、肤浅的中西学比附因更具中国色彩和较易为人接受，可能恰恰发挥了更重要的作用。当然，严复建立现代新学科的设想也极有意义，两者的结合，无疑促进了中国古典学术向现代学术分科体系的转化。

需要说明的是，这里借严、刘相较强调刘师培交融中西学术的意义，绝无贬低严复会通中西学术之意，只是觉得刘师培的知识背景、基础和结构在当时士子中更具典型性，有普遍意义。而且作为经学家能如此接纳西学，这本身便凸显出学术转型的必然性，等于是为中国现代学术的建立铺了路。

## 二、对学术转型的意义

西学进入中国，靠的是严复、马君武等一批翻译家作为桥梁才得以实现。至于那些在国内靠中文译本接受西学的学者，其接受西学的方式和了解西学的程度因人而异，这取决于个人原有的知识结构、学术训练、领悟能力以及思想水平等方方面面的因素。刘师培是典型的经学家，又是激进的革命派，故接纳西学时能兼顾这两种身份的需求，在了解《天演论》、《民约论》等为代表的西学新知和西方启蒙思想的同时，又以之解说中国经典，走出了一条交融中西学术的新路。这方面的论述可以其《中国民约精义》为代表。

《中国民约精义》是刘师培民主革命思想的集中体现，通过它刘氏阐明了自己的民主政治观念，如政治制度是一种进化的历史现象，民主政治的基础是天赋人权，民主政治的体制是主权在民、三权分立，等等。显然，这些观念非刘师培自创，基本是从卢梭《民约论》中搬来的，但与严复、马君武等人的直接译述和梁启超等人的系统介绍（如梁启超所作《卢梭学案》）有所不同，刘师培是从《周易》、《诗经》、《春秋》、《论语》、《孟子》等中国经典直到近人魏源、龚自珍等数十人的作品中辑录出与民约之义相关的议论，加以案语解说之，案语中处处可见卢梭《民约论》里的言论，实则是以《民约论》为代表的西方近代民主思想释中国经典。如在释《春秋谷梁传》时，刘师培案曰：

> 《民约论》云："当众相聚之时，公举一人为帝王，众意金同则可。"又云："上古初民，纷扰不可终日宁，乃相约公戴一人以长之，后遂有君主之名。"是上古立君必出于多数人民之意。《谷梁》以称魏人立晋为得众之辞，得众者，即众意金同之谓也，此民约遗意仅见于周代者。①

在释《尔雅》时，刘氏又以训诂之例，再申此意，其案语曰：

> 林、烝二字，古籍皆训为众，如《白虎通》云："林，众也。"《尔雅·释言》云："烝，众也。"皆其确证。而《尔雅·释诂》复训林、烝为君，可知古人之称君，与国家团体同意。林、烝二字之训君，犹君之训辟也（见《白虎通》），此上世古义之仅存者。且《尔雅》训君之义凡十字，而林、烝二字独冠于天、帝、皇、王之上，则以君为民立，为太古最初之义，而帝、天、皇、王之训，皆起于林、烝之后矣。此可以破中国以君权为无上者之疑。②

这种"援西入经"的解经方式，固然属牵强附会，与经之本义相去甚远，但做此努力，一方面是使经典能够表达近代的观念，适应近代社会的需要；另一方面也使西学入中减少阻力，即套上经典外衣的西学，易于为饱受传统经籍教育的士人接受，所以不无意义。刘师培以经学家之身令经学如此"现代化"，不啻表明经学已在转型之中，以西释中或中西学术的交融互释，才是像经学这样的传统学问的更新之途。

进而言之，以解经（注释经典）的方式接受西学，自然是与经学家的学

---

① 刘师培、林獬：《中国民约精义》，见《遗书》，566、567 页。
② 刘师培、林獬：《中国民约精义》，见《遗书》，570 页。

术训练和思维习惯分不开。作为经学世家的传人，刘师培自幼起便受的是由小学以通经的专门化学术训练，其思考问题的出发点即源于这种训练，正像他引用戴震之言所阐发的原则：

> "由字以通其词，由词以通其道，必以渐求。"……则欲通义理之学者，必先通训诂之学矣。①

以是之故，他之接纳西学首以小学诂训之，通过诂训吸收其"理"，前述《中国民约精义》中的《尔雅》案语，便是最鲜明的例证。还有前已提及的他将小学与社会学互释、以字诠史、名学与训诂相结合，以至于小学成了联结其"新学"的纽带，这些都证明了其接受西学的方式是源于由小学以通经的基本训练。这可谓是经学家或曰汉学家的接受方式，与理学家或曰宋学家的直接切入义理截然不同。在这方面，不仅刘师培，章太炎亦然，② 可见具有共性。刘、章之后，沈兼士、罗常培等人继承了先师事业，仍把从语言文字与社会历史的关联入手解决问题作为治学门径，这方面的代表作有沈兼士《研究文字学"形"和"义"的几个方法》、《文字形义学》和罗常培《语言与文化》等。1935年，沈兼士发表《"鬼"字原始意义之试探》一文，陈寅恪读后非常推崇，致函沈兼士说：

> 依照今日训诂学之标准，凡解释一字即是作一部文化史。中国近日著作能适合此定义者以寅恪所见，惟公此文足以当之无愧也。③

---

① 刘师培：《理学字义通释·序》，见《遗书》，460页。
② 1902年章太炎在《致吴君遂书》中言："近方草创学术志，觉定宇、东原，真我师表，彼所得亦不出天然材料，而支那文明进化之迹，借以发见。……试作通史，然后知戴氏之学弥仑万有。即小学一端，其用亦不专在六书七音。顷斯宾萨为社会学，往往探考异言，寻其语根，造端至小，而所证明者至大。何者？上世草昧，中古帝王之行事，存于传记者已寡，唯文字语音间留其痕迹，此与地中僵石为无形之二种大史。中国寻审语根，诚不能繁博如欧洲，然即以禹域一隅言，所得固已多矣。"见汤志钧编：《章太炎政论选集》，上册，172页，北京，中华书局，1977年。
③ 《陈寅恪先生来函》，见《沈兼士学术论文集》，202页，北京，中华书局，1986。

有论者认为：

> 读沈文当知陈氏"文化史"的定义与太炎所见略近，其指谓大约即当考出文字本义及随历史发展而演变之各时代意义，这样可做到字义明则历史意义明，与过去由训诂见道的经学取向仍相类，但所欲明之"道"却有了极大的改变。①

的确，随着时代的变化，"道"之内涵已有很大的不同，但自戴震以来的求"道"方式却无根本性的改变。刘师培所做的"援西入经"工作只不过是随时代变迁而至的内容上的更新，即所求之"道"需综合中西思想、学术方能得之，其所遵循的研究策略则仍为"由字以通其词，由词以通其道"。然而如此一来，传统经学便很难有立足之地了。内容上的改变，尤其是西学所代表的现代学科体系的进入，势必使经学分化瓦解，从庞大而混沌的知识体系分解到哲学、伦理学、历史学、文学、天文学、地理学等各个具有鲜明现代特性的学科中，小学亦随之转化为现代语言文字学。沈兼士、罗常培等人所做的努力乃至后来"文化语言学派"的出现，便是这种学术转型的充分表征。由此，刘师培所做工作的意义自是不可低估。

## 三、"好依傍"的"痼疾"

西学东渐是一个历史过程，在这一过程中，国人对西学的了解由浅入深。刘师培所处的时代，正是西学刚刚开始成建制、成体系地进入中国的时代，中国学者对西学的理解还远未成熟，浅薄之病在在皆是。所以，尽管是国学大师，刘师培仍不能免于此病。

前已言及，刘师培的交融中西学术，常有中西学两相比附之时，如"近世泰西巨儒倡明名学，析为二派，一曰归纳，一曰演绎。荀子著书，殆明斯意。归纳者，即荀子所谓大共也……演绎者，即荀子所谓大别也"②；西汉时"国有大政大狱，必下博士等官会议"，此为"上议院之制

---

① 罗志田：《"新宋学"与民初考据史学》，见《权势转移：近代中国的思想、社会与学术》，363页。

② 刘师培：《周末学术史序》，见《遗书》，506页。

度",三老、啬夫诸官之设"即西国地方自治之制度也"①。此类比附,固然可以使人易于理解和接受与中国文化背景全然相异的西学,并在中国古典学术迈向现代形态的过程中发挥了重要作用,而且对刘师培而言,这样做也有借西学阐释中学的用意,与其接纳西学的出发点相符。不过尽管如此,必须指出,这是一种较浅薄的类比,就像梁启超后来所批评的:

> 中国思想之痼疾,确在"好依傍"与"名实混淆"。若援佛入儒也,若好造伪书也,皆原本于此等精神。②

可以说,刘师培未能逃离"好依傍"的"痼疾"。当然当时并非刘师培一个人这样做,但他是做得较充分且影响较大者,在为数甚多的具深厚国学根基又接纳西学者中颇有代表性,故不能不将其此一弱点揭示出来。

在如何对待西方学术原理与学术方法,尤其是如何交融中西学术的问题上,同样为学沟通中外的章太炎显然比刘师培头脑清醒。1906年他发表《某君与某论朴学报书》,其中言道:

> 今乃远引泰西以征经说,宁异宋人之以禅学说经耶!夫验实则西长而中短,谈理则佛是而孔非。九流诸子自名其家,无妨随义抑扬,以意取舍。若以疏证《六经》之作,而强相比傅,以为调人,则只形其穿凿耳。稽古之道,略如写真,修短黑白,期于肖形而止。使立者倚,则失矣,使倚者立,亦未得也。③

此文虽非专系针对刘师培之学而发,但在当时"引泰西以征经说"的最显要者即为刘氏,故"强相比傅,以为调人,则只形其穿凿耳"之类的批评,不啻是对刘氏的批评。1907年,章太炎又发表《社会通诠商兑》,以丰富的例证批评严复用甄克思《社会通诠》的原理将中国历史亦划分为图腾、宗法、

---

① 刘师培:《两汉学术发微论·两汉政治学发微论》,见《遗书》,530页。
② 梁启超:《清代学术概论》,见《梁启超论清学史二种》,72页。
③ 章太炎:《某君与某论朴学报书》,载《国粹学报》,第23期,1906-12-5。收入《太炎文录初编》之《文录》卷二时题为《与人论朴学报书》,文字有所不同。

军国三个发展阶段的做法，认为严复此举是"附会以加断"，与中国历史文化之客观事实不合，进而反对把西方学术原理当做学术研究的教条。① 与之相比，如前所述，刘师培对《社会通诠》是极为信从的，多次引用其说以解释中国史实。可见章、刘相较，章更断制精严，不盲从盲信。可贵的是，在章太炎之后，刘师培对如何运用西学也有了新的认识。1908年，刘师培发表《国粹学报三周年祝辞》，内中言：

> 或谓中邦之籍，学与用分；西土之书，学与用合。惟贵实而贱虚，故用夷以变夏。……盖唯今之人，不尚有旧，复介于大国，惟强是从，是以校理旧文，亦必比勘西籍，义与彼合，学虽绌而亦优，道与彼歧，谊虽长而亦短。故理财策进，始崇管子之书；格物说兴，乃尚墨家之学。甚至竺乾秘编耻穷源于身毒，良知俗说转问学于扶桑。饰殊途同归之词，作弋誉梯荣之助，学术衰替，职此之由。②

这表明他亦反对在学术研究中不顾具体情形惟西学是尚的风气。也许正是章太炎的反思之论引发刘师培的思考从而有此共鸣，不过对刘氏而言，交融中西学术的高潮已过，1908年起他极少再有这方面的论著问世，这种事后总结已不能救治以往的肤浅比附之病，但对同代人和后来人仍有警醒之效，所以仍有其意义。

---

① 章太炎：《社会通诠商兑》，见《太炎文录初编·别录》卷2。
② 刘师培：《国粹学报三周年祝辞》，《左盦外集》卷17，见《遗书》，1791页。

# 第三章　刘师培的中国学术史研究

## 第一节　清末民初的学术史勃兴

### 一、学术史勃兴的表现

"学术"之于中国，有数千年历史，但"学术史"之出现，则晚至清初。在《清代学术概论》里，梁启超指出：

> 大抵清代经学之祖推炎武，其史学之祖当推宗羲，所著《明儒学案》，中国之有"学术史"自此始也。①

黄宗羲的《明儒学案》首创了"学案体"，按照学派详细分析并准确概括了特定时期儒学发展的历史，是以"人"为主而叙述学术发展历程的第一部著作。在这个意义上，说"中国之有'学术史'自此始也"，确为不易之论。②《明儒学案》之外，黄宗羲还始撰《宋元学案》，未成而卒，由其子黄百家和全祖望两次补续而成。自兹而后，陆续有人撰著不同样式的学术史著作，如钱大昕通过撰写清代学界人物传记的方式记述学术历史；江藩利用钱氏的材料，著成《国朝汉学师承记》，他还撰有《国朝宋学渊源记》；唐鉴亦著有《国朝学案小识》，等等。大抵皆为叙述清代学术之作，且数量不多，质

---

① 梁启超：《清代学术概论》，见《梁启超论清学史二种》，14页。
② 有学者认为"自《论六家要旨》以后，中国古代被称为'学术史'的著作大抵有两类，一是目录，二是学案"。（葛兆光：《思想史与学术史》，见《学人》，第1辑，江苏文艺出版社，1991）中国古代目录学家虽也讲究"辨章学术，考镜源流"，但目录毕竟以对书的分类登录为主，缺乏对学术源流与脉络的精细分析，而且见物不见人，所以较完善的学术史似应从学案创立算起。另外，梁启超也提及"旧史中之儒林传、艺文志，颇言各时代学术渊源流别，实学术史之雏形。然在正史中仅为极微弱之附庸而已"。（梁启超：《中国近三百年学术史》，见《梁启超论清学史二种》，436页。）真正的学术史应自《明儒学案》开始。

量也有限，尤其江藩、唐鉴之著因主观成见深，立论偏颇，遭时人与后人訾议。

黄宗羲之后，学术史的真正勃兴是在清末民初。这一勃兴与当时经史地位转换、史学相对凸显的学术趋势及所体现出的新史学运动分不开。从时间上说，新史学运动发轫于1900年章太炎在手校本《訄书·哀清史第五十九》所附《中国通史略例》中首次提出要编撰一部不同于旧史的新的中国通史，① 同样，学术史勃兴亦起自章太炎。侯外庐认为：

> （章太炎）是中国近代第一位有系统地尝试研究学术史的学者，皮锡瑞的《经学历史》，虽以近代早期的学术史概论出现，而内容上则远不及太炎的见识。②

在1899年辑订的《訄书》初刻本中，章太炎便在《尊荀》、《儒墨》、《儒道》、《儒法》等篇名下对先秦思想史予以梳理。1902年删革修订《訄书》时，更是增加了不少论述历代学术、思想演变的内容，且在见解上与前有异，从批评孔子与孔学起，指斥历代学术之弊端，相应也表彰一批他眼中的进步思想家与学者。这样的研究显与当时的史学革命相呼应，成为新史学运动的一大助力。此后他又陆续有与学术史相关的论著问世，如1910年编定的《国故论衡》、1915年编定的《检论》（《訄书》修订后改此名）以及《诸子学略说》等大量文章。

紧随章太炎之后撰著学术史著作的是刘师培。1903年6月至1906年6月，章太炎因"苏报案"而入狱，基本停止了学术活动，而刘师培恰恰在这一时期活跃于学术界，发表《近儒学案序》、《国学发微》、《周末学术史序》、《南北学派不同论》、《汉宋学术异同论》、《古学起源论》、《两汉学术发微论》、《中国哲学起原考》等一系列学术史论著，成为当时在学术史领域发表论著最多和影响最大的学者。

---

① 参见俞旦初：《二十世纪初年中国的新史学》，见《爱国主义与中国近代史学》，第45页；朱维铮认为《訄书》手校本应始订于1902年，至少不会早于1901年，否定1900年的说法。见朱维铮为《章太炎全集》（三）所写之《前言》。

② 侯外庐：《中国近代启蒙思想史》，181页。

刘师培之后，学术史领域成就最大且广为人知的学者为梁启超。梁启超虽早于1902年便开始发表《论中国学术思想变迁之大势》，对古代学术史作了全景式鸟瞰，但既非专门研究，于体例也无所发明。他最有代表性的学术史著作当为进入民国后所撰的《清代学术概论》和《中国近三百年学术史》，前者撰于1920年，后者在1923年冬至1925年春之际完成。这两部著作承清末学术史研究之遗绪而来，同样为此一时期学术史勃兴潮流下之巨制。

章、刘、梁之外，王国维、罗振玉、夏曾佑、廖平等学术大家也都有学术史方面的论述，对清代学术所论尤多，如王国维的《国学丛刊序》（代罗叔言参事）、《国朝汉学派戴阮二家之哲学说》、《沈乙庵先生七十寿序》等文章便颇多精辟之论，足为后世楷模；夏曾佑的新史学代表作《中国历史》以相当的篇幅谈学术思想的变迁，显示出学术史与新史学思潮的内在关联。

上述学术大师之外，值得注意的是国粹派学者普遍重视探讨中国学术史，《国粹学报》上屡有他们这方面的著述，如邓实的《国学微论》、《国学通论》、《国学今论》、《明末四先生学说》，田北湖的《论文章源流》，陆绍明的《论史学之变迁》、《论史学分二十家为诸子之流派》，黄节的《元魏至元之学者传》、《岭学源流》，等等。总之，种种事实说明，学术史的研究在清末民初已成显学，甚至可以说是在中国学术发展进程中首次成为显学。[①]

既然学术史在清末民初勃兴并成为显学已为事实，那么值得深思的便是：何以学术史在此时勃兴？什么因素使得学术史成为显学？要回答这样的问题，还得从这一时期的时代主题和学术发展大势或曰发展逻辑中找答案。

## 二、学术史勃兴之缘由（1）：兴学以救国

前已述及，清末的中国，对于有识之士来说，救亡已成为时代主题，学者们在引述顾炎武"亡国与亡天下"之说以立论时，较普遍地认为救亡必先救学，建国必先建学。这样的认识，与当时学术史得以勃兴息息相关。

---

[①] 黄宗羲撰《明儒学案》时势单力孤，还不足以形成引导学界之潮流，故学术史称不上当时的显学。

学术与国家的关系向为读书人所关注，但从未像清末之时提升到那样的高度。国粹派认为，土地、人种构成一国的"质干"，"其学术则其神经也"，① 故学术为立国之本。

> 国有学，则虽亡而复兴；国无学，则一亡而永亡。何者，盖国有学则国亡而学不亡，学不亡则国犹可再造；国无学则国亡而学亡，学亡而国之亡遂终古矣。②

这样的议论，是以文化承担为职志、以学问为依归的读书人对空前的民族危机的自然反应，也是其继承往圣先贤之道而形成的终极关怀之体现，尽管这里有受斯宾塞理论影响的成分在内。③ 直到进入民国后的1919年，王国维仍言："国家与学术为存亡，天而未厌中国也，必不亡其学术。"④王国维此时这样说，固然与其政治立场相关，但从根本上来讲，却是表达了视学术为国之生命和己之生命的读书人的共同心声。既然学术关乎国家存亡，那么兴学以救国就成了当务之急，由此，"学术救国"之主张顺理成章地走上历史前台。严复在《救亡决论》中呼吁：

> 驱夷之论，既为天之所废而不可行，则不容不通知外国事。欲通知外国事，自不容不以西学为要图。此理不明，丧心而已。救亡之道在此，自强之谋亦在此。早一日变计，早一日转机，若尚因循，行将无及。⑤

他是欲借西学以救国。民国二年（1913年）吴稚晖的日记中也有这么一段记载：

---

① 邓实：《鸡鸣风雨楼独立书·学术独立》，载《政艺通报》，1903年第24期。
② 许守微：《论国粹无阻于欧化》，载《国粹学报》，第7期，1905-8-20。
③ "此种见解的理论依据，是国粹派受斯宾塞的理论影响而形成的'文化有机'论。"见郑师渠：《晚清国粹派——文化思想研究》，116页，北京，北京师范大学出版社，1997。
④ 王国维：《沈乙庵先生七十寿序》，见《王国维文集》第1卷，98页。
⑤ 严复：《救亡决论》，见《严复集》，第1册，第49、50页。

> 近日余与子民、石曾、精卫等聚谈，皆确然深信：唯一之救国方法，止当致意青年有志力者，从事于最高深之学问，历二三十年沉浸于一学。①

余人之类似议论还有许多，足见这是读书人较共同的看法。

兴学以救国，必然涉及对中国学术的估价问题，由此方能确定兴学之途径。严复力主通西学以救国，很大程度上是因看到中国学问本身有致命缺陷：

> 中土之学，必求古训。古人之非，既不能明，即古人之是，亦不知其所以是。记诵词章既已误，训诂注疏又甚拘，江河日下……②

这样的学问，

> 吾得一言以蔽之，曰：无用。非真无用也，凡此皆富强而后物阜民康，以为怡情遣日之用，而非今日救弱救贫之切用也。③

即无益于救国。反观西方，

> 其为事也，一一皆本诸学术；其为学术也，一一皆本于即物实测，层累阶级，以造于至精至大之涂，故蔑一事焉可坐论而不足起行者也。④

故非引进西学不可。同样，国粹派也认为，中国文化的衰敝，关键就在于学鲜实用，学术湮没，其中汉、宋学之无实无用，是其祸本，不仅无补于

---

① 《吴敬恒选集（序跋游记杂文）》，221页，台北，文星书店，1967。
② 严复：《原强修订稿》，见《严复集》第 1 册，29 页。
③ 严复：《救亡决论》，见《严复集》第 1 册，44 页。
④ 严复：《原强修订稿》，见《严复集》第 1 册，23 页。

国事,且毒化了国学,不足称之为"学"。所以,"近三百年之天下,谓之适于无学之世可也"。① 不过,在兴学以救国的途径上,他们却选择与严复不同的路,倡导回归先秦未受"君学"浸染前纯正而健全的"国学",即借鉴欧洲文艺复兴运动进行"古学复兴"。② 他们心目中的"国学"是指包括儒学在内的先秦诸子学。既然欧洲借复兴古希腊文化开近代文明之先河,国粹派也希望通过复兴先秦诸子学而重新振兴中国文化,以此来团结和凝聚全民族的力量,拯救国家的危亡。

不论采取何种方式兴学,梳理中国固有学术都是题中应有之义,仅靠从感性上简单地否定传统学问是于事无补的。于是,章太炎从评述诸子入手,系统清理中国学术发展历程;刘师培借西学之长,重估中国古典学术得失。他们如此做,既合乎国粹派与严复等人的兴学主张,使学术救国具体化;又能在学理上予中国学术以客观冷静的估价,避免泛泛而论和感情用事的弊端,从而为学术事业的健康发展奠定基础。由此,学术史渐成显学,其余风流波,至于民国而不衰。

### 三、学术史勃兴之缘由(2):内在因素

从中国学术自身的发展历程来看,到清末民初,确也面临着如何继续走下去的问题,或者说已到了一个转折点。之所以如此,一方面是学术发展逻辑使然,另一方面在于外力冲击——西学大举进入而引发人们对中国学术的反思。

清代学术以考证学为正宗,曾繁荣一时,但到了清末章太炎等人登上学术舞台之时,这种学问已渐走向穷途末路,所谓盛极必衰,必得开出新局方可,正像有学者所言:

> 考证学到了章氏,经学史学的考证,已考无可考;所以由经学史学考证走到了诸子的考证,由诸子的考证走到研究诸子的学说思想。③

梁启超也说:

---

① 邓实:《国学保存论》,载《政艺通报》,1904年第3期。
② 中国人最早介绍欧洲文艺复兴的著作,即冠之以"古学复兴"的标题。
③ 郭湛波:《近五十年中国思想史》,56页,济南,山东人民出版社,1997。

光绪初年，一口气喘过来了，各种学问，都渐有向荣气象。清朝正统学派——即考证学，当然也继续工作。但普通经学史学的考证，多已被前人做尽，因此他们要走偏锋，为局部的研究。其时最流行的有几种学问：一、金石学；二、元史及西北地理学；三、诸子学。这都是从汉学家门庭孳衍出来。①

从这些论述来看，显然新的学术潮流已继考证学而起，学术在转型之中。在这种情形下，人们自然要反思清代学术走过的路，进而上溯构成清学核心内容的汉宋学之源，以获取更新学术的经验教训。或如有学者所言：

晚清那代学者，之所以热衷于梳理学术史，从开天辟地一直说到眼皮底下，大概是意识到学术嬗变的契机，希望借"辨章学术、考镜源流"来获得方向感。②

另外，诸子学的兴起也推动了学术史的勃兴，因章太炎是自诸子学的探讨向下延伸而梳理整个学术史的，刘师培也在《周末学术史序》等著作中借辨析诸子而逐步及于后世学术，所以诸子学是学术史的入手处，有开启之效用。当然，清学与章、刘这辈学者关系更近，或可说是息息相关，故大家论述最多的还是清代学术。

对清末学者来说，比起考据学的衰落，西学的冲击对他们刺激更大，影响也更深远。因为这是一个完全不同于中国固有学问的知识体系和学说体系，它以客观的科学精神和严密的科学方法震撼着中国学者，两相对照之下，更加显示出中国学术的根本缺陷，值得人们反思。起初，人们很想按中学模式规定或裁剪西学，有人曾根据中国传统，分西学为经、史、子、集四大类。渐渐地人们发现，这是两种截然不同的学术，这种处理方式行不通，要想通过吸纳西学促进中国学术进步，需从其源头即学术之为

---

① 梁启超：《中国近三百年学术史》，见《梁启超论清学史二种》，122页。
② 陈平原：《中国现代学术之建立——以章太炎、胡适之为中心》，1、2页，北京，北京大学出版社，1998。

何物思考起。

"学术"一词中国古已有之，一般泛指学问、道术（据《辞源》），但"学"与"术"有所不同。《说文》释"学"曰"觉悟也"，释"术"曰"邑中道也"；"觉悟也"更多的是在"发蒙"或"学习"的意义上释"学"，故言"古教、学原为一字，后分为二"，"邑中道也"讲的是"路径"或"手段"。前者渐渐引申为学说、学问，后者渐渐引申为技能、技艺（段玉裁《说文解字注》说"引申为技术"），而且有了形上、形下之分。形上之"学"备受士人重视，甚至皓首以穷之；形下之"术"则被看做雕虫小技，向遭冷遇。这种状况持续千年以上，直到西学进入中国。对西学，人们先以形下之"术"来格义，认为"西艺"（工艺技术）能包孕西学的全部内容。到清末，随着认识的深化，已知道西学亦有其根本，遂以中国之"学术"来格义它，如严复所说："学者，即物而穷理……术者，设事而知方"；① 刘师培也说："学指理言，术指用言"②，"学为术之体，术为学之用"③。学与术不可分，共同构成科学系统，促进西方的进步。反观中国，学与术分离，言学不言术（日常所说"学术"仅指"学"），特别自南宋以后，越来越走向无用无实之途，"盖学术末流之大患，在于徇高论而远事情，尚气矜而忘实祸"；"侈陈礼乐，广说性理"；"所托愈高，去实滋远"。④ 以此，学术无由进步，国家亦无法振兴。以西学为坐标对中国学术的这种反思与批判，必然使得一些有识之士会对中国学术进行追根溯源的探讨，力求从其发展脉络中找寻失误之原。尤其欲复兴古学的国粹派学者，认为他们心目中的"国学"（先秦诸子学）与西学是相合的，刘师培便说，"周末诸子之书，有学有术"⑤，不若后世之有学无术。那么，秦汉以降，"国学"何以变成"君学"并渐渐失去生命力，不复当年"有学有术"之光辉，便是值得考究的问题。由是，学术史理所当然地走上学术前台。

还值得一提的是，清末已有西方人总结自身学术发展历程的著作被译

---

① 严复：《政治讲义》，见《严复集》，第5册，1248页。
② 刘师培：《古学出于史官论》，《左盦外集》卷8，见《遗书》，1478页。
③ 刘师培：《国学发微》，见《遗书》，480页。
④ 严复：《救亡决论》，见《严复集》，第1册，43、44页。
⑤ 刘师培：《国学发微》，见《遗书》，480页。

成中文，如在《游学译编》上便刊有《十九世纪学术史》，刘师培也征引过西人《学术沿革史》。目前尚无证据表明这类著作对当时中国学者研究本国学术史之风起了多大影响作用，但既然其已传入国内，刘师培等人又已读到过，想必是会起些间接影响作用的。

## 第二节　刘师培的学术史研究实绩

　　从1903年到1907年，除中西交汇之学外，刘师培具时代关怀意味的"预流"学问主要是中国学术史研究。实则二者密不可分，刘氏常运用西学以评估中国古典学术得失，前文已涉及于此。这里将学术史作为论题单列出来，是从独立视角考察它，其中也会再度涉及与西学的关系问题，但因已转换主题，故别有意味，非简单重复。

　　刘师培的学术史著作涉猎甚广，从先秦迄于清代，皆有所述，但最重要的是其对清代学术的讨论。这一讨论特色鲜明，值得单列出来，故本节所论不及于清代。

**一、学术史通论**

　　从1903年一登上学术舞台，刘师培便有与学术史相关的论著发表，直到1907年始终未辍。有学者鉴于其学术史研究著作大都以刘光汉之名揭载于《国粹学报》，遂据"刘光汉"与《国粹学报》两因素，将他这方面工作分为三期：第一期，1903年至1904年，为前《国粹学报》之光汉时期，该时期尚无学术史研究的专著，除单篇文章外，在宣扬政治思想的专著中，颇多对学术史的见解；第二期，1905年至1906年，为《国粹学报》之光汉时期，他有关学术史研究的专著都在《国粹学报》上连载，在社会上引起巨大反响；第三期，1907年，为《国粹学报》之师培时期，学术史研究论著突然减少，没有专著，仅有论文，文章的署名改为刘师培。"从此往后，他对学术史的研究基本终结。"[①]这一分期，大体适当，不过1908年以后他仍有涉及学术史问题的零星议论，只是未形成系统的文字。

　　刘师培直涉学术史或与学术史相关的论著（如某些政论中有学术史内

---

① 吴光兴：《刘师培对中国学术史的研究》，见《学人》，第7辑。

容)颇多,若以年系之,则有下列:1903年,《中国民约精义》;1904年,《攘书》、《泰州学派开创家王心斋先生学术》、《新史篇》、《中国思想大家陆子静先生学说》、《西汉大儒董仲舒先生学术》、《近儒学案序》、《习斋学案序》、《幽蓟颜门学案序》、《并青雍豫颜门学案序》;1905年,《国学发微》、《周末学术史序》、《论文杂记》、《古学出于史官论》、《文章原始》、《南北学派不同论》、《古政原始论》、《东原学案序》、《汉宋学术异同论》、《古学起原论》、《扬州前哲画像记》、《孙兰传》、《两汉学术发微论》、《王艮传》、《全祖望传》、《颜李二先生传》;1906年,《戴震传》、《王门巨子泰州学派大家王心斋先生传》、《古学出于官守论》、《戴望传》、《刘永澄传》、《中国哲学起原考》、《朱泽沄传》、《补古学出于史官论》、《汪绂传》、《徐石麒传》、《汉代古文学辨诬》、《经学教科书》、《中国历史教科书》;1907年,《王学释疑》、《近儒学术统系论》、《儒学法学分歧论》、《清儒得失论》、《近代汉学变迁论》、《论古今学风变迁与政俗之关系》、《崔述传》、《蔡廷治传》;等等。这些论著如按内容分类,大体可分为通论、论先秦学术、论两汉学术及汉宋学术流变、论清代学术四类,当然其中也包含这四类论题之外的内容,但以这四类最为集中,是为重点。

通论性的著作主要有《国学发微》、《南北学派不同论》、《经学教科书》、《论古今学风变迁与政俗之关系》等。

《国学发微》是刘师培读章学诚《文史通义》后的仿效之作,如其自序所言:

> 近儒会稽章氏作《文史通义》内外篇,集二刘之长,以萃汇诸家之学术,郑樵以还,一人而已。予少读章氏书,思有赓续,惟斯事体大,著述未遑,近撰一书,颜曰《国学发微》。意有所触,援笔立书,然陈言务去,力守韩氏之言,此则区区之一得也。①

全书起上古迄明代,对中国学术沿革大势作了宏观评述,实为一简明中国学术史,而且做到了"陈言务去"和实事求是,并颇有真知灼见,如认为

---

① 刘师培:《国学发微》,见《遗书》,477页。

"六艺之学实始于唐虞",非"仅创始于周公";孔子集六艺之大成,孔门六艺为孔子所编之教科书;孔子虽为儒家,"然九流术数诸学,孔子亦兼通之";古学术操于师儒之手,孔子兼师儒之长,"盖述而不作者,为儒之业;自成一书者,为师之业。曾子、子思、孟子皆自成一家言者也,是为宋学之祖;子夏、荀卿皆传六艺之学者也,是为汉学之祖";西汉经学分为齐学、鲁学,非分为今古文;今古文之争"以东汉为最著",但"东汉经师大抵实事求是,不立门户";"唐代之初为五经撰《正义》,又为注疏统一之始。……《正义》之学,乃专守一家举一废百之学也";"明人经学之弊,在于辑五经四书大全颁为功令,所奉者宋儒一家之学,故古谊沦亡"。① 除这些灼见外,该书还时有将中学与西学相比附之言,力图证明中西学有相合之处。

《南北学派不同论》是系统阐明因地理环境不同而学术发展有异的著作,除"总论"外,分"南北诸子学不同论"、"南北经学不同论"、"南北理学不同论"、"南北考证学不同论"、"南北文学不同论"五个子目。前文已言,刘师培在解释中国历史现象时受西方"地理环境决定论"影响较深,《南北学派不同论》便是表明这种影响的代表性论著,如认为儒墨近山国,道家近泽国;北儒崇实际,南儒尚浮夸,皆是因地理环境之差异所造成。并认为从总体上看:

> 就近代之学术观之,则北逊于南;而就古代之学术观之,则南逊于北,盖北方之地乃学术发源之区也。②

《经学教科书》分为两册,第一册以主要篇幅谈六经演变与传授之历史,由古代迄于近儒,实为一简明经学史。关于六经之界定,刘师培在书中认为有"古代之六经"(周以前)和"孔子定六经"之别,孔子所编定之六经,

> 或为讲义,或为课本。《易经》者,哲理之讲义也;《诗经》者,唱歌之课本也;《书经》者,国文之课本也(兼政治学);《春秋》者,本国

---

① 刘师培:《国学发微》,见《遗书》,477、478、480、482、483、494、501页。
② 刘师培:《南北学派不同论》,见《遗书》,549页。

近世史之课本也;《礼经》者,修身之课本也;《乐经》者,唱歌课本以及体操之模范也。①

此种评价,无疑把神圣不可侵犯的六经从神位上拉了下来,体现出近代学者所具之学术平等意识。关于经学的发展历程,他认为"大抵两汉为一派,三国至隋唐为一派,宋元明为一派,近儒别为一派"②。实则这四"派"等于是四个发展阶段。具体而言:

> 大抵两汉之时,经学有今文、古文之分,今文多属齐学,古文多属鲁学。今文家言多以经术饰吏治,又详于礼制,喜言灾异五行;古文家言详于训诂,穷声音文字之原。各有偏长,不可诬也。六朝以降,说经之书分北学、南学二派,北儒学崇实际,喜以汉儒之训说经,或直质寡文;南儒学尚浮夸,多以魏晋之注说经,故新义日出。及唐人作义疏,黜北学而崇南学,故汉训多亡。宋、明说经之书,喜言空理,不遵古训,或以史事说经,或以义理说经,虽武断穿凿,亦多自得之言。近儒说经,崇尚汉学,吴中学派掇拾故籍,诂训昭明;徽州学派详于名物典章,复好学深思,心知其意;常州学派宣究微言大义,或推经致用。故说经之书,至今日而可称大备矣。③

这一论述简明扼要,清晰地勾画出了中国经学的发展脉络,比之约略同时问世的皮锡瑞《经学历史》更为简略畅达。不过由于所述面面俱到,深入阐发之处较少,或因系教科书性质所致。

《论古今学风变迁与政俗之关系》非专门论述学术史之作,但与之关联甚多。这是一篇未完之文,系统考察了自春秋至唐学风之变,认为总体走向是每况愈下,并把学风与政治、风俗联系起来,实为借学风阐政论之文。

总的来说,刘师培通论性的学术史著作当以《国学发微》最有价值,因其非应时之作,所以立论平实,言之成理,持之有故,体现了实事求是之风。其他几篇则各有缺陷,或机械运用西方学说,或乏深入论述,未臻完

---

① 刘师培:《经学教科书》,见《遗书》,2076页。
② 刘师培:《经学教科书》,见《遗书》,2073页。
③ 刘师培:《经学教科书》,见《遗书》,2073页。

善之境。

## 二、论先秦学术

刘师培论述先秦学术的著作主要有《周末学术史序》、《古学出于史官论》、《古学起原论》、《古学出于官守论》、《中国哲学起原考》、《补古学出于史官论》等。这些著作又可分为两类，一类为论述古代学术起源的著作，所论内容在时间上大抵处于先秦时期（个别论题延伸至秦之后，但无关宏旨），故于此论之；另一类为论述包括儒学在内的先秦诸子学的著作，以《周末学术史序》为代表。实则二者多有重合，古学起源不少谈的是诸子学的起源，只是出于论述上的方便，才分而论之。

关于古学起源，刘师培以具有内在关联的四篇文章《古学起原论》、《古学出于史官论》、《补古学出于史官论》、《古学出于官守论》阐之甚详。

在《古学起原论》中，他指出，古学出于宗教并基于实验。出于宗教是因为：

> 民之初生，不明万物运行之理，又有喜疑之天性，见夫人死为鬼，疑鬼有所归，迷信灵魂不死之说，而人鬼之祀兴。及有威德著于一方者，则祀为一境之神，而地祇之祀兴。又推其先祖所自出，以为人本乎祖，万物本乎天，而天神之祀兴。故中国之宗教，不外天神、人鬼、地祇而已，而人鬼为一切宗教所由生。
>
> 而一二雄鸷之君，利用人民之迷信，遂日以神鬼愚其民，使君权几与神权并重，由是以人君为教主，以人臣为司教之官，凡一切学术、政治悉无不与宗教相关矣。①

不仅"古代之学派"如阴阳、术数、方技"悉与宗教相关"，"实用之学亦出于宗教之中"，如天文之学、兵家之学等皆如此。② 古学基于实验则因"上

---

① 刘师培：《古学起原论》，《左盦外集》卷8，见《遗书》，1473页。
② 章太炎在《訄书》重订本《清儒第十二》中曾征引《宗教学概论》之言曰："僧侣兼司教育，故学术多出其口，或称神造，则以研究天然为天然科学所由始；或因神祇以立传记，或说宇宙始终以定教旨。斯其流浸繁矣。"并加案语"此则古史多出神官，中外一也。"（《章太炎全集》（三），154页）《訄书》重订本出版于1904年，而《古学起原论》发表于1905年，也许刘师培的古学出于宗教说受到章太炎此论的一些影响。

古之时，用即所学，学即所用，舍实验而外固无所谓致知之学也"。不过，"唐虞以降，学术由实而趋虚，穷理之学遂与实验之学并崇，此学术进化之次第也"①。

在《古学出于史官论》中，他发挥了古学源于宗教之精义，进而阐明古学掌于史官之理。既然"人鬼为一切宗教所由生"（《古学起原论》之言），所以，

> 古代所信神权，多属人鬼。尊人鬼，故崇先例；崇先例，故奉法仪。载之文字谓之法、谓之书、谓之礼，其事谓之史。职以其法、载之文字而宣之士民者，谓之太史、谓之卿大夫。有官斯有法，故法具于官；有法斯有书，故官守其书。是则史也者，掌一代之学者也。②

具体说来，在周代，六艺之学、九流之学、术数方技之学皆出于史。这已论及诸子学之源。如关于九流之学，他说：

> 《汉书·艺文志》叙列九流，谓道家出于史官。吾谓九流学术皆原于史，匪仅道德一家。儒家出于司徒，然周史《六弢》以及周制周法皆入儒家，则儒家出于史官。阴阳家出于羲和，然羲和苗裔，为司马氏作史于周，则阴阳家出于史官。墨家出于清庙之守，然考之《周官》之制，太史掌祭祀，小史辨昭穆，有事于庙，非史即巫，则墨家出于史官。纵横家出于行人，然会同朝觐，以书协礼事，亦太史之职，则纵横家出于史官。法家出于理官，名家出于礼官，然德刑礼义，史之所记，则法名两家，亦出于史官。杂家出于议官，而孔甲、盘盂亦与其列；农家出于农稷之官，而安国书册参列其中；小说家出于稗官，而虞初周说杂伺其间，则杂家、农家、小说家，亦莫不出于史官，岂仅道家云乎哉！③

---

① 刘师培：《古学起原论》，《左盦外集》卷八，见《遗书》，1476、1477 页。
② 刘师培：《古学出于史官论》，《左盦外集》卷八，见《遗书》，1477 页。
③ 刘师培：《古学出于史官论》，《左盦外集》卷八，见《遗书》，1478 页。

在这里，他把诸子出于王官的说法（本于刘歆《七略》）扩大为诸子出于史官，虽显偏激，但言之成理，不无独到之处。

在《补古学出于史官论》中，他又进一步阐释诸子学兴起之由，认为：

> 古代之时，学术掌于史官，亦不能历久无弊，试即其最著者言之：一曰上级有学而下级无学也，……二曰有官学而无私学也。……有此二弊，此西周学术所以无进步也。

这种局面在周末被打破，

> 周末之时，诸子之学各成一家言。由今观之，殆皆由于周初学术之反动力耳。一曰反抗下民无学也，……二曰反抗私门无学也。……盖言论思想之自由，至战国而极，此不独九流各成其学也，即学术相同者亦多源远流分，如儒分为八、墨流为三是也。①

至于《古学出于官守论》一文，虽为补章学诚周代学术掌于官守之说之未备而作，但其旨亦与《古学起原论》、《古学出于史官论》、《补古学出于史官论》类似，可谓一脉相承，这从其《序》中所言即可看出：

> 吾观上古之时，政治、学术、宗教合于一途，其法咸备于明堂。明堂者，合太庙太学为一地者也，凡教民、宗祀、朝觐、耕籍、举贤、飨射、献俘、议政、望氛、治历、告朔、行政之典皆行于其中，而有周一代之学术即由此而生。儒家之学即教民之遗法也，墨家之学即宗祀之旧典也，名家之学即举贤之遗制也，法家之学亦行政之大纲也，推之纵横家之学出于朝觐，阴阳家之学出于治历、望氛，农家之学出于耕籍，杂家之学出于议政，兵家之学出于习射、献俘，即道家之学亦从此起源。厥后明堂各典掌以专官，及官失其传，私家著作乃

---

① 刘师培：《补古学出于史官论》，《左盦外集》卷八，见《遗书》，1480、1481、1482页。

各执一术以自鸣,惜章氏未见及此耳。①

总之,在刘师培看来,中国古代学术源于宗教并基于实验,至周代则掌于官守,尤掌于史官。

上述四文,除《古学出于官守论》外,率皆征引西学以为助,涉及进化论、自由学说、中国文化西来说等,但仅用其作为佐证而已,并未给予过多阐发,核心仍在以固有观念梳理古学源流。而在《中国哲学起原考》中,刘师培则是将西学作为参照系,考析中国哲学宇宙论的起源问题,从"元"至"玄"至"一",认为:

> 古人之言哲学也,与欧儒一元论之说相同,此固不易之确论也。古代哲学既咸持一元论,厥后则由一元论之说易为二元论。②

实际上该文既将外来词"哲学"置于标题中,其意旨已明。

除论古学起源的著作外,刘师培论述先秦学术史著作中最重要、影响最大的当为《周末学术史序》。《周末学术史序》是刘氏拟著之《周末学术史》的序目。有周一代,学权操于史官,到周室东迁,私学兴起,遂成周末诸子之学,故该序目实为论次诸子学术之序目。前已言及,国粹派"古学复兴"之目的是复兴先秦诸子学以重振中国文化,作为国粹派主将之一,刘师培著此便有这方面意图,故邓实称赞《周末学术史序》为标志"古学渐兴"的力作。③ 刘师培著此书还与当时的子学热有关,胡适曾描述过这种景象:

> 到了最近世,如孙诒让、章炳麟诸君,竟都用全副精力,发明诸子学。于是从前作经学附属品的诸子学,到此时代,竟成专门学。一般普通学者,崇拜子书,也往往过于儒书。岂但是"附庸蔚为大国",简直是"婢作夫人"了。④

---

① 刘师培:《古学出于官守论》,《左盦外集》卷八,见《遗书》,1483页。
② 刘师培:《中国哲学起原考》,《左盦外集》卷八,见《遗书》,1495页。
③ 邓实:《古学复兴论》,载《国粹学报》,第9期,1905-10-18。
④ 胡适:《中国哲学史大纲》,7页,北京,东方出版社,1996。

子学的兴起，既是清代学者将朴学研究方法逐渐运用于子书的结果，也与西学的传播和影响分不开，因人们纷纷发现子书中有能与西学相比附的内容，如《墨子》中的某些内容可与西方自然科学、社会科学甚至社会主义学说相比附，这自然引起欲沟通中西学术以救亡的读书人的浓厚兴趣。《周末学术史序》即反映了这一潮流。实则刘师培还有大量的诸子研究成果，如《老子斠补》、《庄子斠补》、《荀子斠补》、《墨子拾补》等，但这些成果皆为纯粹的古典学术研究之作，非具时代关怀的"预流"作品，且不是从学术史角度立论研究，故不论。

《周末学术史序》有两个突出特点，一是要作诸子的"义理学"，不采学案体。这是因"近世巨儒稍稍治诸子书，大抵甄明诂故，掇拾丛残，乃诸子之考证学，而非诸子之义理学也"；既不满意于此，就得加以变通，故"采集诸家之言，依类排列，较前儒学案之例，稍有别矣（学案之体，以人为主；兹书之体，拟以学为主，义主分析）"①。二是以西学为参照系，进行中西学类比。这从其标题即可看得很清楚。全书从《心理学史序》至《文章学史序》共16个序目，现将其列出（去掉"史序"二字）：心理学、伦理学、论理学、社会学、宗教学、政法学、计学、兵学、教育学、理科学、哲理学、术数学、文字学、工艺学、法律学、文章学，其中论理学即为逻辑学，政法学即为政治学，计学即为财政学，理科学即为自然科学。这些学科涵盖之广，几包容现今所言人文社会科学和自然科学的各领域。以西方学术体系分类阐述先秦学术，这是刘师培学术史研究的一个创举。在具体论述中，刘氏把道家和阴阳家之说与西方社会学理论相比附，说：

　　盖道德家言由经验而反玄虚，以心体为主观，以万物为逆旅，以本为精，以物为粗，以有积为不足，而与时为迁移，乃社会学之归纳派也。

　　阴阳家言执一理以推万事，推显而阐幽，由近而及远，即小以该大，乃社会学之分析派也。

---

① 刘师培：《周末学术史序·总序》，见《遗书》，504页。

同时他也看到道、阴阳两家的不足，指出：

> 道德家言多舍物而言理，阴阳家言复舍理而信数，此其所以逊西儒也。①

他还用政治学原理对儒、墨两家予以比较，认为：

> 儒家所言政法，不圆满之政法学也。墨家不重阶级，以众生平等为归，以为生民有欲无主则乱，由里长、乡长、国君以上同于天子。而为天子者又当公好恶，以达下情，复虑天子之不能践其言也，由是倡敬天明鬼之说，以儆惕其心。是墨子者，以君权为有限者也，较之儒家，其说进矣。②

另外，对法家等诸子各家也均用西学评述之，限于篇幅，不再枚举。

中西学术分属于两种截然不同的知识体系，盲目类比，必有牵强附会之处，且从中西交融的视角看，这样做也难免被讥为肤浅，这前已言及。但从学术史的角度看，这却是一种有益的创新，有助于人们转换立场回过头来看待本国的学术发展历程，所以对这种尝试不能简单否定。对于刘师培而言，他能这样做，也与其受过良好的考据学训练有关，即将中国古典学术按西学标准分类，体现出的是考据学专门化的特征和所具的科学思想。此一时期，受过考据学训练者多矣，但唯有刘师培做到了这一点，这不能不说是他的一大学术贡献。实际上，从当时人对《周末学术史序》的反应，便可看出学界是赞赏他这种努力的，如黎锦熙回忆当年"适睹《国粹学报》……所谓《周末学术史序》也，用是大乐，逐篇手抄"③；钱玄同认为"刘君对于学术思想，最能综贯群书，推十合一，故精义极多。……以《周秦学术史序》（"秦"当作"末"）为最精"④。就是今天看来，《周末学术史序》也

---

① 刘师培：《周末学术史序·社会学史序》，见《遗书》，507页。
② 刘师培：《周末学术史序·政法学史序》，见《遗书》，509、510页。
③ 黎锦熙：《刘申叔先生遗书序》，见《遗书》，27页。
④ 钱玄同：《刘申叔先生遗书序》，见《遗书》，29页。

不失为"研精覃思"（章太炎语）之作。
### 三、论两汉学术及汉宋学术流变

刘师培论述两汉学术及汉宋学术流变的著作以《汉代古文学辨诬》、《儒学法学分歧论》、《两汉学术发微论》、《汉宋学术异同论》为代表。

《汉代古文学辨诬》是刘师培系统阐释汉代经学演变历程的著作。与《经学教科书》之类著作不同，这一著作带有论辩色彩，是刘氏站在古文经学立场，反对当时康有为、廖平等人倡行的今文经说，尤其是反驳康有为古文伪经说的力作。正像全文首、尾所言：

> 记事之最详者，莫若古文之经，如《周官经》、《左氏传》是也；书之稍完善者，亦莫若古文之经，如《毛诗》是也……惟见于古文之经者，则大抵近于征实。至近人创伪经之说，扶今文而抑古文，于汉代古文之经均视为刘歆之伪作，而后人人有疑经之心，于典章人物之确然可据者，亦视为郢书燕说。吾恐此说一昌，则古文之经将废，且非惟古文之经将废已也，凡三代典章人物载于古文经者，亦将因此而失传，非惟经学之厄，亦且中国史学之一大阨矣。故即今人之疑古文经者，陈其说而条辨之，以证古文经之非伪。①
>
> 夫近儒之辟古文，必援引今文以为重。以今文为是，故以古文为非。惟就汉代之经术观之，觉经学之中，古文为优，而今文逊于古文。②

不过，该文虽有张大古文经的意图，但全文之立论还是基于事实和学理的，平心静气，客观周详，极少偏颇之见。刘的基本看法为以下几点：（一）汉代以前经无今古文之分，今古文经的差异仅为文字不同。六经在孔子之时被作为教本以传授，

> （孔门）弟子各记所闻，故所记互有详略，或详故事，或举微言，详于此者略于彼。所记既有详略，因之而即有异同，然溯厥源流，咸

---

① 刘师培：《汉代古文学辨诬》，《左盦外集》卷4，见《遗书》，1374页。
② 刘师培：《汉代古文学辨诬》，《左盦外集》卷4，见《遗书》，1392页。

为仲尼所口述。①

尽管所记有异,但当时并无门户之见,亦无今古文之分。

> 今文古文为汉儒之恒言,犹今日所谓旧板书新板书也。《说文·序》言:孔子书六经,皆以古文。则秦代以前,六经只有古文,无今文。汉代之所谓古文经,乃秦代之时,未易古文为秦文者也,其故本至汉犹存。
> 所谓今古文者,以其由古文易今文有先后之殊,非以其义例亦有不同也。②

(二)古文经基本可信,西汉初年学者多治古文经。针对古文经为伪的看法,刘师培以大量例证辩驳之,逐个证明《左传》、《周礼》、《古文尚书》等古文经传的真实可靠性,并指出:

> 秦汉之间,古文之学虽残佚失传,然未尝一日绝也。
> 西汉初年,古文之学未尝不与今文并行,特武帝以后立于学官者,均属于今文,由是古文之学不显。③

(三)今古文立说多同,西汉今文家不废古文。

> 西汉儒生之说经,以古文之经参以今文之说,以今文之经参以古文之说……汉儒曷尝划分古今二学若冰炭之不相容哉?

例如:

> 《五经异义》一书,于今文古文辨之最严,于先儒之说,必著明某

---

① 刘师培:《汉代古文学辨诬》,《左盦外集》卷4,见《遗书》,1374页。
② 刘师培:《汉代古文学辨诬》,《左盦外集》卷4,见《遗书》,1378、1377页。
③ 刘师培:《汉代古文学辨诬》,《左盦外集》卷4,见《遗书》,1382、1383页。

说为今文家言，某说为古文家言。今就其书所引者观之，则今文之说同于古文，而古文之说同于今文者，计有九条。

之所以如此，是因为：

> 西汉之初，无今文古文之争。盖博士未立，不以经学为禄利之途，故说经者杂引今古文。及今文立于学官，然后所学定于一尊。然舍古文而专说今文者，惟末师俗儒则然耳。若今文大师则不然，于古文之说，旁收博采，所引之说，不必定出于今文，是犹治古文者兼用今文之说也。足证西汉治今文者，并不以古文家言为伪，亦不以古文家言为可废。①

古文、今文之分是经学内部的事情，它们的兴起，总归标志着儒学在汉代的发展和具有关键地位。不过与此同时，法家也没有放弃成为统治思想的努力。儒、法在两汉形成了对立的两派。对这一过程，刘师培在《儒学法学分歧论》一文中进行了论述。他认为，西汉之初，儒生本与法吏没有太大分歧，儒生亦习申商之书，但"及百家罢黜，儒术日昌，由是取士之道，别有儒术之一途，而儒与吏分"。②"由是于法令以外，别立礼义德教之名。自是以降，以吏进身者侈言法令，而以儒进身者则侈言礼义德

---

① 刘师培：《汉代古文学辨诬》，《左盦外集》卷4，见《遗书》，1380、1383页。
② 刘师培：《儒学法学分歧论》，《左盦外集》卷9，见《遗书》，1517页。另，关于汉武帝与董仲舒的"罢黜百家，独尊儒术"，近代学人大都理解为这造成了儒学的一统，禁绝和摧毁了儒学以外的百家诸子，以致中国文化学术日衰，国运日蹙。刘师培也有类似看法，可参见刘《周末学术史序》、《补古学出于史官论》等文。对此，刘桂生师曾予以指正，认为这种说法是在某种观念、需要推动下对历史的一种主观塑造和曲解，实则"罢黜百家"仅仅是对儒学以外的各家，官方不予以倡导、支持和鼓励，而无论何人，若要爱好研究，尽可自便，只是不能以之猎取功名富贵；"独尊儒术"则是以儒家思想作为占统治地位的思想，但非使儒家学说凌驾于百家之上，用之评判与制裁百家。见刘桂生：《论近代学人对"罢黜百家、独尊儒术"的曲解》，载《北大史学》2辑，北京大学出版社1994年版；该文经增删后，又以《近代学人对"罢黜百家、独尊儒术"的误解及其成因》为题收入《北京大学百年国学文粹·史学卷》。

教。"①这种矛盾对立一直延续到东汉。东汉儒生较之西汉儒生更能"举德教礼义之实而见之施行",但"就儒法之见于实用者言之,则儒学近于虚,法学近于实"。② 故礼义德教之儒术愈纯,施行愈多,反使救弊之术愈穷,以致"东汉末年,刑赏废弛,而以虚文相束缚";在这种情形下,"尚法之论浸兴。盖当时之儒,忝辱高位,以优柔为治,以致纲纪废弛。忧时之士欲矫其弊,乃揭法律以为标";法家学说由此抬头,"及曹氏窃国,然后以法家之言论而见之施行。此三国之政治所由多近于法家也"。③ 上述事实亦可看出,汉武帝之后并未形成儒学一统的局面,法家一直未沉寂,且在东汉末年再次兴起。如此叙述两汉儒、法发展历史,可证刘师培对"罢黜百家、独尊儒术"的看法也非一成不变。

《汉代古文学辨诬》和《儒学法学分歧论》虽对两汉学术精义作了系统阐发,但皆是从中国固有观念出发所进行的阐释,其间尚乏具有中西交融之时代特色的新意。这一缺憾是在《两汉学术发微论》中得以弥补的。《两汉学术发微论》采用西方的学科分类和学术概念,借西方政治学、种族学、伦理学的学理,发明两汉经学的内涵。这一做法,与《周末学术史序》有异曲同工之处。政治学方面,

> 汉儒说经往往假经义以言政治,试推其立说之大纲,大约以人民为国家主体……既以人民为国家主体,故以人君之立出于人民。
> 而民心所归之人,即可为天下之共主。

民权既伸,君权自当受限,

> 若君主放僻自肆,则为汉儒所不与,或斥为夷狄……或斥为匹夫……故君失其道,则臣民咸有抗君之权。
> 特汉儒处专制之朝,欲伸民权之公理,不得不称天以制君。……夫所谓以天统君者,即言君心当有所惮也。君心有所惮,斯不至以残

---

① 刘师培:《儒学法学分歧论》,《左盦外集》卷9,见《遗书》,1517页。
② 刘师培:《儒学法学分歧论》,《左盦外集》卷9,见《遗书》,1519页。
③ 刘师培:《儒学法学分歧论》,《左盦外集》卷9,见《遗书》,1521页。

虐加民。凡汉儒之言灾异者,大抵皆明于此意耳。此两汉之时所由无残虐之君,而人民有殷富之乐也,谓非汉儒之功欤!①

在这里,刘师培将汉儒经说与西方民权学说相附会,发掘出了汉儒经说的现代意义,不失为一得之见。不仅如此,他还将西汉时"国有大政大狱,必下博士等官会议"视作为"上议院之制度";三老、啬夫诸官之设"即西国地方自治之制度也"。② 种族学方面,认为:

中国之国本何在乎?则华夷二字而已。

(两汉)武功卓越……虽曰兵力盛强之故,然一二巨儒,抱残守缺,亦复辨别内外,区析华戎,明于非种必锄之义,使赤县人民咸知国耻,故奋发兴起,扫荡胡尘,以立开边之大功,则诸儒内夏外夷之言岂可没欤!

《王制》一篇,多汉儒所辑,谓中国戎夷,民各有性,不可推移,以明种族之殊,定于生初,即非我族类、其心必异之谓也。③

从这些可以看出,刘师培虽以西方种族学概念论两汉民族意识,但其所坚守的仍为中国传统华夷之辨,并无西方种族学所秉持的现代民族、国家观念之运用,而且有些论述与《攘书》相类,可见仍有排满兴汉之政治意旨在内。伦理学方面,刘师培首先强调中国古代伦理学"与西洋伦理学其秩序大约相符",具体言之,"修身为对于己身之伦理,齐家为对于家族之伦理,治国、平天下为对于社会及国家之伦理",汉儒之伦理学亦分此四端,而以"修身为最详"。④ 接着他分别概括了这四种伦理的基本内容。修身之伦理:

约分五端:一曰中和,所以欲人之无所偏倚也;二曰诚信,所以

---

① 刘师培:《两汉学术发微论·两汉政治学发微论》,见《遗书》,530、532 页。
② 刘师培:《两汉学术发微论·两汉政治学发微论》,见《遗书》,530 页。
③ 刘师培:《两汉学术发微论·两汉种族学发微论》,见《遗书》,532、534 页。
④ 刘师培:《两汉学术发微论·两汉伦理学发微论》,见《遗书》,535 页。

欲人之真实无妄也；三曰正直，所以欲人之不纳于邪也；四曰恭敬，所以戒人身心之怠慢也；五曰谨慎，所以戒人作事之疏虞也。

家族之伦理：

> 汉儒言之尤精……即以父子兄弟夫妇为伦理，然皆对待之伦理（即父子兄弟夫妇互尽其伦理也），非若后世扶强锄弱制为不平之伦理也。
> 
> 若三纲之说，虽倡于汉儒，然仅今文家相承之说耳。

社会之伦理：

> 汉儒所说略有二端：一曰师弟之伦，二曰朋友之伦。盖人与人接，伦理始生，故即汉儒所言者观之，一曰贵仁……一曰贵恕……一曰贵信。

国家之伦理：

> 亦有四端：一曰守法以定国律，二曰达情以伸民权，三曰纳税以富国家之财，四曰服兵以固国家之防。

总之，汉代之伦理学涉及个人和国家社会生活的方方面面，但"要而论之，汉儒之言伦理也，其最精之理约有二端：一曰立个人之人格……二曰明义利之权限"。①

上述几文是对以经学为核心的汉代学术精义所作的充分阐发。汉学与宋学，经学与理学，向为古典学术之重心所在，那么两者关系如何呢？各有怎样的利弊短长？这样的问题，同样为刘师培所关注。所以，在阐释汉代学术的同时，刘氏亦对汉宋学的关系问题进行了较系统的考察，并对二

---

① 刘师培：《两汉学术发微论·两汉伦理学发微论》，见《遗书》，536、537、538、539 页。

者分别在学理意义上做了价值评估。在《两汉学术发微论》里，他已指出，汉儒"伦理之学实开宋学之先声"。① 在《汉宋学术异同论》里，他仍认为"宋儒之说，多为汉儒所已言"。② 可以说，在他眼里，汉代学术是宋代学术的渊源和基础。这一看法是对截然分离汉宋两学之观点的反拨与纠正。除此点外，《汉宋学术异同论》还对汉代学术与宋代学术作了多方面的比较，得出许多有意义的结论。如认为从总体上看：

> 汉人循律而治经，宋人舍律而论学，此则汉宋学术得失之大纲也。
> 
> 夫汉儒经说，虽有师承，然胶于言词，立说或流于执一。宋儒著书，虽多臆说，然恒体验于身心，或出入老释之书，故心得之说亦间高出于汉儒，是在学者之深思自得耳。③

在义理学方面，

> 汉儒言理，主于分析。而宋儒言理，则以天理为浑全之物，复以天理为绝对之词，此则宋儒解理之失矣。……汉儒说经亦主去欲，特宋儒著书，遂谓天理与人欲不两立，此则宋儒释欲之非矣。④

就章句学而言，

> 宋代之时，治经不立准绳，故解经之书竞以新学相标。又理学盛行，故注释经文亦侈言义理，疏于考核，例非汉儒之例，说非汉儒之说，图非汉儒之图，而传注之中复采摭俗说，武断支离，易蹈缘词生训之讥。⑤

---

① 刘师培：《两汉学术发微论·两汉伦理学发微论》，见《遗书》，535 页。
② 刘师培：《汉宋学术异同论·汉宋义理学异同论》，见《遗书》，541 页。
③ 刘师培：《汉宋学术异同论·总序》，见《遗书》，541 页。
④ 刘师培：《汉宋学术异同论·汉宋义理学异同论》，见《遗书》，542 页。
⑤ 刘师培：《汉宋学术异同论·汉宋章句学异同论》，见《遗书》，543 页。

就象数学而言，

> 汉儒信谶纬，宋儒信图书，均属诬民之学。特谶纬图书，其源同出于方士。
> 特汉儒之学多舍理言数，宋儒之学则理数并崇，而格物穷理亦间迈汉儒。①

这里所谓"格物穷理"超越汉儒，指的是宋儒象数学所言之理有与西学相符之处，合于西方自然科学之理。就小学言之，

> 汉宋诸儒解文字者各不同，汉儒重口授，故重耳学；宋儒竞心得，故重眼学。汉儒知字义寄于字音，故说字以声为本；宋儒不明古韵，昧于义起于声之例，故说字以义为本，而略于字音。由今观之，则声音训诂之学，固汉儒是而宋儒非也。②

从这些论述可以看出，刘师培对汉宋学术流变的估价是客观而不拘于门户的。汉学与宋学，各有其长，亦各有其短，刘氏以实事求是的态度分别予以指出，且作为经学家，不护汉学之短，是很难得的。另外，在考据学风的影响下，此时大多数学者对宋代学术是持贬斥态度的。这种情形下，刘氏有此持平之论，亦属难能可贵。不过考虑到他所具有的"扬州学派"背景和兼采汉宋主张，倒也合乎逻辑。

## 第三节 学术史个案：刘师培之清代学术史论

清末，包括刘师培在内的国粹派学人和其他学者在探讨中国学术发展史时，关注的重点是清代学术。这是很自然的事情。因为对他们而言，清学不仅属"本朝"史的范围，与现实息息相关，而且更重要的是，这一代学者是在清学的滋养下成长起来的，无论每个人成长后的发展方向如何，都

---

① 刘师培：《汉宋学术异同论·汉宋象数学异同论》，见《遗书》，543、545页。
② 刘师培：《汉宋学术异同论·汉宋小学异同论》，见《遗书》，546页。

离不开清学这一丰厚的土壤。

在刘师培的学术史著述中,论清代学术的篇幅最多,也最分散。检视之下,大体可分为三类:通论性著述、学案体著述、传记类著述。三者在内容上有重复之处,但基本各有特色。

### 一、通论性著述

刘师培通论清代学术之由来、变迁以及流派衍化的著作以《近儒学术统系论》、《清儒得失论》、《近代汉学变迁论》为代表,另外在《国学发微》、《南北学派不同论》等著作中也有这方面的论述。

清代学术以考据学为核心,不少人相信这是学术界厌倦宋明理学之空谈而转向经史考证的结果。经史考证以考经为主,是接续汉代经学而来,故考据学亦被称之为汉学。刘师培总结清代学术就是从对这类问题的论述入手的,因这关涉到清学来源和界定等清代学术史上的根本问题。一方面,刘氏不太赞成宋明学术全为空疏的看法,更强调考据学与宋明学术的历史连续性。他曾说过:

> 宋元以降,士学空疏,其寻究古义者,宋有王伯厚,明有杨慎修、焦弱侯。伯厚博极群书,掇拾丛残,实为清学之鼻祖。①

> 明人之学,近人多议其空疏……钱大昕曰:"自宋以经义取士,守一先生之说,而空疏不学者皆得名为经师,至明季而极矣。"又曰:"儒林之名,徒为空疏藏拙之地。"阮芸台曰:"终明之世,学案百出,而经训家法,寂然无闻。"江郑堂曰:"明人讲学,袭语录之糟粕,不以六经为根抵,束书不观(此语出于黄黎洲)。"此皆近人贬斥明人学术之词。然由今观之,殆未尽然。②

实则"明儒经学亦多可观",其可贵处至少有十条,率皆为清儒学术之滥觞,所以"近儒之学多赖明儒植其基,若转斥明学为空疏,夫亦忘本之甚矣"。③ 从这些言论来看,刘师培承认宋元以降之学术有空疏之风,但不认

---

① 刘师培:《南北学派不同论·南北考证学不同论》,见《遗书》,554、555 页。
② 刘师培:《国学发微》,见《遗书》,501 页。
③ 刘师培:《国学发微》,见《遗书》,502 页。

为全系空疏之学，尤其不能说明学为空疏之学，而且恰是宋明笃学之士开启了清学，这是一种承继关系。另一方面，刘氏对何为汉学，有自己的界定。他认为：

> 古无汉学之名，汉学之名，始于近代。或以笃信好古该汉学之范围，然治汉学者，未必尽用汉儒之说，即用汉儒之说，亦未必用以治汉儒所治之书。是则所谓汉学者，不过用汉儒之训故以说经，及用汉儒注书之条例以治群书耳，故所学即以汉学标名。①

关于清学源于宋学的看法，早在清代中叶业已出现，章学诚即持此论。他认为考据学的奠基人顾炎武、阎若璩都是朱熹的第五代传人，戴震的学术"实自朱子道问学而得之"。② 嘉道时，江藩著《国朝汉学师承记》，严分汉宋学之界限。龚自珍致书商榷，批评其"以汉与宋为对峙，尤非大方之言"，认为"宋人何尝不谈名物训诂？不足概服宋儒之心"。③ 龚自珍之后，著名学者陈澧、朱一新也有类似看法。④ 这些先于刘师培的论述在当时广为士林所知，想必会对刘氏产生一定影响。但可贵的是，刘氏关于清学由来的主张却并非袭用先人成说，而是有自己的独创。他眼里的清学鼻祖是宋代王伯厚（应麟），而非章学诚等盛推的朱熹，尽管他也极推崇朱熹，⑤ 认为朱学"崇义理而兼崇考证"，⑥ 但并未将其与清学联系起来。虽

---

① 刘师培：《近代汉学变迁论》，《左盦外集》卷九，见《遗书》，1541页。
② 章学诚：《文史通义》内篇三，《朱陆》、《书〈朱陆〉篇后》。见仓修良编：《文史通义新编》，73、77页。
③ 龚自珍：《与江子屏笺》，见《龚自珍全集》，第5辑，347页，上海，上海人民出版社，1975。
④ 陈澧强调："朱子好考证之学。"见陈澧：《东塾读书记》卷二十一，《朱子》，德林堂光绪二十九年刻本；朱一新亦谓："宋儒以汉唐训诂已详，而义理犹或未备，故详此而略彼，亦非训诂可以不讲也。朱子生平尤于此致意焉，文集、语录及他所著书，班班可考。汉学家以汉儒专言训诂，此浅陋之说，不足信也；以宋儒为不讲训诂，此矫诬之说，尤不足信也。"见朱一新：《评某生论科举》，《佩弦斋杂存》卷下，葆真堂光绪二十二年刻本。
⑤ "中国学术，以郑君、朱子集其大成。"见刘师培：《跋沈小宛义塾附祀先儒议》，见《遗书》，1974页。
⑥ 刘师培：《国学发微》，见《遗书》，498页。

然在章学诚看来，王伯厚也属于朱熹传人系统，① 但王为清学鼻祖不等于朱为清学鼻祖，刘师培所注意的是王"博极群书，掇拾丛残"，开清考据学之先河，而非其理学层面上的建树。实际上，与宋学相较，刘氏强调更多的倒是明学对清学的开启之功，而这是前人所不大注意的。

除从学术渊源上考察清学由来外，刘师培也从学术士节相关联的角度，通过对明儒与清儒的比较，看考据学如何走上学术前台。他认为"明人多行"而"清人多病"，具体来说：

> 明庭虽屈辱臣节，然烈士殉名，匹夫抗愤，砥名励行，略存婞直之风。及考其学术，大抵疏于考古，切于通今，略于观书，勤于讲学。释褐之士，莫不娴习典章，通达国政，展布蕴蓄，不贰后王。或以学植躬，勇于信道，尊义轻利，以圣自期。……若夫不求致用，而惟以求是为归，或假借经世之说，以钓声名，则固明代所无也。
>
> 清代之学迥与明殊。明儒之学用以应事，清儒之学用以保身。明儒直而愚，清儒智而谲；明儒尊而乔，清儒弃而湿。盖士之朴者，惟知诵习帖括，以期弋获。才智之士，惮于文网，迫于饥寒，全身畏害之不暇，而用世之念汨于无形。加以廉耻道丧，清议荡然，流俗沈昏，无复崇儒重道，以爵位之尊卑，判己身之荣辱。由是儒之名目贱，而所治之学亦异。然亦幸其不求用世，而求是之学渐兴。②

这里把清儒舍经世之学而群趋"求是之学"（考据学）归于"文网"、"饥寒"、"廉耻道丧"、"清议荡然"等因素，确也道出了考据学兴起的一个根源，尽管这一看法不无片面。而在离开纯学术标准，把学术与士节相关联的视野下，刘师培对此"求是之学"的评价并不高，相对于明儒之"多行"，学术"用以应事"，清儒便是"多病"，学术"用以保身"。他还进而言道：

---

① 章学诚：《文史通义》内篇二，《朱陆》，见仓良修编：《文史通义新编》，73页。
② 刘师培：《清儒得失论》，《左盦外集》卷9，见《遗书》，1535页。值得注意的是，在对明代学术的一片贬斥声中，刘师培独对其有较高评价，除《清儒得失论》外，在《王学释疑》里，他也反对那种认为王学"遗问学而尊德性"、"轻实践而尚空谈"的观点，说"阳明之学，由博反约，迥异于空疏"。（《左盦外集》卷9，见《遗书》，1529，1531页。）这亦构成刘学术史研究的一个特色。

> 明儒之学以致用为宗，而武断之风盛；清儒之学以求是为宗，而卑者或沦于裨贩。其言词章经世理学者，则往往多汗行。惟笃守汉学者好学慕古，甘以不才自全，而其下或治校勘金石以事公卿。然慧者则辅以书翰词章，黠者则侈言经世，其进而益上，则躬居理学之名。盖汉学之词，举世视为无用，舍闭关却扫外，其学仅足以授徒。①

作为清学的继承者而对清学有如此评价，值得深思。实际上，就是到了辛亥后，已"趋于循旧"的刘师培仍对清代汉学有讥讪之辞，他曾对蒙文通说：

> 清代汉学未必即以汉儒治经之法治汉儒所治之经。
> 前世为类书者（《御览》《类聚》之类），散群书于各类书之中；清世为义疏者（正义之类），又散各类书于经句之下。②

可见其看法前后没有大的变化。

刘师培既对清代汉学评价有限，故在总结其变迁历程时认为大体呈每况愈下之势。他把汉学之发展分为4个时期。一为怀疑时期（"怀疑派"）。顺康之交，汉学萌芽，

> 其征实之功，悉由怀疑而入。如阎百诗之于《古文尚书》，始也疑其为伪作，继也遂穷其作伪之源；胡渭、黄宗炎之于《易》、《图》，始也斥其为曲说，继也遂探其致误之由。

这一期总的特点是：

> 始也疑其不可信，因疑而参互考验，因参互考验而所得之实证日益多。虽穿凿之谈，叫嚣之语，时见于经说之中，然不为俗说所迷，归于自得。③

---

① 刘师培：《清儒得失论》，《左盦外集》卷9，见《遗书》，1539页。
② 蒙文通：《廖季平先生与清代汉学》，见《廖季平年谱》，148页。
③ 刘师培：《近代汉学变迁论》，《左盦外集》卷9，见《遗书》，1541页。

二为征实时期("征实派")。

> 康雍之间,为士者虽崇实学,然多逞空辩,与实事求是者不同。及江、戴之学兴于徽歙,所学长于比勘,博征其材,约守其例,悉以心得为凭。且观其治学之次第,莫不先立科条,使纲举目张,同条共贯,可谓无征不信者矣。……即惠氏之治《易》,江氏之治《尚书》,虽信古过深,曲为之原,谓传注之言坚确不易,然融会全经,各申义指,异乎补苴掇拾者之所为,律以江、戴之书,则彼此二派,均以征实为指归。①

可见征实期即皖、吴二派兴盛之期。三为丛缀时期("丛缀派")。

> 自征实之学既昌,疏证群经,阐发无余。继其后者,虽取精用弘,然精华既竭,好学之士欲树汉学之帜,不得不出于丛缀之一途,寻究古说,摭拾旧闻。此风既开,转相仿效,而拾骨齾积之学兴。②

即以搜集、校雠各种佚书佚文为主。四为虚诬时期("虚诬派")。

> 嘉道之际,丛缀之学多出于文士,继则大江以南工文之士,以小慧自矜,乃杂治西汉今文学,旁采谶纬,以为名高。故常州之儒莫不理先汉之绝学,复博士之绪论,前有二庄,后有刘、宋,南方学者,闻风兴起。……于学术合于今文者,莫不穿凿其词,曲说附会;于学术异于今文者,莫不巧加诋毁,以诬前儒,甚至颠倒群经,以伸己见……经术支离,以兹为甚。③

可见"虚诬派"即今文学。

---

① 刘师培:《近代汉学变迁论》,《左盦外集》卷9,见《遗书》,1541页。
② 刘师培:《近代汉学变迁论》,《左盦外集》卷9,见《遗书》,1541页。
③ 刘师培:《近代汉学变迁论》,《左盦外集》卷9,见《遗书》,1541页。

对这四个时期或曰四派的总体评价，刘师培也有论述，即：

> 怀疑学派由思而学，征实学派则好学继以深思，及其末流，学有余而思不足，故丛缀学派已学而不思，若虚诬学派则又思而不学。四派虽殊，然穷其得失，大抵前二派属于进，后二派则流于退，丛缀学派为征实派之变相，而虚诬之学则又矫丛缀而入于怀疑，然前此之怀疑与征实相辅，此则与征实相违。①

从这里可以看出，刘氏心目中的清代汉学是走下坡路的学问，愈发展愈走向末路。而他对"虚诬派"（今文学）的评价，更可看出其古文经学的立场，这不能不影响其立论的客观性。②

清代学术虽以汉学为核心，但整体面貌相当复杂，非汉学可蔽之。江藩等人曾试图概括清学流派，但其著作并不成功，刘师培就批评道：

> 甘泉江藩作《汉学师承记》，又作《宋学渊源记》，以详近儒之学派，然近儒之学，或析同为异，或合异为同，江氏均未及备言，则以未明近儒学术之统系也。③

鉴于此，刘氏便以《近儒学术统系论》一文概括以汉学为主的清学流派及其衍化过程，欲补江著之不足。该文把清代学术大体分为理学、汉学、史地之学等几类，但并未像江藩那样把学者强分汉宋，而是根据清学发展实际，据实以论。理学方面，他认为：

> 明清之交，以浙学为最盛。黄宗羲授学蕺山，而象数之学兼宗漳圃，文献之学远溯金华先哲之传，复兼言礼制以矫空疏。传其学者数

---

① 刘师培：《近代汉学变迁论》，《左盦外集》卷9，见《遗书》，1541、1542页。
② 刘师培虽兼容今古文，但根本出处在古文经，在关键场合，如像这类综论清代汉学的文章中，其立场便鲜明地凸显出来。类似之论还有，兹不赘。
③ 刘师培：《近儒学术统系论》，《左盦外集》卷9，见《遗书》，1532页。

十人，以四明二万为最著。①

其他如孙奇逢、李颙、颜元、陆世仪等皆各有传承，使得清初之理学呈繁盛局面，就连顾炎武也以"躬行礼教之说"相倡导，推动了理学的繁盛，故不能只将顾视为汉学家。汉学是清代主体学问，该文以主要篇幅论之，其中首先指出："汉学以治经为主，考经学之兴，始于顾炎武、张尔岐。"阎若璩、胡渭等皆继之而多有创获，且"胡渭治《易》，多本黄宗羲"，即黄宗羲亦不能仅以理学家视之。接着文中论及吴、皖和常州之学的兴起与衍化，说：

> 东吴惠周惕作《诗说》、《易传》，其子士奇继之作《易说》、《春秋传》。栋承祖、父之业，始确宗汉诂，所学以掇拾为主，扶植微学，笃信而不疑。厥后掇拾之学传于余萧客，《尚书》之学则江声得其传，故余、江之书言必称师。江藩受业于萧客，作《周易述补》，以续惠栋之书。

此乃吴学之传承。至于皖学，则起自江永，

> 戴震之学亦出于永，然发挥光大，曲证旁通，以小学为基，以典章为辅，而历数、音韵、水地之学咸实事求是以求其源。于宋学之误民者，亦排击防闲不少懈。徽歙之士，或游其门，或私淑其学，各得其性之所近，以实学自鸣。……及戴氏施教燕京，而其学益远被。声音训诂之学传于金坛段玉裁，而高邮王念孙所得尤精。典章制度之学传于兴化任大椿。而李惇、刘台拱、汪中均与念孙同里，……及从念孙游，始专意说经。顾凤苞与大椿同里，备闻其学，以授其子凤毛。焦循少从凤毛游。时凌廷堪亦居扬州，与循友善，继治数学，与汪莱切磋尤深。阮元之学亦得之焦循。凌廷堪继从戴门弟子游，故所学均宗戴氏。……近人俞樾、孙诒让则又确守王、阮之学。

---

① 刘师培：《近儒学术统系论》，《左盦外集》卷9，见《遗书》，1532页。

这是皖学的传承情形。值得注意的是，刘氏在这里提及的学者多为扬州人，但他并未将其视为一个学派，而是认为其所承均为戴震之学，这再次证明他不认同扬州学派之说。关于常州学术，他仅扼要论之，说庄存与"喜言《公羊》，侈言微言大义。兄子绥甲传之，复昌言钟鼎古文。绥甲之甥有武进刘逢禄、长州宋翔凤，均治《公羊》，黜两汉古文之说。翔凤复从惠言游，得其文学，而常州学派以成"；其后龚自珍"从刘申受游，亦喜言《公羊》"，"仁和曹籀、谭献均笃信龚学"，德清戴望"受《公羊》于宋翔凤"。① 这是常州今文学之传承。经学之外，该文对全祖望、章学诚、徐松、张穆、何秋涛等人的史地之学以及桐城派古文等分别有所论列，但过于简要，乏善可陈，兹不赘述。

总之，刘师培对以汉学为主体的清代学术从其来源、变迁、流派衍化等各个角度分别作了较为系统、翔实的阐释，其体验之深刻、见解之独到，可谓独步一时。

## 二、学案体著述

刘师培用学案体纵论清代学术史的著作有《近儒学案序》、《习斋学案序》、《幽蓟颜门学案序》、《并青雍豫颜门学案序》、《东原学案序》，其中以《近儒学案序》为主。

自黄宗羲以《明儒学案》创下学案体后，这种以"人"为主条理学术流派的体裁便为后人所重，颇有一些效仿者。刘师培拟作《近儒学案》一书，也是出于对《明儒学案》的仿效，② 尽管他对学案体有微词，如认为它非"以学为主，义主分析"，③ 不利于从学科分类角度对学术发展史作义理上的探析，但他还是选择了这种体裁叙述清学历史。也许是因学术使命感所驱使，他要以《近儒学案》接续《明儒学案》，使明清两朝学案体学术史成一完璧。

终其一生，刘师培并未写出《近儒学案》，留下的仅是几篇序文。但从这些序文中已可看出他拟著《近儒学案》的大体规制，反映出他对清代学术

---

① 以上刘师培关于经学之议论，均见刘师培：《近儒学术统系论》，《左盦外集》卷9，见《遗书》，1533、1534页。

② "拟仿黄氏《明儒学案》之例，为《近儒学案》一书。"见刘师培：《近儒学案序》，《左盦外集》卷17，见《遗书》，1754页。

③ 刘师培：《周末学术史序·总序》，见《遗书》，504页。

格局的总体构想。《近儒学案序》所列目录便足证此点。该目录为：夏峰学案、二曲学案、蕺山学案、余姚学案、东林学案、姜斋学案、亭林学案、桴亭学案、仁和学案、南丰学案、山西学案、山东学案、杨园学案、晚村学案、徽州学案、习斋学案、安溪学案、长州学案、西河学案、东原学案、宝应学案、桐城学案、山阳学案、常州学案、诸儒学案上（伪儒）、诸儒学案中（新派）、诸儒学案下（调和汉宋者）。这一目录基本涵盖了清代学术的各种领域和各个流派，而且各案下所列人名亦表现出各派的学术传承关系，学案体以人为主条理学术流派的特色显露无遗。值得注意的是，刘师培在划分清儒流派时有迥异于人的做法，如未列出吴派，而将惠栋归于"东原学案"下，虽以"别出"之名单列，但毕竟是在皖学名目之下；不列扬州学派，将阮元、焦循列戴震名下，而将汪中、王念孙列"别出"之惠栋名下。这种做法，固然显示出刘氏对戴震皖学的推崇和不以扬州之学为"派"的一贯主张，同时也显现出他对如何评价考据学内部之流别甚至高下有自己的独立见解。尽管他在《近儒学术统系论》中对吴派惠学之衍化有所议论，但基本无评价，而在这里将其列"东原学案"下，却透露出他心目中两派高下之端倪。至于将汪中、王念孙尤其是王念孙列惠栋名下，则殊不可解。另外，目录中将江永列入"亭林学案"中，使人不易看出他与戴震的关系；又将阎若璩列入"诸儒学案中（新派）"，而未与汉学家放在一起。类似做法，也许反映出刘氏的某些卓异处，但给人以败笔的感觉。

《近儒学案序》之外，刘师培已完成的几篇学案序文都是关于颜元（习斋）和戴震的，可见对这两家学问之推重。

颜元、李塨之学（颜李学派）是经世致用之学，所谓实学。刘师培之看重该学，固因其这一特征，同时很大程度上也因其具民族气节、与戴震之学相关以及吸纳西学，正像他所指出的：

> 自宋儒区分体用，政学以歧，讲学之儒，渐舍实功。惟习斋先生以用为体，力追三代，教学成法，冠昏丧祭，必遵古制。从游之士，肄力六艺，旁及水、火、兵、农诸学。倡教漳南，于文事经史外，兼习武备、艺能各科，较之安定、横渠，固有进矣。又以建夷宅夏，非尚武不克树勋，思以武健之风转易民俗，其旨与暂种借民为兵同。盖先生以用为体，即以用为学，身体力行，一矫讲学空虚之习。至先生

论学唯存性一编，辟宋儒气质之说，实开东原学派之先。①

有明中叶，西教益昌，士习其学，尊为西儒，故宣教之徒聚萃辇毂重地，以西法相授。习斋先生生长博野，地迩燕京，吾意先生壮年必亲炙西士之门，备闻绪论。事虽失传，然证以先生所学，则礼、乐、射、御、书、数外，并及水、火、工、虞。夫水、火、工、虞取名虽本于虞廷，引绪实基于暂种。②

这里所说的水学即水利之学，火学即制造火器之学，工学主要指工艺之学，虞学即林学。"先生生明代鼎革时，崇此四科，默契西法，用则施世，舍则传徒，律以古代学术，则道艺并重。"③可见在刘师培眼里，颜李之学既无宋学之空疏，又具西学之实效，还有浓厚的现实关怀意味，所以值得推重。除学案序外，刘氏还专门撰有《颜李二先生传》以阐扬其学，指出：

习斋生于明末，崛起幽冀，耻托空言，于道德则尚力行，于学术则崇实用。而分科讲习，立法尤精。虽其依经立说，间失经义之真，然道艺并崇，则固岐周之典则也。刚主（李塨）继之，颜学益恢。乃后儒以经师拟之，呜呼！殆亦浅视乎刚主矣。④

此可见出他对颜李之学评价之高。

至于戴震之学，刘师培一向推崇备至，自谓"予束发受书，即服膺东原之训"。⑤戴震本以汉学为学界瞩目，刘之《东原学案序》却基本不谈其汉学，而以其超迈宋儒的义理学为阐释对象。此种做法，盖因其考据训诂之成就已广为人知，相反其义理之学如《孟子字义疏证》之类著作不仅"当时读者不能通其义"，而且也不为其门人所理解。⑥所以，刘氏要通过自己的

---

① 刘师培：《习斋学案序》，《左盦外集》卷17，见《遗书》，1756页。
② 刘师培：《并青雍豫颜门学案序》，《左盦外集》卷17，见《遗书》，1758页。
③ 刘师培：《并青雍豫颜门学案序》，《左盦外集》卷17，见《遗书》，1758页。
④ 刘师培：《颜李二先生传》，《左盦外集》卷18，见《遗书》，1813页。
⑤ 刘师培：《东原学案序》，《左盦外集》卷17，见《遗书》，1763页。
⑥ 门人中仅洪榜认为《孟子字义疏证》"功不在禹下"，余人则无此卓识。见江藩：《国朝汉学师承记》卷六，《洪榜》，98页，北京，中华书局，1983。另外，自认私淑戴震的焦循表示"最心服其《孟子字义疏证》"。见焦循：《寄朱休承学士书》，《雕菰楼集》卷十三。

努力为戴震之学画上圆满的句号，不使其光辉有所遮蔽。《东原学案序》首先指出：

> 近代以来，鸿儒辈出，鄞县万氏、萧山毛氏渐知宋学之非，或立说著书以与宋儒相诘难，而集其成者实惟东原戴先生。东原之书，以《原善》、《孟子字义疏证》为最著。①

刘氏对《原善》评价甚高，认为它"训诂彰明，缜密严瑮，其说信美矣"。相对而言，觉"《孟子字义疏证》一书则瑕瑜杂见"，如书中对"理"的解释远超宋儒，"解理为分，确宗汉诂。复以理为同条共贯也，故以理字为公例，较宋儒以浑全解理字者迥不同矣。至谓理在欲中，亦非宋儒所可及"。但从西方心理学和唯心论的视角来看，"事物之理，心能别之"，"在物在心，总名曰理"，而戴震所言之理仅指"在物之理"，这是其"言理之偏"；书中之论"性"，发明不多，基本无异于宋儒之说，有所偏失；至于"训道为行，训权为变，立言虽当，然言词隐曲，必假引申。唯才训为能，诚训为实，析词明辨，远迈前儒"。尽管戴震之学非十全十美，但总体而言：

> 小疵不掩大醇。义理必衷训故，则功在正名；讲学不蹈空虚，则学趋实用。凡小儒迂墟之说，足以害政蠹民者，咸扫除肃清，弃如苴土。信夫圣人复起，不易斯言矣。②

这里值得注意的是"义理必衷训故，则功在正名"一语，这是戴震义理学超越宋儒的关键所在，因宋儒知义理而不知训诂，"不识正名之用"，所以其义理疏漏较多，常为后人所讥。戴震于自身著述极看重《孟子字义疏证》，曾说："仆生平著述之大，以《孟子字义疏证》为第一。"③但和者寥寥，少有人解其意。刘师培能对以该书为代表的其义理之学作出上述评价，可谓其百年后的知音。而且刘氏还能以西学眼光看待其学，指出可改进之处，不

---

① 刘师培：《东原学案序》，《左盦外集》卷17，见《遗书》，1759页。
② 刘师培：《东原学案序》，《左盦外集》卷17，见《遗书》，1759～1763页。
③ 段玉裁：《戴东原集序》，见《戴东原集》卷首，宣统二年渭南严氏成都刻本。

啻将其学推进了一步。

除《东原学案序》外，刘师培又作《戴震传》以阐扬其学，传中再次对《原善》、《孟子字义疏证》给以很高估价并进而全面总结了戴震学术之特点，说：

> 《原善》、《疏证》二书互相印证，而格物、亲民、中和诸说尤足补先儒所未言，则先生之言性理，殆所谓特立成一家言者欤。盖先生之学，先立科条，以慎思明辨为归，凡治一学著一书，必参互考验，曲证旁通，博征其材，约守其例。复能好学深思，实事求是，会通古说，不尚墨守。而说经之书，厚积薄发，纯朴高古，雅近汉儒。
>
> 探赜索隐，提要钩玄，郑、朱以还，一人而已。①

如此评价，足见戴震学术在刘师培心目中的至高位置。

### 三、传记类著述

与学案体的以"人"为主条理学术流派有所不同，用传记体叙述学术史虽不利揭示学术流派之衍化，但更能突出个人在学术发展进程中的地位与作用，而且会使得学术与人的生活经历紧密相连，令学术之根扎于社会生活的基石之上。以是之故，传记体一向受学者欢迎，刘师培也不例外。他撰写了一系列清代人物传记，以学术传记为主，力图通过这种体裁透视清代学术的某些面貌。除前已言及的《颜李二先生传》和《戴震传》外，他这方面的著述主要有《全祖望传》、《戴望传》、《崔述传》、《孙兰传》、《朱泽沄传》、《徐石麒传》、《蔡廷治传》等。这些传记大体可分为两类，一为学界名家传记；二为扬州先贤传记。

所谓学界名家传记即《全祖望传》、《戴望传》和《崔述传》。全祖望之学术与吴、皖正统汉学不同，他所承袭的是黄宗羲所开创的浙东史学传统，如传中所言："浙东学派承南雷黄氏之传，杂治经史百家，不复执一废百。鄞县万氏承之，学益昌大。若祖望之学，殆亦由万氏而私淑南雷者欤。"其为学"渊博无涯涘，于书靡不穿贯"，而且"虽以博学闻，然观书具卓识"。②

---

① 刘师培：《戴震传》，《左盦外集》卷18，见《遗书》，1822、1823页。
② 刘师培：《全祖望传》，《左盦外集》卷18，见《遗书》，1819、1820页。

可以说，博闻多识是刘师培推崇其学的一个关键所在。戴望是晚清的重要学者，刘师培评价其学曰：

> 自西汉经师以经术饰吏治，致政学合一，西京以降，旧制久湮。晚近诸儒，振兹遗绪，其能特立成一家言者，一为实用学，颜习斋、李刚主启之；一为微言大义学，庄方耕、刘申受启之。然仅得汉学之一体。惟先生独窥其全。故自先生之学行，而治经之儒得以窥六艺家法，不复以章句名物为学，凡经义晦蚀者，皆一一发其指趣，不可谓非先生学派启之也。况复明华夏之防，……不欲以曲学进身，亮节高风，上跻颜李，岂若近儒诂麟经者，饰大同之说以逞其曲学阿时之技哉！①

对戴望之学的这种褒扬，既表明戴望在晚清学界所拥有的地位，同时也说明刘师培在总结清代学术时不具门户之见，对古文经学之外的经学创见亦持赞赏或至少是兼容的态度，这与他为学的一贯趋向是一致的。他所反感的只是借学术之名"阿时"求禄，像康有为借大同学说所做的那样，这也再次反映出他对康氏学说乃至其人的不满。至于崔述之学，本极重要，但"崔氏既殁，其书不显。近岁日人那珂通世复刊其遗书，阅者始稍众，崔氏学术之不堕者其以此夫？"为使其学不堕，刘氏在《崔述传》里对其大加表彰，说：

> 述生乾嘉间，未与江、戴、程、凌相接，而著书义例则殊途同归。彼以百家之言古者多有可疑，因疑而力求其是。浅识者流仅知其有功于考史，不知《考信录》一书自标界说，条理秩然，复援引证佐以为符验，于一言一事，必钩稽参互，剖析疑似，以求其真。使即其例以扩充之，则凡古今载籍，均可折中至当，以去伪而存诚。则述书之功，在于范围谨严，而不在于逞奇炫博。……近人于考证之学多斥为烦芜，若人人著书若崔述，彼繁芜之弊又何自而生哉！②

---

① 刘师培：《戴望传》，《左盦外集》卷18，见《遗书》，1829页。
② 刘师培：《崔述传》，《左盦外集》卷18，见《遗书》，1825页。

这段话充分显示出刘师培评骘清代学者的通达眼光和远见卓识。十几年后五四新文化运动中兴起的"古史辨"派视崔氏遗书为宝书,这一事实本身便表明此点。

刘师培研究清学,既有将其作为纯学术系统考索的一面,又有浓重的现实关怀成分,因清学史对他来说属"本朝"史。作为主张激烈排满的革命派,他不能不抱有民族主义或曰种族主义立场来看待清朝的一切,包括学术,这也是章太炎以及国粹派学者论清学的共同立场。也许其他体裁的学术史著述不宜表达刘氏的这种立场(其中已流露此意,但不充分),故在学者传记中尽情表露。他之推崇全祖望和戴望,尤其是全祖望,这亦是个重要因素。在《全祖望传》中,他以赞赏的态度说全祖望"未尝一日忘明也","留心明季遗闻,以表章节义为己任",并评论道:

> 祖望生雍乾之间,诛奸谀于既死,发潜德之幽光,……后人以儒林目之,岂祖望之志哉!又祖望既殁,浙人承其志者,有仁和龚自珍、德清戴望。……然祖望表章节烈之功,则固诸子所不逮也。①

他也说戴望"眷怀胜国,有明季遗民之风"②,对此很是欣赏。

刘师培的民族主义立场在他为扬州先贤所作的传记中表露得更充分。这部分传记多是记处明清鼎革之际的扬州学者。在《孙兰传》中,他指出:

> 明季遗民,若黄宗羲、王锡阐、刘献廷、张尔岐,咸洞明太西学术,然各以高节著闻,抗志不屈。……盖学术之界可以泯,种族之界不可忘也。而孙兰学行适与相符。
>
> 杨光先诋西书为诞肆,乃直声既著于明廷,仕籍复标于清史。彼斤斤于学术之间衡量夷夏,而出处大节则转舍夏就夷。呜呼,此孙兰所以为高士欤!③

---

① 刘师培:《全祖望传》,《左盦外集》卷18,见《遗书》,1819、1820页。
② 刘师培:《戴望传》,《左盦外集》卷18,见《遗书》,1829页。
③ 刘师培:《孙兰传》,《左盦外集》卷18,见《遗书》,1805页。

在这里，刘氏实际是把学者的"出处大节"即民族意识看得高于一切。所以他除表彰孙兰外，对徐石麒的抱学以隐，不仕新朝；蔡廷治的抛弃清廷功名，"授徒课子以终其身"，① 都甚为赞赏。平心而论，从民族主义角度评价学者，在当时特殊的历史环境下固然有其合理之处，但学术毕竟不同于政治，局限于此看问题，不可避免会产生片面性。可贵的是，刘师培并不完全囿于此视角，他主要还是以学术的眼光看待学术。因此，他尽管表彰了乡先贤的民族精神，但传记中的大量篇幅还是介绍他们的学术成就，如孙兰在明末从西人汤若望学，精于历法；徐石麒精研名理，谈经论史，可拟王夫之；蔡廷治长于《易》学，且杂糅儒佛；朱泽沄长于朱子之学，多所发明，等等。② 对这些并不闻名于世的乡先贤学术的阐扬，表明刘师培的清代学术史研究已不仅停留在对创造了主流学术的一流学者的研讨上，而且也开始深入到普通学者层面。尽管这非他的发明创造，而是对前辈学者表彰乡先贤之风的发扬，但从学术史角度言之，实属难能可贵。

## 第四节 刘师培学术史研究之地位与特色

作为近代中国最早从事学术史研究的学者之一，刘师培的学术史研究具有举足轻重的地位和在当时绝无仅有的特色，这体现在他以西学评估中国古典学术之得失，对先秦、汉宋学术的独到见解和对清学的极富个人体验之阐发等诸方面。

### 一、以西学评估中国古典学术

前已言及，1908年前刘师培的学术以中西交融见长，西学往往是中学的参照物。将此一特点移植到中国学术史的研究中，那便是以西学为标准，通过中西学类比，评估中国古典学术之得失。这样的研究在刘师培关于先秦、两汉学术的论述中表现得最突出。具体说来，一是表现在新的学

---

① 刘师培：《徐石麒传》、《蔡廷治传》，《左盦外集》卷18，见《遗书》，1806、1808页。

② 刘师培：《孙兰传》、《徐石麒传》、《蔡廷治传》、《朱泽沄传》，《左盦外集》卷18，见《遗书》，第1804、1807、1809、1815页。

术史编写体裁上,二是表现在比较中西学术的建树上。

撰著学术史,体裁上自以黄宗羲所创的"学案体"为正宗,该体裁也确有其长处,刘师培亦曾效仿之。但刘氏终究是不满意这种以"人"为主条理学术流派的旧体裁,认为这种体裁不利于对学术作义理上的探析,故拟作之《周末学术史》"采集诸家之言,依类排列,较前儒学案之例,稍有别矣(学案之体,以人为主;兹书之体,拟以学为主,义主分析,故稍变前人著作之体也)"①。他把周末学术史分成心理学史、伦理学史、社会学史、宗教学史、政法学史等十六类,完全是以西方学科概念界定中国古典学术,而且将以人为主撰写学术史的旧体裁改为以学科为主分类撰写的新体裁。《两汉学术发微论》也是如此。该文将两汉学术以西方政治学、种族学、伦理学概念相界定并分科论述,是新体裁的再次尝试。从以人为主到以学科为主,表明中国学术史的研究已开始走上一条新路,即走出旧学术史的樊篱而向建立新学术史的"范式"迈进。如果突破学术史的狭隘视界来看,甚至可以说是中国学术从旧到新的转折点。正如傅斯年所指出的:

> 中国学术,以学为单位者至少,以人为单位者转多,前者谓之科学,后者谓之家学;家学者,所以学人,非所以学学也。历来号称学派者,无虑数百,其名其实,皆以人为基本,绝少以学科之分别,而分宗派者。纵有以学科不同,而立宗派,犹是以人为本,以学隶之,未尝以学为本,以人隶之。……无论何种学派,数传之后,必至黯然寡色,枯槁以死;诚以人为单位之学术,人存学举,人亡学息,万不能孳衍发展,求其进步。学术所以能致其深微者,端在分疆之清;分疆严明,然后造诣有独至。西洋近代学术,全以科学为单位,苟中国人本其"学人"之心以习之,必若枘凿之不相容也。②

用傅氏所言标准来看,刘师培所倡以学科为主的学术史研究,恰是"以学为本,以人隶之",倾向"以学为单位"之"科学",屏弃"以人为单位"之"家

---

① 刘师培:《周末学术史序·总序》,见《遗书》,504 页。
② 傅斯年:《中国学术思想界之基本误谬》,载《新青年》,第 4 卷,第 4 号,1918-04-15。

学"，表明中国学术正在摆脱古典形态而向现代形态迈进。当然，以学科为主编写学术史并非刘师培所独创，皮锡瑞的《经学历史》、章太炎的《訄书》以及梁启超的有关著作均用此形式，但以西方的学科分类体系界定中国古典学问，则完全是刘氏独树一帜的创见。这种将中西学术简单比附的做法固然浅薄，疏漏之处甚多，但却具有相当重要的"范式"意义和方法论意义，从民国迄于今天的大量思想史、哲学史论著率多以西学概念和分科体系概括中国学术发展历程，很难说不是沿着刘师培所开辟的这条道路前行。诚然刘氏多数学术史论著并未按西学分类，对他而言这仅是个尝试，不过这恰恰说明他正站在中国新旧学术的交替处，循着旧学发展的内在理路，接受西学新知，以推进中国学术的进步。在这个意义上，不管其有多少缺失，筚路蓝缕之功不可没。①

总结和评估古典学术是中国学术史研究的基本内容。在这方面，先于刘师培的黄宗羲、江藩等人和与刘氏同时代的皮锡瑞等人都做了不少工作，但却无人引入西学作为参照系以中西学术相比较的方式回溯中国的学术史，首先真正做到这一点的只有刘师培。之所以如此说，在于此时章太炎、梁启超等人虽也有用西学证中学之时，但远不及刘氏之作系统和深入。在《訄书》重订本中，章太炎曾指出：

> 《易》之为道：披佗告拉斯家（希腊学派）以为，凡百事物，皆模效肤理，其性质有相为正乏者十种：一曰有限无限，二曰奇耦，三曰一多，四曰左右，五曰牝牡，六曰静动，七曰直线曲线，八曰昏明，九曰善恶，十曰平方直角。天地不率其秩序，不能以成万物，尽之矣。（案：是说所谓十性，其八皆《周易》中恒义。惟直线曲线、平方直角二性，《易》无明文。……）②

---

① 刘师培革新史书体裁的努力还在于他用"章节体"编撰《中国民族志》、《中国历史教科书》等著作（《中国历史教科书》中每一"课"相当于一章或一节），与夏曾佑1904年至1906年所编最新中学教科书《中国历史》一道，成为中国近代较早运用"章节体"编写中国历史的成功之作，且刘氏《中国民族志》1903年便已完成出版，早于夏氏之作。

② 章太炎：《訄书（重订本）》，《清儒第十二》，见《章太炎全集（三）》，154页。

此类中西学比附之论，颇为精彩，但书中仅寥寥几处，零散而不系统。在《论中国学术思想变迁之大势》中，梁启超说：

> 凡天下事，必比较然后见其真，无比较则非唯不能知己之所短，并不能知己之所长。

依此原则，他对先秦以下中国学术与西学相较而概括之，认为：

> 上世史时代之学术思想，我中华第一也；（泰西虽有希腊梭格拉底、亚里士多德诸贤，然安能及我先秦诸子？）中世史时代之学术思想，我中华第一也；（中世史时代我国之学术思想虽稍衰，然欧洲更甚，欧洲所得者，惟基督教及罗马法耳，自余则暗无天日。欧洲以外更不必论。）惟近世史时代，则相形之下，吾汗颜矣。①

对中西学术思想的这种全景式鸟瞰虽有一定的科学性，但过于笼统，缺乏深入细致的学理探析。相对而言，唯有刘师培的中西学术比较之作在系统性和深入性上略胜一筹。一方面刘的论著在类别上涉及古典学术的各个领域，在时间段限上虽以先秦、两汉为主，但对两汉以后的论述也有相当的中西学比较成分；另一方面刘的论著时有真知灼见，并以深厚的学理依据为基础，如前已提及的道家之学"乃社会学之归纳派"，阴阳家之学"乃社会学之分析派"，儒家之政法学不圆满，不及墨家，等等。可以这样说，用中西学相较、相融的方式撰著学术史，当时以刘师培的成就为最大。自然，说刘师培这方面的努力较为系统深入，只是相对而言，今天看来，其中有牵强附会的肤浅之处乃在所难免。不过尽管如此，亦不妨碍我们肯定刘师培通过中西学术比较总结中国学术发展史的历史功绩。

## 二、先秦、汉宋学术的新创见

在回顾和总结先秦、汉宋学术时，刘师培颇多独到见解，其中最有创造性亦即最具特色的见解为诸子出于史官论和不能仅以考据、义理截然分

---

① 梁启超：《论中国学术思想变迁之大势》第一章《总论》，载《新民丛报》，第3号，1902-03-10。

离汉宋两学,宋学义理源于汉学。

《汉书·艺文志》有言:

> 儒家者流,盖出于司徒之官;……道家者流,盖出于史官;……阴阳家者流,盖出于羲和之官;……法家者流,盖出于理官;……名家者流,盖出于礼官;……墨家者流,盖出于清庙之守;……纵横家者流,盖出于行人之官;……杂家者流,盖出于议官;……农家者流,盖出于农稷之官;……小说家者流,盖出于稗官。

> 诸子十家,其可观者,九家而已。

故称为九流之学。此说本于刘歆《七略》,是诸子之学出于王官之论的基本依据,这一论点在近代居统治地位,如胡适所言:"今之治诸子学者,自章太炎先生以下,皆主九流出于王官之说。"① 章太炎在《诸子学略说》、《国故论衡》等著作中多申此论。《诸子学略说》发表于1906年9、10月出版的《国粹学报》第20、21期,文中以上引《汉书·艺文志》之言为据详论之,其特出部分在结论所言:

> 儒、道本同源而异流,与杂家、纵横家合为一类;墨家、阴阳家为一类;农家、小说家为一类;法家、名家各自独立,特有其相通者。

与章太炎的坚守刘歆之说相比,刘师培之《古学出于史官论》虽亦本之《汉书·艺文志》,但其所得之结论更具突破性,即:

> 九流学术皆原于史,匪仅道德一家。儒家出于司徒,然周史《六弢》以及周制周法皆入儒家,则儒家出于史官。阴阳家出于羲和,然羲和苗裔,为司马氏作史于周,则阴阳家出于史官。墨家出于清庙之守,然考之《周官》之制,太史掌祭祀,小史辨昭穆,有事于庙,非史

---

① 胡适:《诸子不出于王官论》,见《中国哲学史大纲·附录》,353页。

即巫，则墨家出于史官。纵横家出于行人，然会同朝觐，以书协礼事，亦太史之职，则纵横家出于史官。法家出于理官，名家出于礼官，然德刑礼义，史之所记，则法名两家，亦出于史官。杂家出于议官，而孔甲、盘盂亦与其列；农家出于农稷之官，而安国书册参列其中；小说家出于稗官，而虞初周说杂伺其间，则杂家、农家、小说家，亦莫不出于史官，岂仅道家云乎哉！①

在这里，刘师培发挥其考据学之长，以简明而又坚实的证据论证了己之所见，语虽扼要但殊少纰漏，个别地方虽显偏激，但亦言之成理。之所以这样说，乃因周代之时，设有多种职掌不同的史官，如太史、小史、内史、外史、左史、右史、御史等，以协助政务、记录时事、起草公文、掌管文书。他们的职掌如此宽泛，自然旁及所谓九流所出之官管辖的领域。这也说明当时"史"之包罗万象，非后世科学界定之"历史学"一语所能涵盖。从学术史视角观察，将诸子之学出于王官发展为出于史官，在当时是刘师培的独创，具有学术原创意义，而且刘氏此论是发表在1905年2月的《国粹学报》创刊号上，比之卓有影响的章太炎《诸子学略说》早发表一年半，这亦可见出刘氏所具的学术创造力。② 当今研究史官文化者，应从这里得到许多启示。另外，视九流诸子同出于史官，儒家亦为其中之一，与其余诸子并无尊卑之别，这体现了一种近代意义上的学术平等观念，在中国思想和学术发展史上，亦具有开风气之先的革命性质。③

明末清初以来，汉学渐盛，乾嘉时达于极致，与此同时，宋学在学者中一再受到贬斥。区分汉宋两学的标准则为考据与义理，这几为所有学者认同，一些学者甚至把汉宋两学截然分离开来，强调两学的对立。江藩就

---

① 刘师培：《古学出于史官论》，《左盦外集》卷八，见《遗书》，1478页。

② 有人甚至认为"章太炎在1906年发表《诸子学略说》，提出诸子出于王官……应该是受刘师培的影响"。见方光华：《刘师培评传》，211页。

③ 周予同认为，康有为《孔子改制考》的一个作用是"破坏儒教的王统与道统，夷孔子与先秦诸子并列"。（周予同：《五十年来中国之新史学》，见《周予同经学史论著选集》（增订本），523页。）康氏之作是借经学以谈政治，不能以纯学术著作视之，而刘师培《古学出于史官论》则为学术探讨，重在学理阐发，故其虽在康书之后出现，其所倡儒家与诸子并列之说，仍具有学术上的革新意义。

认为：

> 宋初承唐之弊，而邪说诡言，乱经非圣，殆有甚焉。……至于濂、洛、关、闽之学，不究礼乐之源，独标性命之旨，义疏诸书，束置高阁，视如糟粕，弃等弁髦，盖率履则有余，考镜则不足也。
>
> 经术一坏于东、西晋之清谈，再坏于南、北宋之道学，元明以来，此道益晦。至本朝，三惠之学盛于吴中，江永、戴震诸君继起于歙，从此汉学昌明，千载沉霾一朝复旦。①

皮锡瑞也说：

> 宋人不信注疏，驯至疑经；疑经不已，遂至改经、删经、移易经文以就己说，此不可为训者也。
>
> （宋人）说经之书，亦多空衍义理，横发议论，与汉、唐注疏全异。②

这种泾渭分明划分汉、宋的做法，早就引起龚自珍等学者的不满，龚在致江藩书中指出：

> 若以汉与宋为对峙，尤非大方之言。汉人何尝不谈性道？……宋人何尝不谈名物训诂？不足概服宋儒之心。③

对待这一问题，刘师培的看法较龚自珍又进了一步，既反对以考据、义理截然分离汉宋两学，又主张宋学源于汉学。他说：

> 汉儒之学，大而能博，释训诂，明义理，无所偏尚，而伦理之学

---

① 江藩：《国朝汉学师承记》卷1，4、5、6页。
② 皮锡瑞：《经学历史》，64、274页，北京，中华书局，1959。
③ 龚自珍：《与江子屏笺》，见《龚自珍全集》，第5辑，347页。

实开宋学之先声。①

　　夫学问之道，有开必先，故宋儒之说多为汉儒所已言。如太极、无极之说，濂溪所倡之说也，然秦汉以来悉以太极为绝对之词，而无极之名亦见于《毛传》，濂溪言无极而太极，即汉由无形而生有形之说耳；本原之性，气质之性，二程所创之说也，然汉儒言性，亦以性寓于气中，……则宋儒之说孰非汉儒开其先哉？乃东原诸儒，于汉学之符于宋学者，绝不引援，惟据其异于宋学者，以标汉儒之帜；于宋学之本于汉学者，亦屏斥不言，惟据其异于汉儒者，以攻宋儒之瑕，是则近儒门户之见也。然宋儒之讥汉儒者，至谓汉儒不崇义理，则又宋儒忘本之失也。此学术所由日歧欤。②

尽管宋学源于汉学，但宋学毕竟已在汉学的基础上发展起来，有自己的面貌，双方势必存在差异。对此差异刘师培也是注意到了的，但他并非是以考据、义理论定这种差异，而是从学术风格上着手论之，认为：

　　汉人循律而治经，宋人舍律而论学，此则汉宋学术得失之大纲也。

　　夫汉儒经说，虽有师承，然胶于言词，立说或流于执一。宋儒著书，虽多臆说，然恒体验于身心，或出入老释之书，故心得之说亦间高出于汉儒，是在学者之深思自得耳。③

综观当时学者对汉宋学术的评论，刘的这些看法是独树一帜的。作为古文经学家，能如此的不囿门户，会通汉宋，并以客观平实的态度评述汉宋学史，实属难能可贵。当然，作为"扬州学派"殿军有此通达眼光亦不奇怪，这背后蕴含的是学术上的兼容并包之风。不过与其先辈相比，刘师培的兼容度更大，包容性更强。

---

① 刘师培：《两汉学术发微论·两汉伦理学发微论》，见《遗书》，535页。
② 刘师培：《汉宋学术异同论·汉宋义理学异同论》，见《遗书》，541、542页。
③ 刘师培：《汉宋学术异同论·总序》，见《遗书》，541页。

### 三、解析清学：别具一格的创获

清代学术对刘师培而言属"本朝"学术或"近代"学术，是刘氏本身之学术事业得以建立的土壤和基础。所以，刘氏对清代学术的总结除具创意外，更有个人体验的成分在内。这一成分虽在某些时候使其论述带有感性色彩和一定的主观性，但总体来看因系体验于身心，主客体相融，反而更见深刻和透彻，特色鲜明。具体来说，以下几个论题最能体现其特色：

（一）关于清代学术之来源

对清代学术尤其是其核心考据学（或曰汉学）源于何处，向来存在两种意见，一是认为继宋明理学而来，二是认为源自对理学的反动。

前已言及，早在清代中叶，章学诚即持清学源于宋学的看法，其后陈澧、朱一新等皆有类似主张。到20世纪30年代，钱穆于所著《中国近三百年学术史》中更系统地阐发了此点，他说：

> 言汉学渊源者，必溯诸晚明诸遗老。然其时如夏峰、梨洲、二曲、船山、桴亭、亭林、蒿菴、习斋，一世魁儒耆硕，靡不寝馈于宋学。继此而降，如恕谷、望溪、穆堂、谢山乃至慎修诸人，皆于宋学有甚深契诣。而于时已及乾隆。汉学之名，始稍稍起。而汉学诸家之高下浅深，亦往往视其所得于宋学之高下浅深以为判。①

钱穆的观点后为余英时继承和发展，余氏认为：

> 清代经学考证直承宋、明理学的内部争辩而起，经学家本身不免各有他自己独特的理学立场。理学不同终于使经学也不能一致，这在早期尤为明显。一个人究竟选择某一部经典来作为考证的对象往往有意无意之间是受他的理学背景支配的。②

胡适也认为：

---

① 钱穆：《中国近三百年学术史》，1页。
② 余英时：《清代思想史的一个新解释》，见《中国思想传统的现代诠释》，218页。

考据的学风是两宋（北宋、南宋）就开始了的，并不是近三百年的事。①

与这些看法相反，梁启超力主清初考据学之产生源自对理学的反动，对明季空疏学风的不满。在20世纪初所发表的《论中国学术思想变迁之大势》中他已有这样的议论：

晚明学风之敝，流为狂禅，满街皆是圣人，酒色财气不碍菩提路，猖幻至此，势固不得不有所因革。②

1920年梁启超撰成《清代学术概论》，深化了自己的见解，认为：

清学之出发点，在对于宋明理学一大反动。

晚明王学极盛而敝之后，学者习于"束书不观，游谈无根"，理学家不复能系社会之信仰。炎武等乃起而矫之，大倡"舍经学无理学"之说，教学者脱宋明儒羁勒，直接反求之于古经。而若璩辨伪经，唤起"求真"观念；渭攻"河洛"，扫架空说之根据；于是清学之规模立焉。③

刘师培对清学来源的看法在立足点上与章学诚、钱穆等人相类，即承认清学承宋明学术而来，非源自对理学的反动。但在实质上和在对具体问题的看法上则明显有异，刘的独特性于此显露出来。章学诚的具体主张是考据学奠基人顾炎武、阎若璩都是朱熹的第五代传人，戴震学术"实自朱子道问学而得之"；④ 钱穆、余英时也强调的是考据学与宋明理学的继承关

---

① 胡适：《复陈之藩》，见耿云志、欧阳哲生编：《胡适书信集》，下册，1309页，北京，北京大学出版社，1996。
② 梁启超：《论中国学术思想变迁之大势》，《饮冰室合集》第一册，《饮冰室文集之七》，78页。
③ 梁启超：《清代学术概论》，《梁启超论清学史二种》。
④ 章学诚：《文史通义》内篇三，《朱陆》、《书〈朱陆〉篇后》，仓修良编：《文史通义新编》，73、77页。

系。而刘师培所说的清学承宋明学术而来，主要指的是承宋明理学门户以外的考证学者之学而来，非指承朱熹为代表的宋明理学而来。他眼里的清学鼻祖是宋代王伯厚（应麟）。① 他还特别强调明儒经学对清学的开启作用，曾列举明儒经学的十条可贵之处以证明此点，如：

> 梅鷟作《尚书考异》，又作《尚书谱》，以辨正《古文尚书》，其持论具有根柢，则近儒阎、惠、江、王之说所由出也，而《古文尚书》之伪，自此大明。若陈第《尚书疏衍》则笃信古文，与梅立异，是犹西河、伯诗之互辨耳，此明代学术之可贵者一也；朱谋㙔作《诗故》，以小序首句为主说《诗》，确宗汉诂，而冯应京作《六家诗名物考》，毛晋作《毛诗陆疏广要》，咸引据淹博，乃近儒陈氏《毛诗稽古编》、包氏《毛诗礼征》之滥觞，此明代学术之可贵者二也；……杨慎、焦竑皆深斥考亭之学，与近儒江藩、戴震之说略同，此明代学术之可贵者十也。

> 近儒之学多赖明儒植其基，若转斥明学为空疏，夫亦忘本之甚矣。②

实际上，谈明儒考证之学对清学产生影响的并非始自刘师培，清廷馆阁词臣撰《四库全书总目提要》时，已有此类说法提出，即：

> 明之中叶，以博洽著称者杨慎……次则焦竑，亦喜考证……唯以智崛起崇祯中，考据精核，迥出其上。风气既开，国初顾炎武、阎若璩、朱彝尊等沿波而起，始一扫悬揣之空谈。③

刘师培之后，钱穆也认可此说，他曾引过这段话以说明清儒言考证之学本于顾炎武、阎若璩是"以本朝自为限断"，"按实固无据也"。④ 胡适则以清

---

① "伯厚博极群书，掇拾丛残，实为清学之鼻祖。"见刘师培：《南北学派不同论·南北考证学不同论》，见《遗书》，555页。
② 刘师培：《国学发微》，见《遗书》，501、502页。
③ 《四库全书总目》卷119，子部·杂家类三．方以智"通雅"条．1028页，北京，中华书局，1965。
④ 钱穆：《中国近三百年学术史》，150，151页。

初费密《道脉谱论》中征引王鏊、郑晓、归有光诸人推重汉儒经疏的话，证明"尊崇汉儒的运动在明朝中叶已很兴盛"，非仅盛于清代。① 在这个问题上，固然刘师培不是唯一的论述者，但可说是论述得最系统翔实、最有意义之人。四库馆臣虽率先提出此论，但非是在学术发展史的大背景下提出，也没有加以深论。至于钱穆、胡适，因各有自己关于清学来源的基本看法，此说只是与其基本看法并存的附带之说，非其根本立论所在。只有刘师培将这一说法放在学术史的大框架内全面申论，以多重证据反复阐发，并将其视为自己论述清学来源问题之精要，以此显露自己的特色。所以，不能因刘氏是在《四库全书总目提要》后阐释这一见解而低估它的意义。②

(二)关于清代汉学之发展阶段

在近代学者论清学的著作中，章太炎《清儒》一文大概是最早且有重要影响的著作。该文对清代学术派别的传承、演变，尤其是对吴、皖两派考据学的特色，做了简明而又精辟的概括，但唯独对清学的发展阶段问题未多加分析，只是笼统说清学"箸系统者，自乾隆朝始。一自吴，一自皖南"，此前顾炎武、阎若璩、张尔岐、胡渭之学"草创未精博，时糅杂宋明谰言"③。这显然是将以考据学为主的清学以乾隆为界划分为两个阶段。紧接着梁启超在《论中国学术思想变迁之大势·近世之学术》中，将清学按时间顺序划分为4个发展阶段，即顺康间、雍乾嘉间、道咸同间、光绪间，每个阶段皆有不同学术主题，顺康间为程朱陆王问题，雍乾嘉间为汉宋问题，道咸同间为今古文问题，光绪间为孟荀问题孔老墨问题，梁且说：

> 由此观之，本朝二百年之学术，实取前此二千年之学术，倒影而

---

① 胡适：《费经虞与费密——清学的两个先驱者》，见《胡适文存》，第2集，50页，合肥，黄山书社，1996。

② 刘师培之后，柳诒徵所编著之《中国文化史》在论及清代考据学时，多据刘《近代汉学变迁论》、《近儒学术统系论》以立论，同时也以陈第、焦竑为例证明考据之学"明代学者已开其端，非清人所得专美"。(见柳诒徵：《中国文化史》下卷，东方出版中心1996年重印本，740～745页。)此为刘之看法具有影响力之一证。

③ 章太炎：《清儒》，《訄书(重订本)》，见《章太炎全集(三)》，156页。

缲演之。①

《近世之学术》中的不少论断虽是章太炎影响下的产物,② 但关于清学之阶段划分却是梁启超所自创。在章、梁发表对清代学术的看法后,1907年,皮锡瑞和刘师培分别在各自的著作中表达了自己关于清学发展阶段的见解。在《经学历史》中,皮锡瑞认为:

> 国朝经学凡三变。国初,汉学方萌芽,皆以宋学为根柢,不分门户,各取所长,是为汉、宋兼采之学。乾隆以后,许、郑之学大明,治宋学者已尠。说经皆主实证,不空谈义理。是为专门汉学。嘉、道以后,又由许、郑之学导源而上,《易》宗虞氏以求孟义,《书》宗伏生、欧阳、夏侯,《诗》宗鲁、齐、韩三家,《春秋》宗《公》、《谷》二传。汉十四博士今文说,自魏、晋沦亡千余年,至今日而复明。实能述伏、董之遗文,寻武、宣之绝轨。是为西汉今文之学。学愈进而愈古,义愈推而愈高;屡迁而返其初,一变而至于道。③

刘师培的见解则反映在他的《近代汉学变迁论》一文中,如前所述,他把清代汉学分为四个时期:怀疑、征实、丛缀、虚诬。刘之分期的一个重要特点是注重各个时期的学术风格与特色,而相对不太注重时间划分,甚至有共时色彩。大体言之,怀疑时期("怀疑派")为顺康之交,是汉学萌芽期;征实时期("征实派")为皖、吴二派兴盛之期,应主要指乾嘉时;丛缀时期("丛缀派")为承乾嘉余绪、不得不事丛缀之学之期,应指嘉道及其后;虚诬时期("虚诬派")指的是今文学兴起之期,亦为嘉道及其后。

上述四人对清学发展阶段的划分互有异同,这既体现在学科范围的宽狭上,又体现在具体时段的认定及对各段的评价上。在学科范围上,梁启

---

① 梁启超:《论中国学术思想变迁之大势》,见《饮冰室合集》,第一册《饮冰室文集之七》,102页。

② 梁启超在《近世之学术》文中附识说:"以上叙传授派别,颇采章氏《訄书》而增补之,且自下断案。"《论中国学术思想变迁之大势》,《饮冰室合集》第一册,《饮冰室文集之七》,93页。

③ 皮锡瑞:《经学历史》,341页。

超显然是以整个清学为范围，章太炎、皮锡瑞、刘师培则以清学之主体汉学（亦可言经学或考据学）为范围。① 实则这种表面上的不同没有多大意义，梁启超也不能离开清学主体谈分期，核心问题还是一个，这从他们对具体时段划分的比较一致上即可看出。大体上，他们都认为乾隆时是汉学（古文经学）大盛的关键时期，此前为汉学萌芽期；除章太炎外（章未细论清学分期，其说过于笼统），梁启超、皮锡瑞、刘师培也都承认嘉道以后是今文学崛起之期，梁启超只是又强调了光绪时的诸子学之兴。可以说，无论将清学划为3个阶段还是4个阶段，并没有本质上的差别。最大的差别也是最能显示刘师培在这一问题上的特色的是对各个阶段的评价上。总体而言，作为今文家的皮锡瑞和在今文学熏陶下成长的梁启超对清学的看法是比较一致的，他们皆认为清学越向前发展，主题就越古老，所谓"学愈进而愈古"，"取前此二千年之学术，倒影而缫演之"。并视此为进步的表现，予以较高评价：

义愈推而愈高……一变而至于道；

此二百余年间，总可命为古学复兴时代。特其兴也，渐而非顿耳。然固俨然若一有机体之发达，至今日而葱葱郁郁，有方春之气焉。②

以今文家视角观察清学进程，自然觉得它是向前行进的，嘉道以后今文学崛起更是学术向上发展的表现，或可说今文学以及康有为所倡对孔子为代表的先秦诸子之探究③是清学达到的最高阶段。与之相反，刘师培对清学

---

① 一般所说汉学指以考据为特色的古文经学，不包括今文经学。这里笼统言汉学，则将东西汉古今文学皆包容在内，因刘师培《近代汉学变迁论》便是在广义上言汉学，不把今文经学排斥在外。

② 皮锡瑞：《经学历史》，341页；梁启超：《论中国学术思想变迁之大势》，《饮冰室合集》，第一册《饮冰室文集之七》，102、103页。

③ 梁启超说："南海言孔子改制创新教，且言周秦诸子皆改制创新教，于是于孔教宗门以内，有游、夏、孟、荀异同优劣之比较；……于孔教宗门以外，有孔、老、墨及其他九流异同优劣之比较。凡所谓辨，悉从其朔。"《论中国学术思想变迁之大势》，《饮冰室合集》，第一册《饮冰室文集之七》，100、102页。

的变迁历程完全持另一种态度，即认为每况愈下，愈发展愈走向末路，

> 怀疑学派由思而学，征实学派则好学继以深思，及其末流，学有余而思不足，故丛缀学派已学而不思，若虚诬学派则又思而不学。四派虽殊，然穷其得失，大抵前二派属于进，后二派则流于退，丛缀学派为征实派之变相，而虚诬之学则又矫丛缀而入于怀疑，然前此之怀疑与征实相辅，此则与征实相违。①

这种看法，自然与刘氏以古文经学家的眼光估价清学息息相关。对他而言，古文经学一步步走向衰落，今文经学嘉道后崛起，并非标志学术的进步，而是表明清代汉学在走下坡路，由"怀疑"走向"虚诬"。

平心而论，如果去除古文经学家的偏见，即视今文学为"虚诬派"而加以否定的立场，刘师培关于清代汉学发展阶段的这一见解倒是合乎学术思潮兴衰的内在逻辑，就像他自己所总结的：

> 譬之治国，怀疑学派在于除旧布新，旧国既亡而新邦普建，故科条未备而锐气方新；若征实学派是犹守成之主，百废俱兴，综核名实，威令严明；而丛缀学派又如郅治既隆，舍大纲而营末节，其经营创设不过繁文褥礼之微；虚诬学派则犹国力既虚，强自支厉，欲假富强之虚声以荧黎庶，然根本既倾，则危亡之祸兆，此道咸以还汉学所由不振也。②

这里以治国作比喻，说明汉学由开拓而昌盛而衰微转型的带有某种必然的逻辑发展，是符合一般学术发展进程的，具有较普遍的意义。梁启超1920年撰著的《清代学术概论》对清学的变迁历程亦以启蒙期（相当于刘师培所言"怀疑派"）、全盛期（相当于"征实派"）、蜕分期或衰落期（相当于"虚诬派"）来概括，③ 但比之刘师培的同类见解已晚了十三年，此可见出刘之见

---

① 刘师培：《近代汉学变迁论》，《左盦外集》卷9，见《遗书》，1541、1542页。
② 刘师培：《近代汉学变迁论》，《左盦外集》卷9，见《遗书》，1542页。
③ 梁启超：《清代学术概论》，《梁启超论清学史二种》。

解的生命力。① 另外，还需指出的是，刘师培视清代汉学为走下坡路的学问，也与他对清代汉学评价不高有关，非尽出于古文经学家的立场。他曾通过对清儒与明儒的比较，看汉学如何走上学术前台，其结论是"明人多行"而"清人多病"，"明儒之学用以应事，清儒之学用以保身"，② 故清儒放弃了明儒经世之学而群趋"求是之学"（汉学）。尽管他也承认清儒这样做有当时文网太密等客观因素促成，但从学术士节相关联的角度看，总觉清儒士节有亏，因而他对由此而来的汉学评价有限。他之所以如此看重士节，自然与他素所秉持的反满兴汉的民族主义立场相关，有了这一基本立场，论学时也不能完全忘情于此。虽然透过民族主义论学非刘师培独创，乃是国粹派学者的共同趋向，但刘氏在其间居主导地位，故这一点亦可视作刘氏总结清学的特色之一。

（三）关于戴震

众所周知，戴震在清代思想、学术史上占有关键性地位。这种地位的确立，与近代学者对他的阐扬密不可分。在这方面，钱穆、侯外庐都认为章太炎有首功。钱穆说，"近儒首尊东原者自太炎"；③ 侯外庐指出，章太炎《检论》、《释戴》等"启发了近人研究东原的学术"。④ 从时间上看，钱穆之说颇有道理。从1900年的《学隐》，⑤ 到1904年的《清儒》，⑥ 章太炎确是近代学者中最早阐发戴震之学的。不过这一阐发过于简略，且《学隐》是带有政治意图的文章，全文借题发挥，以魏源攻击戴震等乾嘉考据学者的话为由头，斥责魏源媚清，目的却是在斥责康有为等媚清；《清儒》则非专论戴震之文，只是在纵论清代学术时简要表彰了戴震及其后学，并对吴、皖两学之分际有精辟考论。也就是说，章太炎在近代只是开论戴震之先

---

① 参见郑师渠：《晚清国粹派论清学》，见《晚清国粹派——文化思想研究》，367页。
② 刘师培：《清儒得失论》，《左盦外集》卷九，见《遗书》，1535页。
③ 钱穆：《中国近三百年学术史》，396页。
④ 侯外庐：《近代中国思想学说史》，379页，上海，生活书店，1947。
⑤ 《学隐》一篇最初刊在《訄书》初刻本所附《訄书补佚》中，朱维铮认为此补佚本可能是在1900年夏秋之间出现（见朱维铮为《章太炎全集》（三）所作之《前言》），后又收入《訄书》重订本。
⑥ 收入1904年出版的《訄书》重订本中，写作时间当在此之前，因此时章太炎正在上海坐牢。

声，但未及深论。真正对戴震之学作出较全面系统的论述与估价，从而推动了戴学复兴的，是继之而起的刘师培。1905年至1907年间，刘师培通过《东原学案序》、《戴震传》、《南北学派不同论》、《近儒学术统系论》等一系列专论或通论性著述，系统地阐释了戴震之学，使戴学面貌一下子清晰起来，为后人研究戴学开辟了道路。与之相较，章太炎最主要的论戴著作《释戴》作于1910年，其他一些有关论述也都是在刘师培之后。可以说，章太炎有首倡之功，刘师培有完善之力。遗憾的是，现有的中国近代思想、学术史著作大都看不到刘师培在这方面的贡献，主要把目光盯在章太炎身上。

在清代学者和学派中，刘师培最推崇的便是戴震和皖派。他自承"予束发受书，即服膺东原之训"①，认为戴震之学"探赜索隐，提要钩玄，郑、朱以还，一人而已"②。相对而言，顾炎武、惠栋、王念孙、引之父子等清代考据学的中坚人物都未受到这样的重视和得到类似评价。至于皖派，刘师培通过对清代考据学者的比较，以独标其长。他曾说过：

> 大抵汉代以后，为学之弊有二，一曰逞博，二曰笃信。逞博则不循规律，笃信则不求真知，此学术所由不进也。自毛奇龄之徒出，学者始误笃信之非，然以不求真知之故，流于才辨。阎若璩之徒渐知从事于征实，辨别伪真，折中一是，唯未能确立科条，故其语多歧出。若臧琳、惠栋之流，严于取舍，立例以为标，然笃信好古，不求真知，则其弊也。惟江、戴、程、凌，起于徽歙，所著之书，均具条理界说，博征其材，约守其例，而所标之义、所析之词，必融会贯通以求其审，缜密严栗，略与暂种之科学相同，近儒考证之精悴有此耳。③

如此高估皖派，即等于称赞皖派的创始人戴震。刘氏有这种看法，自然与他的学术传承和学术体验密切相关。他一向认为扬州学者之学是继承戴震

---

① 刘师培：《东原学案序》，《左盦外集》卷17，见《遗书》，1763页。
② 刘师培：《戴震传》，《左盦外集》卷18，见《遗书》，1823页。
③ 刘师培：《崔述传》，《左盦外集》卷18，见《遗书》，1825页。

之学而来，近于皖派，① 而且自认本身学术也是承这一传统而来。他曾几次征引戴震《与是仲明论学书》中的几句话："经之至者，道也。所以明道者，其词也；所以成词者，字也。由字以通其词，由词以通其道，必以渐求。"对此他表示认同和遵循，并在学术实践中作为基本方法手段加以运用。可以说，他之推崇戴震，是出于自身的学术追求，而非受到章太炎的影响。

除对戴震和皖派考据学的强烈认同与称誉外，如前所述，刘师培还是戴震义理之学百年后的知音。他不仅对其以《孟子字义疏证》为代表的义理学成果给以充分肯定和多方阐释，而且用学术实践发扬其义理学，他的《理学字义通释》实为仿《孟子字义疏证》之作。还值得一提的是，他对《孟子字义疏证》的彰扬对梁启超这方面认识的变化起到影响作用。梁启超1904年发表《论中国学术思想变迁之大势·近世之学术》时，对《孟子字义疏证》为代表的戴震义理思想评价不高，认为：

> 人生而有欲，其天性矣，节之犹惧不及，而岂复劳戴氏之教猱升木为也。二百年来学者，记诵日博，而廉耻日丧，戴氏其与有罪矣。②

到1920年他著《清代学术概论》时，态度发生了根本变化，不仅详细摘引《孟子字义疏证》，而且认为：

> 《疏证》一书，字字精粹。
> 实以平等精神，作伦理学上一大革命。
> 实三百年间最有价值之奇书也。③

显然，刘师培发表于1905年和1906年的《东原学案序》、《戴震传》等著作

---

① 见前文所引刘师培在《南北学派不同论》、《近儒学术统系论》中对此问题的详细论述。
② 梁启超：《论中国学术思想变迁之大势》，见《饮冰室合集》，第1册《饮冰室文集之七》，93页。
③ 梁启超：《清代学术概论》，见《梁启超论清学史二种》，34、35页。

给了梁启超以启示。当然也不排除梁氏从章太炎等人的有关论著中得到其他一些启示。

平心而论，戴学的复兴与走红，确有章太炎的开启之功以及20年代后胡适等人的阐扬之力，[①] 但其间刘师培所起到的关键作用绝对不能忽略，在回顾20世纪中国学术、思想史尤其是回顾戴震研究史时，这一疏漏应当补上。

上述几个论题是刘师培论清学最有特色的方面。除此之外，还有一个刘师培、章太炎、梁启超几乎同时都提出的命题值得关注，即清代考据学略与西方科学相同，富有科学精神。胡适后来对此命题做了多方阐释。这一命题从严格的学术意义上讲恐有牵强之处，或可说考据学与科学只是形似，而非神似，但它却能引发一种思考：传统学术中是否存在着导引学术走向现代的资源，从而有助于中国现代学术的建立？就此而言，这一命题相当有意义。

---

① 1923年，胡适、梁启超、钱玄同、朱希祖等人发起戴震诞生二百周年纪念会，掀起了戴震研究高潮，胡适且有《戴东原的哲学》等论著为戴震张目，使戴学成为显学。

# 结　　语

钱玄同在《刘申叔先生遗书序》中指出：

> 最近五十余年以来，为中国学术思想之革新时代。其中对于国故研究之新运动，进步最速，贡献最多，影响于社会政治思想文化者亦最巨。此新运动当分为两期：第一期始于民元前二十八年甲申（公元一八八四），第二期始于民国六年丁巳（一九一七）。……第一期之开始，值清政不纲，丧师蹙地，而标榜洛闽理学之伪儒，矜夸宋元椠刻之横通，方且高踞学界，风靡一世，所谓"天地闭，贤人隐"之时也；于是好学深思之硕彦，慷慨倜傥之奇材，嫉政治之腐败，痛学术之将沦，皆思出其邃密之旧学与夫深沉之新知，以启牖颛蒙，拯救危亡。在此黎明运动中最为卓特者，以余所论，得十二人，略以其言论著述发表之先后次之，为南海康君长素（有为）、平阳宋君平子（衡）、浏阳谭君壮飞（嗣同）、新会梁君任公（启超）、闽侯严君几道（复）、杭县夏君穗卿（曾佑）、先师余杭章公太炎（炳麟）、瑞安孙君籀庼（诒让）、绍兴蔡君子民（元培）、仪征刘君申叔（光汉）、海宁王君静庵（国维）、先师吴兴崔公觯甫（适）。此十二人……虽趋向有殊，持论多异，有壹志于学术之研究者，亦有怀抱经世之志愿而兼从事于政治之活动者，然皆能发舒心得，故创获极多。此黎明运动在当时之学术界，如雷雨作而百果草木皆甲坼，方面广博，波澜壮阔，沾溉来学，实无穷极。此黎明运动中之刘君，家传朴学，奕世载德，蕴蓄既富，思力又锐，在上列十二人中，年齿最稚……①

这段话对于晚清以降中国思想、学术界状况的概括至为精当，从中既能看到时代风云的变幻和学术潮流的变化，又能看到刘师培在此一"黎明运动"

---

① 钱玄同：《刘申叔先生遗书序》，见《遗书》，28 页。

中所处的地位，有助于我们理解刘师培研究尤其刘师培学术之研究的重要意义所在。文中特为揭出的"邃密之旧学"与"深沉之新知"两条，实为理解刘师培这代人之学术的最佳入手处。

刘师培幼承家学，为"扬州学派"殿军，其小学、经学、校勘学等国学研究成就皆是继承扬州先贤和家学而来，体现出"扬州学派"长于会通、兼容并包的特色。但刘氏学术并非只有这些，他还有现实关怀层面上的新学问，其重要性不亚于甚至高于他的国学研究，这种"预流"学问才是他超越包括先祖在内的扬州先贤之所在。当然他能实现此超越得益于他进入学坛时已成潮流的学术新趋向——中西交融和经史地位的转换。所以，他的体现现实关怀的学术便是这两大潮流的产物：中西交融之学和学术史研究。

作为出身经学世家的国学大师，刘师培能关注并接受西学，是诸种因素合力作用的结果，包括清末希望借西学以助于救亡图存的天下大势，扬州地近西学传播中心的地理特点，江浙学人所擅之考据学在与西学交融时有先天优势，以及废科举、兴学堂等制度变迁方面的因素。这些因素促使刘师培将西学纳入视野，并使他在了解西学后走上交融中西学术之路，于1903年至1908年间发表大量具有中西交融色彩的论著。这些论著所涉及的西学知识，大体涵盖社会学、历史学、哲学、政治学、经济学、文学等领域，且以社会学、历史学、哲学为主。可以说，社会学、历史学、哲学是刘师培新学结构的主干，而将这三者联结起来的纽带则为进化论和中国传统的小学。进化论基本是一种社会学说，故社会学是刘氏吸纳西学的核心。至于小学成为纽带，则反映了刘氏交融中西的出发点是在中国古典学术，意在借西学阐释中学。与严复相较，刘师培对西学的理解自然是浅薄的，未能逃离"好依傍"的"痼疾"，但自有其意义所在，即在中国古典学术逐步与西学融合从而迈向现代形态的过程中，刘之简单、肤浅的中西学比附因具有代表性和较易为人接受的特质，可能恰恰发挥了更重要的作用。在这方面，他的"援西入经"和从小学入手接纳西学的方式，即能促使经学分化瓦解，有助于学术转型。

刘师培是近代中国最早从事学术史研究的学者之一，他的中国学术史研究构成清末民初学术史勃兴现象的重要内容。学术史之所以在此时勃兴，是由救亡必先救学的时代主题和西学大举进入引发人们反思中国学术的潮流所致。刘师培的学术史研究以全面系统著称，从先秦迄于清代，皆被他纳入视野，但其中也有侧重，除通论外，论先秦学术、论两汉学术及汉宋学术流变、论清代学术是重点所在，而且尤以论清代学术为重中之重。这些论述在当时和今天看来皆有举足轻重的地位和独具一格的特色，如以西学为参照系，通过中西学类比，评估中国古典学术之得失；在总结先秦、汉宋学术时，提出诸子出于史官论和不能仅以考据、义理截然分离汉宋两学、宋学义理源于汉学等独到见解；在对清代学术富有个人体验的论述中，认为清学承宋明理学门户以外的考证学者之学而来，尤其明儒经学对清学有开启作用，清学有四个阶段，整体而言呈向下发展的态势，清代学者中戴震最值得推崇，等等。这些做法和看法充分显示出刘师培的学术史研究已达到相当高的水准和境界。

这些方面外，书中内容还会使人得到这样的启示：每个学者对中国古典或西方某学说、学派的认识过程，往往与其本人学术思想的形成过程相一致，并在本人的学术研究中得以实践，即对每个学说、学派的或肯定或否定的表述常常是自身学术的反映，论别人与述自己是一件事的两面。从本书的叙述来看，刘师培研究是这方面非常理想的个案。刘氏笔下的诸多中西学说、学派，在在反映出他本人的学术思想与理念，且他是以亲身实践的方式推展这些思想理念，如对扬州学术、戴震学说、社会学新知与小学旧统之关系等问题的看法，以及治学时兼容会通各家学说、考据义理并重、以字诠史等种种做法，都体现了外在学说与己身内在学术的统一，是这一启示的最佳注脚。

上述对刘师培学术的总结，已表明本书用力所在，即在"旧学"与"新知"两方面，主要着眼于揭示刘师培之"新知"。这样做，当然不是说"旧学"不重要或意义不大，只是觉得在清末民初之时，"新知"有其不可替代的特殊意义。如前所述，在中国学术发展的历史长河中，清末民初是关键的转折期，古典学术至此已是硕果累累，绚烂至极之后步履蹒跚，犹如人之迈入老境。而西学恰逢其时的进入，适为中国学术的自我更新提供了参照。有识之士更是借此取长补短，从中西学术的交汇融合中寻求古典学术走向现代之路。就时代意义而言，这种交汇融合所形成之"新知"，自是较"旧学"重要得多。而刘师培在此一"黎明运动"中的地位，正如上引钱玄同文之所言。因此，把刘师培在这一学术转型中之所为作为个案研讨，看他如何于新旧学碰撞之际为中国学术开出新路，应是颇有学术价值的。进而言之，近来不少学者热衷于回顾和检讨20世纪的中国学术发展史，所以如此，无非是在新世纪来临之时，意识到又有新的学术嬗变契机，欲借"辨章学术，考镜源流"再获前进动力。此种情形之下，探讨20世纪中国学术之开创者刘师培等人面临学术转型之机之所作所为，当是极有意义的事情。

总体而言，刘师培的学术经历表明，他是处在中西、新旧学术的交叉点和转折点上，既承旧学统绪，又开新学天地，承前启后。这是他以及同代杰出学者的最大特色，也是今天最需要探索的特色，非常值得进行深层次的学理讨论。

# 附录　刘师培学谱简编

## 凡　例

一、谱主生平，概以每年之月、日系之；因事不详，无法系以月、日者，则置于该年之末。

二、谱主所作诗、文，凡有撰著时日可稽，或经推敲大体可以确定撰著时日者，概以撰著时日系之；如撰著时日不详，则以发表日期系之；无法系以月、日者，系于全年之末。

三、谱主诗文中误植之字，以[ ]号纠正之，并将正字注于[ ]内。

### 清光绪十年甲申（1884 年）　1 岁

6 月 24 日（农历闰五月初二），刘师培先生出生于扬州城青溪旧屋（今东圈门 14 号及 14—1 号）。名师培，乳名闰郎，字申叔，一字鲁源，号左盦，曾改名光汉，化名金少甫，笔名光汉子、光汉人、世培、激烈派第一人、申、韦裔、豕韦之裔、无畏等。按，师培、申叔，有师事于西汉经师申公培之意。

刘师培先祖"自溧水迁扬州，世为仪征人"。① 按清代扬州府治，领二州（高邮、泰州）、六县（江都、甘泉、仪征、兴化、宝应、东台）。该地位居江淮之间，大运河纵贯南北，历史悠久，文化璀璨，向为人才辈出之所，而且学术素来发达，清代朴学大师王念孙、王引之、汪中、焦循、阮元等皆为该地学者，有"扬州学派"之称。刘师培曾祖刘文淇、祖父刘毓崧、伯父刘寿曾都以治《春秋左氏传》而闻名，亦为"扬州学派"成员，其家

---

① 刘师培：《先府君行略》，《左盦集》卷 6，见《遗书》，1259 页。

门前署联"红豆三传,儒林趾美;青藜四照,宝树联芳"①,可见其家风。

刘文淇,字孟瞻,生于乾隆五十四年(1789年),卒于咸丰四年(1854年)。他科名不高,仅为优贡生,以课徒游幕为生。但由于其舅凌曙的教导与影响,加之本人的艰苦努力,故在经学研究方面成绩卓著,为当时学界所推重。他一生精研《春秋左氏传》,著有《左传旧注疏证》、《左传旧疏考正》、《楚汉诸侯疆域志》、《扬州水道记》、《青溪旧屋文集》等传世之作。

刘文淇之子刘毓崧,字伯山,生于嘉庆二十三年(1818年),卒于同治六年(1867年)。亦以课徒游幕为生,长于校书,居曾国藩、曾国荃幕中最久,任事金陵书局。一生科场不顺,仅以荐授八旗官学教习。继承父志,于《左传》之学多所发明,著有《春秋左氏传大义》,另有《周易旧疏考正》、《尚书旧疏考正》、《王船山年谱》、《通义堂文集》等传世。

刘毓崧共有四子:寿曾、贵曾、富曾、显曾。四子中以长子寿曾最有名。刘寿曾,字恭甫,生于道光十八年(1838年),卒于光绪八年(1882年)。也以游幕校书为生,助父校书多种。同光间两中副榜贡生,科名仅此而已。曾被保举知县,加同知衔。其志向仍在左氏之学,立意完成祖父刘文淇所未竟之《左传旧注疏证》,但虽殚精竭虑为之,亦仅整理到"襄公四年"而已,卒未成完璧。著作还有《南史校义集评》、《芝云杂记》、《文谱类释》、《传雅堂文集》等。

刘师培之父刘贵曾,字良甫,生于道光二十五年(1845年),卒于光绪二十四年(1898年)。早年曾佐父兄为文事,并游幕于南昌等地,后返扬州理家,与当地士绅一同助守令治事。为光绪丙子科、己丑恩科副榜举人,敕授文林郎。家学方面曾助兄寿曾作《左传旧注疏证》,遂通两汉古文家法。另有《左传历谱》、《尚书历草补演》、《礼记旧疏考正》、《抱瓮居士文集》等传世。其弟富曾曾忆及:刘师培初生之时,贵曾"热香神前,忽潸然下泣,予在旁言曰:生儿如愿,极喜庆事,何反感伤为?"②不知感伤何事。

刘师培之母李汝谖,系江都小学家李祖望之次女,通晓经史。李祖

---

① 李详:《李审言文集》上,66页。
② 刘富曾:《亡侄师培墓志铭》,见《遗书》,16页。

望,字宾嵋,通史博经,尤嗜六书金石之学,有《说文统系表》、《古韵旁证》、《说文重文考》、《小学类编》、《锲不舍斋诗文集》等传世。

刘师培之姊刘师铄,字卫仪,后适江都梅兆埼。

本年,中法战争,中国方面在福建、台湾的交战中损失惨重,福建水师几近覆没。

章太炎17岁,初读四史、《文选》、《说文解字》。

王先谦《续东华录》四百一十九卷成。

### 光绪十七年辛卯(1891年) 8岁

学《易》,已通《周易》的变卦法,"日变一卦"。①

按刘师培秉承家学,开蒙起便从母读经书,且聪颖异常,读书一目十行,过目成诵,故8岁便能研《易经》。

本年,芜湖、无锡、南昌、宜昌等地接连发生反洋教事件。

章太炎开始撰写《膏兰室札记》,于《荀子》、《管子》、《吕览》、《尔雅》、《周礼》、《礼记》、《史记》、《文心雕龙》等书逐条考释文句,并涉及西学。

康有为开始在广州长兴里万木草堂聚徒讲学,撰《长兴学记》以为学规,主张于义理、考据、词章外增加经世之学。康之《新学伪经考》亦刻成,谓东汉以来经学,多出刘歆伪造,刘歆"饰经佐篡",身为新臣,系新莽一朝之学,与孔子无涉。

王先谦《荀子集解》刊行。

### 光绪二十年甲午(1894年) 11岁

初习诗赋,先为试帖诗,又作《水仙花赋》。秋日,在其姐戏命下,曾在半日内作成咏凤仙花之绝句60余首,次日补足百首,被亲友誉为神童。

---

① 光汉:《甲辰年自述诗》,载《警钟日报》,1904-09-07。

本年，中日甲午战争爆发，战局对中方极为不利；孙中山在檀香山建立兴中会。

章太炎始交夏曾佑。夏喜谈今文经，张《公羊》说，与章相左。

康有为《新学伪经考》被余联沅、安维峻参劾为"非圣无法"，两广总督谕令自行焚毁。《新学伪经考》被毁版。康有为赴桂林讲学。

梁启超在北京治算学、历史、地理等，与夏曾佑居所相距较近，时常聚会论学。

廖平《古学考》刊行。

朱一新卒，有《无邪堂答问》存世。

### 光绪二十一年乙未（1895 年）　12 岁

勤奋于学，已读毕"四书"、"五经"。

本年，北洋海军全军覆灭，《马关条约》订立，中日甲午战争结束；康有为在京联合各省会试举人 1300 余人，发起"公车上书"，请求皇帝拒和、迁都、练兵、变法。

康有为在北京创刊《万国公报》、《中外纪闻》，又在京、沪组设强学会，在上海刊《强学报》。

严复译出赫胥黎《天演论》，并有非正式刊本。又著《论世变之亟》、《原强》、《救亡决论》、《辟韩》等文先后发表于天津《直报》。

皮锡瑞《孝经郑氏疏》、《尚书古文考实》刊行。

### 光绪二十三年丁酉（1897 年）　14 岁

开始治《晏子春秋》。[①]

堂兄刘师苍中举，对其激励甚大。

刘师苍，字张侯，刘寿曾之子，9 岁时，父弃世，由刘贵曾抚养成人。贵曾视师苍如己出，"躬自督教，爱逾己子，食必同席，出必与偕，乡里

---

① 刘师培：《晏子春秋补斠跋》，见《遗书》，1752 页。

播为美谈"①。在贵曾教诲下，师苍亦通家传左氏之学，并触类旁通，于学深有心得。

本年，山东巨野教案发生，德国派兵强占胶州湾；沙俄遣舰队侵占旅顺，要求租借旅大。

章太炎因与《时务报》中康有为门徒有隙，不满康之门徒倡立孔教、神化康氏等思想与行为，遂归杭，与宋恕、陈虬等人创立兴浙会，办《经世报》，任总撰述，连续发表《变法箴言》等时评政论文章，同时成为《实学报》主要撰稿人，连续发表《后圣》、《儒道》、《儒兵》、《儒法》、《儒墨》、《儒侠》、《异术》等比较儒学与诸子学的文章，接着又主笔《译书公会报》。

康有为《春秋董氏学》由上海大同译书局印布，书中有把《公羊》"三世"说和《礼运》"大同"、"小康"说相糅合的迹象。康有为还撰《礼运注》，并赴北京上清帝第五书，继续请求变法。

谭嗣同《仁学》写成，并与黄遵宪、熊希龄等在湖南长沙成立时务学堂，聘梁启超任时务学堂总教习。

严复、夏曾佑等在天津创办《国闻报》，另出《国闻汇编》，严复《天演论序》在《国闻汇编》第二册刊出；严复开始翻译亚当·斯密《原富》、斯宾塞《群学肄言》。

皮锡瑞《今文尚书考证》刊行，凡三十卷，宗今文说。

商务印书馆在上海创设。

**光绪二十四年戊戌(1898年)　15岁**

3月24日(农历三月三日)，父刘贵曾病故，终年54岁。

贵曾在世时，理家之余勤勉读书，昼夜辛劳，并以身作则，督率子弟，曾诲刘师培曰："古语有言：流水不腐，户枢不蠹。养身之要是在勤矣。"②此言对其读书治学影响极大，其一生勤奋，与父亲的教诲息息相关。

---

① 刘师培：《先府君行略》，《左盦集》卷6，见《遗书》，1260页。
② 刘师培：《先府君行略》，《左盦集》卷6，见《遗书》，1259页。

父亲去世后，虽家道日落，但仍一心向学，随母学《毛诗》郑笺、《尔雅》、《说文解字》诸书，并不时向堂兄刘师苍问学。"喜读周秦典籍，于学派源流反覆论次。"①

本年，光绪帝下"明定国是"诏令，宣布变法（6月11日）；但新政仅维持了103天，9月21日，慈禧太后发动政变，囚禁光绪帝，再度"训政"，随后杀害了谭嗣同等"戊戌六君子"。

章太炎年初应张之洞之邀到湖北筹办《正学报》，旋因思想不合离去。夏秋时节在上海《昌言报》任主笔，发表《书汉以来革政之狱》、《蒙古盛衰论》、《回教盛衰论》等重要文章，戊戌政变后避居台湾。

康有为《孔子改制考》年初由上海大同译书局刊行。该书认为孔子"作六经"，是改"乱世之制"，尧、舜等都是孔子改制假托的圣王；孔子创立"三统"、"三世"诸义，无非是"托诸行事以明其义"。

戊戌政变后，康有为、梁启超逃亡日本，在横滨创办《清议报》，梁启超主编。

严复所译赫胥黎《天演论》木刻本刊行。

张之洞著《劝学篇》，推行"先务本，次务通"的方针，得上谕嘉奖推广。

王先谦弟子苏舆编《翼教丛编》，"专以明教正学为义"，从思想、学术甚至文体上反对康、梁为代表的新学。

王国维22岁，到上海任《时务报》报馆书记，并进入东文学社学习日文，初识罗振玉。

**光绪二十五年己亥（1899年）　16岁**

继续勤奋于学，"笃嗜左氏春秋，研经而外，并及子史，其答客难也，尝证穆王西征之事"，"出语惊其长老，记问冠于朋从"②。而且博览群籍，

---

① 刘师培：《周末学术史序》，见《遗书》，504页。
② 刘师颖：《刘申叔先生遗书跋》，见《遗书》，2407页。

"内典道藏旁及东西洋哲学,无不涉猎及之"①。尤"以绍述先业,昌洋扬州学派自任"②。

另外,所读之书,如《东华录》、《扬州十日记》、刘宝楠《胜朝殉扬录》、黄宗羲《明夷待访录》以及王夫之的著作(祖父刘毓崧曾参与编纂王夫之全集并编写了王夫之的生平年谱,这予其以很大影响),颇含反满情绪,使得其很快形成传统种族意识,对中国历史上的华夷关系非常敏感。据其自述,20岁前便写出《扬民却虏录》、《读船山丛书札记》等著作,表达了自己的看法。③ 限于资料,这两部著作的系年待定。

本年,山东义和拳首领朱红灯等举义。

章太炎在梁启超主编之《清议报》上发表多篇诗文,主要有《儒术真论》、《菌说》等,并东游日本,首次会见孙中山,夏秋间返回上海,旋赴浙江,编定论学论政的第一部专著《訄书》,包括文50篇,由梁启超题名,木刻印行。

康有为在加拿大成立"保救大清皇帝会",简称"保皇会"。

孙诒让完成《周礼正义》,凡八十六卷。

严复译约翰·穆勒《自由论》,将其题为《群己权界论》。

殷商龟甲兽骨文字始出土于河南安阳县之小屯。

### 光绪二十六年庚子(1900 年)　17 岁

上半年,先后参加童生之县、府试。府试后,词学家冒广生(字鹤亭)恰在扬州佐阅试卷,取为第一名。④

诗《湘汉吟》,收入《刘申叔先生遗书》(以下简称《遗书》)之《左盦诗录》

---

① 冯自由:《刘光汉事略补述》,《革命逸史》,第 3 集,186 页,北京,中华书局,1981。
② 尹炎武:《刘师培外传》,见《遗书》,17 页。
③ 光汉:《甲辰年自述诗》,载《警钟日报》,1904-09-10。
④ 刘禺生:《世载堂杂忆》,139 页,北京,中华书局,1960;冒怀苏:《冒鹤亭先生年谱》,117 页,上海,学林出版社,1998。

卷二《左盦诗》，诗题下注"庚子"，知为本年所作；初稿题为《古意》，发表于 1905 年 3 月 25 日出版的《国粹学报》第 2 期，署名刘光汉，收入《左盦诗录》卷四《左盦诗别录》，词句与收入《左盦诗》者有所不同。按《左盦诗》编定于 1910 年，所收之诗应为定稿。

本年，义和团遭镇压，八国联军攻占北京，慈禧挟光绪帝西逃；唐才常"自立军"起事失败，唐被杀。

章太炎在唐才常于上海召集的中国议会上，反对以勤王为目标，剪去辫发，公开与清廷及保皇主义决裂，并为此撰《解辫发说》一文，以明己志。

严复译《原富》脱稿。又开始译《穆勒名学》。

王先谦刻《汉书补注》百卷。

英属印度政府派遣匈牙利人斯坦因博士由印度到新疆天山南路，以和阗为主，从事调查与发掘，于尼雅河下游废址，得魏晋木简数枚，又得佛经写本残卷及奇异印本多种以归。

### 光绪二十七年辛丑（1901 年）　18 岁

参加童生之院试，被取录为生员（俗称秀才），入县学。①

诗《有感》，收入《遗书》之《左盦诗录》卷二《左盦诗》，诗题下注"辛丑"，知为本年所作；初稿同题，发表于 1905 年 3 月 25 日出版的《国粹学报》第 2 期，署名刘光汉，收入《左盦诗录》卷四《左盦诗别录》，词句与收入《左盦诗》者有所不同。

本年，清廷在西安发布"变法上谕"，宣称实行"新政"；《辛丑条约》签订。

章太炎赴苏州东吴大学任教，继续宣传革命；为驳斥梁启超《积弱溯源论》，撰《正仇满论》，发表于东京出版的《国民报》上，公开批驳保皇

---

① 参见蔡元培：《刘君申叔事略》，见《遗书》，18 页。

主义。

康有为著成《中庸注》、《春秋笔削微言大义考》和《孟子微》。

梁启超仍办《清议报》，撰《国家思想变迁异同论》、《中国史叙论》、《卢梭学案》等。年底，《清议报》停刊。

王国维与罗振玉主编《教育世界》杂志。

### 光绪二十八年壬寅(1902年) 19岁

9月4日(农历八月初三)，与堂兄师慎赴南京乡试，堂兄师苍送考。夜乘船过江，师苍不幸溺水身亡，年仅29岁。师苍平日"留心文献，劬学嗜古"，"经术辞章，艺无不精"，尤熟于《元秘史》和历代西域舆地，著有《国语注补辑》、《元代帝王世系表》，其丧，"士林识与不识，无不痛惜之"。① 一说刘师苍是去南京看望正乡试的堂弟，携一仆同行，"在镇江怡和趸船失足堕水死，仆呼救不及"。②

此次乡试，是光绪壬寅补行庚子、辛丑恩正并科，亦是中国历史上首次废试八股文，考试内容改为第一场试中国政治史事论五篇，第二场试各国政治艺学策五道，第三场试四书义二篇、五经义一篇。③ 刘师培此番科场顺遂，连战皆捷，最后得中第十三名文魁(举人)。朱卷署号"鲁源"，后未见用。④

诗《咏史》二首，收入《遗书》之《左盦诗录》卷二《左盦诗》，诗题下注"壬寅"，知为本年所作。

文《孙犊山春湖饯别图序》，刊于1905年2月23日出版的《国粹学报》第1期，署名刘光汉；收入《遗书》之《左盦外集》卷十七，目录下标"前十年"，系指民元前十年，故知此文作于本年。

本年，慈禧回到北京，仍维持其统治地位。

---

① 袁镳：《刘张侯传》，见闵尔昌编：《碑传集补》卷52。
② 李详：《李审言文集》上，660页。
③ 商衍鎏：《清代科举考试述录》，65页。
④ 万易：《刘师培年表》，载《文教资料简报》，1985年第2期。

章太炎与秦力山、孙中山等在日本横滨举行中夏亡国二百四十二年纪念会；返国后译述日本学者岸本能武太《社会学》一书，并删革修订《訄书》，着手编写《中国通史》。

康有为在印度大吉岭完成《论语注》、《大学注》，《大同书》也于此时写成，以后又迭经增改。

梁启超在日本横滨创刊并主编《新民丛报》、《新小说》，发表《新民说》、《饮冰室诗话》、《论小说与群治之关系》等文章，倡新民之义，主"诗界革命"与"小说界革命"。

严复任京师大学堂编译局总纂，始译甄克思《社会通诠》。

孙诒让《周礼政要》刊行。

### 光绪二十九年癸卯(1903年)　20岁

3月10、11日，发表《仪征刘君师培留别扬州人士书》，刊于《苏报》上。这是其公开发表的第一篇文章。

4月5日至13日，癸卯补行辛丑、壬寅恩正并科会试在河南开封举行（因北京贡院已被八国联军焚毁），是首次废试八股文的会试，考试方式与范围同于上一年的乡试。刘师培在开封参加了这次考试，虽全力以赴，最终却落了第。自此绝意科场。

开封之行，写下数首记游感怀诗词，有《宋故宫》、《东京清明杂感》（二首）、《扫花游·汴堤柳》、《卖花声·登开封城》、《一萼红·徐州怀古》、《菩萨蛮·咏雁》、《怀桂蔚丞先生》(时客汴省)等。其中《宋故宫》诗题下标"癸卯"二字，显为是时之作；余下几首虽未标出年份，但从题目和内容来看，亦当为同时之作。

《宋故宫》，分别收入《遗书》之《左盦诗录》卷一《匪风集》和卷二《左盦诗》，词句有所不同。按《匪风集》1904年便已存在，刘师培在《甲辰年自述诗》中自注曰"予著《匪风集》诗词"，① 《左盦诗》则编定于庚戌年(1910年)，

---

① 光汉：《甲辰年自述诗》，载《警钟日报》，1904-09-07～12。

"编左盦诗时，匪风集已被废弃矣"，① 故《左盦诗》中所收为改定稿。该诗发表于 1905 年 3 月 20 日出版的《政艺通报》乙巳第 3 号，署名申叔，词句全同于《匪风集》中所收。

《东京清明杂感》(二首)，刊于 1905 年 5 月 23 日的《国粹学报》第 4 期，署名光汉子；收入《遗书》之《左盦诗录》卷四《左盦诗别录》。

《扫花游·汴堤柳》，刊于 1905 年 2 月 23 日出版的《国粹学报》第 1 期，署名刘光汉；收入《遗书》之《左盦词录》。

《卖花声·登开封城》，刊于 1905 年 6 月 23 日出版的《国粹学报》第 5 期，署名刘光汉；收入《遗书》之《左盦词录》。

《一萼红·徐州怀古》和《菩萨蛮·咏雁》均刊于 1905 年 3 月 25 日出版的《国粹学报》第 2 期，署名刘光汉；收入《遗书》之《左盦词录》。

《怀桂蔚丞先生》(时客汴省)，收入《遗书》之《左盦诗录》卷一《匪风集》；又以《怀桂蔚丞丈》之名收入《左盦诗录》卷二《左盦诗》，词句稍有不同，当为改定稿。发表于 1906 年 3 月 9 日出版的《政艺通报》丙午第 3 号，署名光汉，题为《怀桂蔚丞》(时客汴梁)，词句全同于《匪风集》中所收。

5 月初，从开封回扬州途中滞留上海，"晤章君炳麟及其他爱国学社诸同志，遂赞成革命"。②

按刘师培此前在扬州已与种族革命家王郁仁(名钟麒，号无生，别号天僇生)往还，接触过创刊不久的《浙江潮》等反满刊物，并通过王郁仁结识了福建革命志士林獬(字少泉，号白水)，故具一定的排满革命思想，所以在上海见到章炳麟(太炎)等人后，很快赞成革命。此时，上海已有倡导教育改革和排满革命的团体中国教育会与爱国学社，前者是由蔡元培、叶瀚、蒋观云等人于 1902 年 4 月发起成立的，蔡元培为事务长；后者是在 1902 年 11 月南洋公学退学风潮发生后，由蔡元培与中国教育会同仁组织退学学生成立的，蔡任教员。刘师培与上述诸人结识后，迅即加入中国教育会，投身于革命潮流中。

---

① 钱玄同：《左盦诗录后记》，见《遗书》，1938 页。
② 蔡元培：《刘君申叔事略》，见《遗书》，18 页。

刘师培一向敬仰章太炎，"尤佩仰章太炎学术"。① 章太炎也素来钦仰仪征刘氏的世代经学，自身又是经学大家，故与颇具经学素养的刘相识后，惺惺相惜，极为投契，引为知己。两人商讨了古文经学研究的各种问题，交换了对古文经学与今文经学关系问题的看法。不久，章太炎因"苏报案"入狱，但虽身陷囹圄，仍两次致书于刘。第一封信以《章太炎致刘申叔书》为题收入 1905 年 2 月 23 日出版的《国粹学报》第 1 期，钱玄同将其以《与刘光汉书一》之名收入《遗书》，标题下注"民元前九年癸卯"。② 该信首先关注刘的身体，因知其"忽患失血"（刘师培所患肺病大概肇始于此），嘱其"少自珍惜，游心物外"，接着问及其家传之学，并谈及自己多年从事《春秋左氏传》研究的情形，以"保存国粹"之愿与其共勉。第二封信以《章太炎再与刘申叔书》为题收入《国粹学报》第 1 期，钱玄同将其以《与刘光汉书二》之名收入《遗书》，标题下注"前九年癸卯"。③ 该信是对刘氏来书的答复，因写信前一天收到刘师培手札并所撰《驳太誓答问》、《小学发微》两文。信中主要内容是讨论《左传》和小学的问题，并给刘氏所撰两文以极高的评价，认为《驳太誓答问》"条理明遒，足令龚生钳口"，《小学发微》"以文字之繁简，见进化之第次，可谓妙达神指，研精覃思之作矣"。

《驳太誓答问》，发表于 1905 年 3 月 25 日出版的《国粹学报》第 2 期，作《驳泰誓答问》（未完），署名刘光汉；收入《遗书》之《左盦外集》卷一。

《小学发微》，疑已佚。钱玄同认为《小学发微》与《论小学与社会学之关系》（刊于《警钟日报》1904 年 11 月 21 日至 12 月 3 日）为异题同文，"盖此篇初名《小学发微》，登报时欲求意义明显，故改题为《论小学与社会学之关系》……而内容亦必不尽相同"。④ 实则二者非同文。其证有三：一是刘师培本人非以二者为同文，而是视作独立的两篇文章，如在《周末学术史序》夹注中，他几次分别提及"见旧作《小学发微》"、"见旧作《小学与社会学之关系》"；二是两文宗旨迥然不同，《小学发微》所述之义在于"以文

---

① 冯自由：《刘光汉事略补述》，《革命逸史》，第 3 集，186 页。
② 章太炎：《与刘光汉书一》，见《遗书》，19 页。
③ 章太炎：《与刘光汉书二》，见《遗书》，19、20 页。
④ 《钱玄同案语》，见《遗书》，1438 页。

字证明社会进化之理",《论小学与社会学之关系》则以社会学考中国造字之源;三是从《论小学与社会学之关系》所征引的译著看,该文脱稿的时间不可能早于1904年1月,因其所引用的严复译《社会通诠》一书在1904年1月由商务印书馆首次出版,且其与严复没什么往来,在严译正式出版前读到其手稿的可能性微乎其微。而《小学发微》则是1903年的作品。①

本月,作《包慎伯说储跋》,是为家藏包世臣《说储》一书所作的跋文,文末署"癸卯四月",故知作于此时。收入《遗书》之《左盦外集》卷十七。

6月12日,发表《创设师范学会章程》于《苏报》上,署扬州刘师培订。

6月22日,发表《论留学生之非叛逆》于《苏报》上,署名申叔。

6月25日,刊《亭林先生佚诗》于《江苏》第4期上,佚诗为《羌胡引》和《井中心史歌》,系反映顾炎武排满之志与兴亡之叹之作,诗后附有百字左右的记,署仪征刘师培记。

6月30日,"苏报案"发生。上海租界当局迫于清政府压力,将在《苏报》上发表《驳康有为论革命书》等文以倡反满革命的章太炎逮捕。此前,刘师培已回到家乡扬州。

7月11日,在扬州撰《黄帝纪年论》(附大事表),文末署"黄帝降生四千六百一十四年闰五月十七日书"。发表于《国民日日报》上,署名无畏,见《国民日日报汇编》第一集;又刊于本年底印行的《黄帝魂》篇首,作《黄帝纪年说》(附大事表);收入《遗书》之《左盦外集》卷十四,仍题名《黄帝纪年说》。此文影响颇大,"不啻为舆论矗立一指明方向之界牌,使天下之士分途奔集而无歧误"。② 因当时革命、立宪两派争胜,前者以黄帝纪年,后者以孔子纪年,该文是国内报刊最早倡黄帝纪年说者,而且成为民元前革命党人共用的纪年方法,③ 故钱玄同称其"为民国开国史上之重要文献也"。

---

① 参见都重万:《刘师培对晚清史学演进的贡献及影响》,北京大学博士论文,1998。

② 章士钊:《疏〈黄帝魂〉》,见《辛亥革命回忆录》,第1集,219页,北京,中华书局,1961。

③ 参见陈万雄:《新文化运动前的陈独秀》,35页,香港,中文大学出版社,1979。

钱氏在将此文编入《遗书》时,误认为其"曾否登报,无从稽考",① 今当指正之。

夏,再度来到上海。

来上海的缘由,一说因"政嫌"。章士钊曾回忆:"申叔于光绪癸卯夏间,由扬州以政嫌遁沪,愚与陈独秀、谢无量在梅福里寓斋闲谈,见一少年短襟不掩,仓皇叩门趋入,嗫嗫为道所苦,则申叔望门投止之日也。时年且不足二十耳。"②一说因"家贫不能自给",③ 生计所迫,来上海谋求教席。不论什么缘由,总之这次来上海后,思想愈趋激烈,"主张攘除清廷,光复汉族,遂更名'光汉'。用'光汉'之时期,约有五年,为前九年癸卯夏至前四年戊申秋也"。④

此时在上海,除与章士钊、陈独秀、谢无量等人往还外,还与因愤于清廷干涉留日学生革命活动而刚从日本归国的林獬携手共撰《中国民约精义》。该书序言所署日期为甲辰四月。⑤ 即甲辰四月(1904年5月)印刷出版。署名仪征刘光汉、侯官林獬。⑥ 已收入《遗书》。全书分上古、中古、近世三篇,从《周易》、《诗经》、《春秋》、《论语》、《孟子》等上古之作直到近人魏源、龚自珍等数十人的作品中辑录出与民约之义相关的议论,加以案语解说之。

8月7日至12月初,《国民日日报》在上海发行,由陈独秀、章士钊、张继等人主编,陈去病、苏曼殊、林獬、谢无量等均任撰述,发行未久,即风行一时,人称《苏报》第二。刘师培亦曾为该报撰稿,除在该报上发表《黄帝纪年论》外,还发表过《王船山史说申义》和诗《读王船山先生遗书》、《杂咏》。

《王船山史说申义》,载《国民日日报汇编》第二集,无署名;又刊于本

---

① 钱玄同:《黄帝纪年说案语》,见《遗书》,1663页。
② 章士钊:《孤桐杂记》,载《甲寅周刊》,第1卷,第37号,1926-12-25。
③ 尹炎武:《刘师培外传》,见《遗书》,17页。
④ 钱玄同:《刘申叔先生遗书总目后记》,见《遗书》,5页。
⑤ 刘师培、林獬:《中国民约精义》,见《遗书》,563页。
⑥ 参见张静庐辑注:《中国近代出版史料初编》,162页,北京,中华书局,1957。

年底印行的《黄帝魂》中；收入《遗书》之《左盦外集》卷十四。钱玄同在将此文编入《遗书》时，误认"《黄帝魂》中之《王船山史说申义》一篇，亦系录自《警钟日报》者"。① 查《黄帝魂》印成于1903年12月19日（农历十一月一日），而《警钟日报》是1904年2月26日从《俄事警闻》改版而成，《黄帝魂》不可能从晚出之《警钟日报》中选录文章。章士钊则说该文是他的作品。② 因该文发表时无署名，难以稽考。

《读王船山先生遗书》，载《国民日日报汇编》第二集，署名申叔；收入《遗书》之《左盦诗录》卷一《匪风集》。

《杂咏》，载《国民日日报汇编》第二集，署名申叔；又见于1905年2月18日出版的《政艺通报》乙巳第1号；收入《遗书》之《左盦诗录》卷一《匪风集》，个别词句有异。

10月20日，在《江苏》第7期上发表文《扬州二百六十年之纪念》、诗《书顾亭林先生墨迹后》和《咏晚村先生事》，署名申叔；《书顾亭林先生墨迹后》收入《遗书》之《左盦诗录》卷一《匪风集》。

11月，所撰之《中国民族志》由中国青年会出版，署名光汉子；收入《遗书》。钱玄同在将其编进《遗书》时，系其出版之年为民元前七年，即1905年，并注明："此书系郑君向伦哲如君借得原印本录印，而未录原书末页所记之出版年月及处所，故今不能确知其作年。考宋渔父君（教仁）之《我之历史》（即其日记，一名《宋渔父遗著》），于民元前七年乙巳阳历八月二日记有鄂友寄来中国民族志之语，则此书殆作于前七年乙巳或前八年甲辰也，今姑系之前七年。"③ 今在北京大学图书馆得见此书原印本，末页所记内容为：癸卯十月出版，著作者：光汉子，发行者：中国青年会，发行所：上海棋盘街恒德里二十世纪丛书社；封面亦标注：癸卯十月，中国青年会出版。故系于此。

12月15日，蔡元培等人创办日报《俄事警闻》。"因是时俄国驻兵东三省，我方正要求撤退，情势颇紧张，人人注意，故表面借俄事为名，而本

---

① 钱玄同：《左盦外集目录说明》，见《遗书》，1301页。
② 章士钊：《疏〈黄帝魂〉》，见《辛亥革命回忆录》，第1集，232页。
③ 钱玄同：《刘申叔先生遗书总目后记》，见《遗书》，5、6页。

意则仍在提倡革命。"①同时，蔡元培联合刘师培以及陈竞全、叶瀚、陈去病、林獬等人发起成立"对俄同志会"，"以研究对付东三省问题之法"，②签名入会的达200人。

12月27日，发表词《满江红》于《俄事警闻》上，署名申叔。

本年还撰有《国文典问答》，《遗书》未收。钱玄同在《遗书》总目后记中言及此书，谓："此书编于民元前九年癸卯，为小学校之课本，上海开明书店出版，内容颇多错误，盖不经意之作，故不印。惟附录之《中国文字流弊论》及《国文杂记》两篇，陈义甚新，今收入《左盦外集》卷六及卷十三。"

另外，诗《癸卯夏游金陵》和《癸卯夏记事》，从标题和意旨来看，当为本年之作。《癸卯夏游金陵》刊于1906年3月9日出版的《政艺通报》丙午第3号，署名光汉；《癸卯夏记事》刊于1906年2月13日出版的《国粹学报》第13期，署名刘光汉；两诗均收入《遗书》之《左盦诗录》卷一《匪风集》。

本年，邹容《革命军》、陈天华《猛回头》《警世钟》相继出版。

梁启超撰《近世第一大哲康德之学说》，连载于本年及下年《新民丛报》上。

严复译甄克思《社会通诠》成；又译出《穆勒名学》半部。

刘鹗《铁云藏龟》石印出版，为著录甲骨文字之第一部书。

王国维致力于康德、叔本华哲学研究，作《汗德像赞》(汗德即康德)。

苏曼殊(20岁)翻译雨果《悲惨世界》。

### 光绪三十年甲辰(1904年)  21岁

1月12日，"对俄同志会"决议将《俄事警闻》定为该会机关报，并扩大篇幅，改名为《警钟日报》，正式改版则在2月26日，篇幅增加一倍，蔡元培负责编辑。不久汪允宗接任编辑，夏秋间又由刘师培与林獬接办，直到

---

① 蔡元培：《自写年谱》，见《蔡元培全集》，第7卷，293页，北京，中华书局，1989。

② 《对俄同志会广告》，载《俄事警闻》，1903-12-15。

1905年3月被清政府查禁为止。刘在《警钟日报》上发表大量诗文，主笔政时"尤能针砭时政，阐扬革命，深博社会称许"。①

1月17日，在《中国白话报》第3期上发表词《满江红》，署名申叔。

1月31日，在《中国白话报》第4期上发表诗《昆仑吟》，署名刘光汉。

本月，撰成《攘书》，随即出版。该书目录释题曰："攘，《说文》云，推也，段注以为即退让之义。吾谓攘字从襄得声，辟土怀远为襄，故攘字即为攘夷之攘，今《攘书》之义取此。""豕韦之系，世秉麟经，我生不辰，建房横行，鉴于前言，扶植人极，炎黄有灵，实凭实式。黄帝降生四千六百十四年十二月，刘光汉识。"②由此目录释题可知《攘书》之义和撰成时间，黄帝降生四千六百十四年十二月即癸卯年(1903年)十二月，亦即公历1904年1月。1904年1月31日至2月12日的《俄事警闻》连续刊登广告："空前杰著，《攘书》上卷，共十六篇，月内出世，刘光汉撰。"可见该书撰成后迅即出版。按《攘书》全书共十六篇，并无下卷。已收入《遗书》。

另外，从《攘书》所载来看，刘师培此时与夏曾佑有交往，夏氏历史观念对其产生一定影响。③

2月16日，在《中国白话报》第5期上发表文《长江游》和《中国理学大家颜习斋先生的学说》，署名光汉。

2月28日，致信于时任湖北巡抚、署湖广总督的端方，纵谈华夷之防、清廷暴政，明言"汉族光复，此其时矣"，劝端方"舍逆从顺"。④ 署名刘光汉。原件存中国第一历史档案馆藏"端方全宗档案"中。

3月1日，在《中国白话报》第6期上发表《黄黎洲先生的学说》，署名光汉；在同期上还发表《论激烈的好处》，署名激烈派第一人。

3月13日，参加"对俄同志会"第二次会议。与会成员以时局变化，"非复可以对俄二字为吾人唯一之责任"，议决改名为"争存会"，"以养成

---

① 冯自由：《刘光汉事略补述》，《革命逸史》，第3集，186页。
② 刘师培：《攘书》，见《遗书》，630页。
③ 刘师培：《攘书》，见《遗书》，634页。
④ 李妙根编选：《国粹与西化——刘师培文选》，113页，上海，上海远东出版社，1996。

国民资格，抵制外界压力为宗旨"。①

3月17日，在《中国白话报》第7期上发表《王船山先生的学说》，署名光汉。在《江苏》第9、10期合本上发表《中国对外思想之变迁》，署名申叔。又《警钟日报》1904年6月20、21日刊有《论中国对外思想之变迁》，内容和文字与刊于《江苏》上的近似。钱玄同在《遗书》之《左盦外集》目录后记中说："前八年甲辰，刘君在上海任《警钟日报》主笔，所撰文字为余今忆及者，有《思祖国篇》、《论中国对外思想之变迁》诸篇。"②钱指的是发表在《警钟日报》上的那一篇，但未注意到《江苏》杂志上已先发表类似之文。

3月31日，在《中国白话报》第8期上发表文《西江游》，署名光汉；发表诗《元旦述怀》，署名申叔。

4月7日，《警钟日报》刊登《争存会变更议案》，其中有刘师培之议案。因对俄同志会改名为争存会后，入会的人很少，故刘提议将争存会并入中国教育会，认为"扩张教育会之范围，即以实达争存之目的"，不必另立机构，以分教育会之力。议案未被通过。

4月16日，在《中国白话报》第9期上发表《学术》和《刘练江先生的学术》，署名光汉。

按《中国白话报》"历史"栏中，分类连载了谈中国历史的文章，其中前三章《人种》、《政体》、《交通》为白话道人（林獬）作，第四章《学术》起主要为刘师培之作。

4月24日，在《警钟日报》上发表词《水调歌头·书王船山先生龙舟会杂剧后》，署名光汉。

4月25日，在《警钟日报》上发表词《壶中天慢·春夜望日[月]》，署名光汉；又刊于1905年6月23日出版的《国粹学报》第5期，文字有所改动，题目改为《元宵望月》，署名刘光汉。《遗书》据《国粹学报》所刊收入《左盦词录》。

4月25、26日，在《警钟日报》上连载《论白话报与中国前途之关系》，

---

① 《对俄同志会广告》、《争存会广告》，载《警钟日报》，1904-03-14。
② 钱玄同：《左盦外集目录后记》，见《遗书》，1301页。

未署名，但文中提到的本人旧作《小学释例》、《小学发微》均系其作品，可见该文为其所作。

4月30日，在《中国白话报》第10期上发表《论中国地理的形势》、《军国民的教育》，署名光汉；同期和第13期(6月23日)、第14期(7月3日)连载《孔子传》，署名光汉。

5、6月间，回扬州探亲，携未婚妻何班(字志剑)返上海，何班进爱国女校就读，改名震(也作"振")，并为显示争取男女平等起见，将姓氏也改为从父母两姓，自署何(殷)震。两人6月结婚。(据《警钟日报》1904年7月26日何震《赠侯官林宗素女士》诗，林宗素"附识"说，"何女士为刘申叔先生夫人，结婚才逾月……"，则刘何结婚当在6月。)

何震亦是仪征人，生于1887年，[①] 其父何承霖曾中过举人，任常州武进县学教谕。刘何两家一向有交情，何承霖的长子何家辂曾娶刘师培之叔刘富曾的女儿为妻。

5月4、5日，在《警钟日报》上发表《论孔教与中国政治无涉》，未署名。考其《甲辰年自述诗》中有自注"著《孔教与中国政治无涉论》"，故知此文乃其作品；《东方杂志》本年第3期和《萃新报》本年第4期转录；收入《遗书》之《左盦外集》卷九。

5月11、12日，在《警钟日报》上发表《论中国阶级制度》，篇末署名申；《东方杂志》本年第6期转录。

5月13日，在《警钟日报》上发表一诗，题《三月十九日俗传太阳生辰，乃明怀宗殉国之日，而中国亡国之一大纪念也，作诗一章》，署名光汉。

5月29日，在《中国白话报》第12期上刊《板荡集诗余》，署名光汉辑。

6月3、4日，在《警钟日报》上发表《教育普及议》，未署名。在其《甲辰年自述诗》中有自注"余著《教育普及议》"，于此可知该文为其作品；《东方杂志》本年第4期转录。

6月22日至25日，在《警钟日报》上连载《论中国并不保存国粹》，未

---

① 据刘师培所撰《清故武进县学教谕何先生墓志铭》(《遗书·左盦外集》卷19)和《何大姑哀赞》(《遗书·左盦外集》卷20)，何震之父卒于光绪二十四年(1898)，时何震虚龄12岁，故其应生于1887年。

署名。考其《甲辰年自述诗》中有自注"曾作《中国并不保存国粹论》",故知此文乃其作品;收入《遗书》之《左盦外集》卷十四。

6月23日,在《中国白话报》第13期上发表《刑法》("历史"第七章)、《讲普及教育的法子》,署名光汉。

7月3日,在《中国白话报》第14期上发表《宗教》("历史"第八章)、《论山脉(中干)》和《讲教授国文的法子》,署名光汉。

7月12日,在《中国白话报》第15期上发表《教育》("历史"第九章)、《论山脉(南干)》和《讲民族(警语录之四)》,署名光汉。

7月15日至20日,在《警钟日报》上连载《思祖国篇》,未署名。其在《甲辰年自述诗》自注中曾说"余作《思祖国篇》",钱玄同在《遗书》之《左盦外集》目录后记中也提到该文为其在上海时所作。①

7月20日,在《警钟日报》上发表诗《杂咏》,署名光汉人。

7月22日,在《中国白话报》第16期上发表《讲地理的大略》,署名光汉;同期和第17期(8月1日)、第19期(8月20日)连载《中国革命家陈涉传》,署名光汉。

夏,撰《陈去病清秘史序》,署名光汉子。收入《遗书》之《左盦外集》卷十七。

8月1日,在《中国白话报》第17期上发表《泰州学派开创家王心斋先生学术》,署名光汉;同期上还有诗《板荡集》,署名光汉辑。

8月2日,在《警钟日报》上发表《新史篇》,署名无畏。与《陈去病清秘史序》系同文,仅个别字句有异。

8月10日,在《中国白话报》第18期上发表《中国思想大家陆子静先生学说》,署名光汉。

8月11日,在《政艺通报》甲辰第12号上发表《变夏篇》,署名仪征刘光汉,即《攘书》中之《变夏篇》。

8月18日,在《警钟日报》上发表诗《题佩忍与林宗素孙济扶女士论文绝句后》,署名申叔。

---

① 钱玄同:《左盦外集目录后记》,见《遗书》,1301页。

8月20日，在《中国白话报》第19期上发表《中国历史大略》，署名光汉。

8月30日，在《中国白话报》第20期刊诗《民劳集》，署名光汉辑；在同期和第21至24期合刊(10月8日)上连载《中国排外大英雄郑成功传》，署名光汉。

本月，在《觉民》第9、10期合本上发表诗《杂咏》，署名申叔。

9月7、8、10、11、12日，在《警钟日报》上连载《甲辰年自述诗》，署名光汉。全诗长达三百余句，间有自注，述本人生平、思想和作品。

9月15日，在《警钟日报》上发表诗《题陈右铭先生西江墨沈》，署名光汉。

9月16、17日，在《警钟日报》上发表诗《明代扬州三贤咏》，署名光汉，所咏三贤为"江都曾襄闵公铣"、"泰州王心斋先生艮"、"宝应刘练江先生永澄"。

9月19日，在《警钟日报》上发表诗《春深》和《吊何梅士》，署名光汉。

10月8日，在《中国白话报》第21至24期合刊上发表《论列强在中国的势力》、《上古期》、《攘夷实行家曾襄闵公传》(未完)、《西汉大儒董仲舒先生学术》、《说立志(警语录之三)》，署名光汉。

10月11日，在《警钟日报》上发表《读某君孔子生日演说稿书后》，又见《政艺通报》甲辰第19号(1904年11月21日发行)，署名刘光汉；《东方杂志》本年第11期转录；收入《遗书》之《左盦外集》卷九，并附《某君孔子生日纪念会演说辞》(原刊《政艺通报》甲辰第18号，1904年11月7日发行)。"某君"为何人？钱玄同疑为蔡元培，特致信蔡询问，蔡回函说某君演说之内容与其见解相同，但不记得自己是否作过此演说，钱则深信此演说文为蔡所作。①

10月24日，在《警钟日报》上发表诗《岁暮怀人》，署名光汉，共9首，每首诗末注明所怀之人，分别为：余杭章太炎、山阴蔡子民、庐江吴彦复、桂林马君武、吴江陈佩忍、侯官林少泉、潼川谢无量、沧州张溥泉、

---

① 《钱玄同案语》，见《遗书》，1507、1508页。

甘泉朱菊平。

10月29日，在《警钟日报》上发表诗《黄炉歌呈彦复穗卿》，署名光汉。

10月30日，在《警钟日报》上发表诗《题照相片》，署名光汉；收入《遗书》之《左盦诗录》卷一《匪风集》。在同日的《警钟日报》上还发表文《原戏》，署名光汉。钱玄同把《原戏》系于民元前五年（1907年），依据该文发表于1907年10月26日出版的《国粹学报》第34期，赵万里《刘申叔先生著述目录》（《北平图书馆月刊》第1卷第6号）同于钱玄同系年。实则该文先发表于《警钟日报》，《国粹学报》上所发者只是在文字上稍稍有所更动而已。收入《遗书》之《左盦外集》卷十三，即《国粹学报》所发者。

11月19日，与林獬、万福华谋刺有亲俄言行的前广西巡抚王之春。

行刺前，刘师培将张继所赠之手枪借给万福华。万在上海金谷香西菜馆动手行刺。因万不精于射击，刺杀未成，反而被捕。随后黄兴、张继、苏鹏、陈天华等十余人被牵连入狱。刘则与林獬、蔡元培、杨笃生等在外奔走营救。不久除万福华外，余人全数开释，万以扰乱租界治安罪监禁十年。

11月21日至12月3日，在《警钟日报》上连载《论小学与社会学之关系》，未署名。其在《周末学术史序》等文中多次提及"旧作《小学与社会学之关系》"，足见该文为其作品。钱玄同在将该文收入《遗书》《左盦外集》卷六时所作之案语称："此篇曾登入民元前八年甲辰之《警钟日报》，余当时剪存，今收入外集。《警钟日报》所刊者，误字满纸，不能卒读。兹寻绎数过，改正若干字……至此篇是否已完，亦无从知悉。原文无子目，余今为加之，以期醒目。"① 全文主旨在于以社会学考中国造字之原，共33则，所考之字有舅、姑、妇、赋、君、林、烝、田、尊、酉、社、牧、赍、民等。

秋冬之际，先后参加军国民教育会、暗杀团、光复会。②

---

① 《钱玄同案语》，见《遗书》，1438页。
② 《刘师培与端方书》，见《洪业论学集》，130页，北京，中华书局，1981；陶成章：《浙案纪略》，见《辛亥革命（三）》，48页；沈瓞民：《记光复会二三事》，见《辛亥革命回忆录》，第4集，14页，北京，中华书局，1963；冯自由：《记刘光汉变节始末》，《革命逸史》，第2集，213页。

12月7日，在《扬子江白话报》第1期上发表《讲扬州人没有人格》（未完），署名光汉；续篇发表在1905年1月20日出版的《扬子江白话报》第2期上，题为《扬州人没有人格》，署名光汉。

12月13、14、17日，在《警钟日报》上发表《近儒学案序目》，署名仪征刘天[光]汉；又见12月21日出版的《政艺通报》甲辰第21号，标题中无"目"字，署名刘光汉；收入《遗书》之《左盦外集》卷十七。

12月21日，在《政艺通报》甲辰第21号上发表《习斋学案序》、《幽蓟颜门学案序》、《并青豫雍颜门学案序》；又见12月29日《警钟日报》，署名光汉；收入《遗书》之《左盦外集》卷十七。

本年，编定《匪风集》。

在1904年9月7日至12日发表的《甲辰年自述诗》中自注："予著《匪风集》诗词"；在《左盦诗》自序中又说："年际弱冠，浸润世论，西江之体研钻较劬。曾衷所作，刊为《匪风集》。"① 另外，《警钟日报》1904年11月6日刊出署名自芸的诗《赠仪征刘光汉，即题〈匪风集〉》，11月25日该报又刊出丹斧的《读〈匪风集〉诗，赠光汉》。可见《匪风集》至少在本年已编定。钱玄同认为《匪风集》"编定时当在丙午丁未间"，② 即1906年至1907年间，理由是《匪风集》手稿篇首初署"仪征刘光汉"，后改"光汉"二字为"师培"；改名时间应在丙午丁未间，因此时刘避地日本，"光汉"之名不能用于国内，故改回旧名"师培"。或许钱玄同未注意《警钟日报》上的《甲辰年自述诗》及其他谈到《匪风集》的文字，才有此判断；或刘在丙午丁未间对《匪风集》又重新编定，因《甲辰年自述诗》自注为"予著《匪风集》诗词"，现所见收入《遗书》之《匪风集》却仅收诗55首，无词。未见原稿，存疑待考。

本年，出版《光汉室丛谭》，由《警钟日报》编印，署名光汉子，内容为有关民族之史乘。③

1906年5月13日出版的《国粹学报》第16期刊有《光汉室丛谈》四则，署名刘光汉；《遗书》据此收入《左盦外集》卷二十，系于1906年；赵万里

---

① 刘师培：《左盦诗·自序》，见《遗书》，1911页。
② 钱玄同：《左盦诗录后记》，见《遗书》，1938页。
③ 张於英：《辛亥革命书征》，见《中国近代出版史料初编》，152页。

《刘申叔先生著述目录》(《北平图书馆月刊》第 1 卷第 6 号)亦标作:光汉室丛谭四则,国粹十六期。按《遗书》所收,字数仅千,四则分别为:梁公狄诗、汤燕孙诗、吴梅村病中有感词、秣陵春,题旨为表彰明末清初有气节之士。如此字数,不足单出一册,或此四则仅为全书之一部分。因未见原书,存疑待考。

本年,作诗《后湘汉吟》,收入《遗书》之《左盦诗录》卷二《左盦诗》。

本年,日本突袭旅顺,日俄战争爆发。

章太炎被判刑 3 年,开始在租界监狱研读佛典。

严复出版《英文汉诂》,是中国使用标点符号之始。

王国维以全力研究叔本华哲学,并写成《红楼梦评论》,是为西方哲学、美学思想首次系统应用于中国的文学评论中。

王先谦刻成《尚书孔传参正》。

孙诒让撰成《契文举例》二卷,分月日、贞卜、卜事、鬼神、卜人、官氏、方国、典礼、文字、杂例十类,为第一部考释甲骨文之书。

### 光绪三十一年乙巳(1905 年)　22 岁

年初,加入邓实、黄节等发起成立的"国学保存会"。(邓实在《国粹学报》第 1 期发表的《国学保存会小集叙》中说:"甲辰季冬之月,同人设国学保存会于黄浦江上。"按公历计,当为 1905 年初成立国学保存会。)

国学保存会的宗旨为"研究国学,保存国粹",[①] 它设有对外开放的藏书楼,开办了国学讲习会,拟设国粹学堂,公布了简章,后因经费无着而作罢;还发行《国粹丛书》、《国学教科书》,并设立神州国光社,出版《神州国光集》等。加入该会的除上述几人外,还有陈去病、马叙伦、高天梅、马君武、柳亚子、黄质(宾虹)等人,章太炎则是该会成员的精神领袖。从此,"国粹派"崛起于历史舞台。刘师培在其中发挥了主要作用,出任国学讲习会正讲师。

---

① 《国学保存会简章》,载《国粹学报》,1906 年第 13 期。

此时还曾往日本占领下的台湾一游,写下长诗《台湾行》,刊于本年2月23日出版的《国粹学报》第1期,署名刘光汉;收入《遗书》之《左盦诗录》卷四《左盦诗别录》。

1月6日,在《警钟日报》上发表诗《和孟厂[广]作》,署名光汉。

1月17日,在《警钟日报》上发表《光汉室诗话》,记与朋友谢无量、马君武、王郁仁、陈去病等在上海聚饮唱和所成之诗,内有其诗作四首,即《饮酒楼》、《赠君武》、《赠无量》、《游张园》。

2月18日,在《政艺通报》乙巳第1号上发表诗《读天演论》(二首)、《寒夜望月》、《杂咏》,署名申叔。《读天演论》又刊于1905年10月28日出版的《醒狮》第2期,收入《遗书》之《左盦诗录》卷一《匪风集》;《寒夜望月》收入《遗书》之《左盦诗录》卷一《匪风集》;《杂咏》已系于1903年8月至12月。

2月23日,国学保存会的机关刊物《国粹学报》创刊发行。

《国粹学报》为月刊,由邓实主编,以"发明国学,保存国粹"为宗旨,所设栏目有社说、政篇、史篇、学篇、文篇、丛谈、撰录等,是当时革命派创办的唯一的学术性刊物,至1911年9月停刊(实际停刊日期当在1912年2、3月间,因最后一期所载文已提及"满清退位,汉德中兴"。清室退位是在1912年2月12日,故该期应在此事后方出版),未曾中断,共出版82期。撰稿者百余人之多,其中著名者有邓实、黄节、陈去病、刘师培、马叙伦、章太炎、黄侃、王国维、罗振玉、王闿运、廖平、李详、柳亚子、郑孝胥等。刘师培是《国粹学报》的主要撰稿人,在《国粹学报》上先后连载其著作33种。该刊82期,除两期外,都有他的诗文。据统计,在《国粹学报》刊登的全部2164篇文章中,他的文章为377篇,占总数的17.4%,① 尽管邓实是主编,但邓与黄节主要负责该刊的经费和发行等对外业务,刊物内容之编辑由他全权定夺。② 有人推断创刊号上的《国粹学报

---

① 参见都重万:《刘师培对晚清史学演进的贡献及影响》,北京大学博士论文,1998。

② 马丁•伯纳尔:《刘师培与国粹运动》,见《近代中国思想人物论——保守主义》,台北,时报文化出版事业有限公司,1980。

发刊辞》也为他所撰。①

从本日出版的《国粹学报》第 1 期开始，连载其《读左札记》、《国学发微》、《周末学术史序》、《论文杂记》等著作并发表其一系列诗文。

《读左札记》（未完），连载于《国粹学报》第 1、3、4、8、11、13、18、20、22 期，出版时间从本日到 1906 年 11 月 6 日，署名刘光汉；收入《遗书》。

《国学发微》（未完），连载于《国粹学报》第 1 至 14、17、23 期，出版时间从本日到 1906 年 12 月 5 日，署名刘光汉；又见《广益丛报》第 96、105 号；收入《遗书》。

《周末学术史序》，连载于《国粹学报》第 1 至 5 期，出版时间从本日到 1905 年 6 月 23 日，署名刘光汉；收入《遗书》。是拟著之《周末学术史》一书的序目。

《论文杂记》连载于《国粹学报》第 1 至 10 期，出版时间为本日到 1905 年 11 月 16 日，署名刘光汉；收入《遗书》；1928 年由北平景山书社作为"文学批评丛书甲种之一"出版单行本。

在本日出版的《国粹学报》第 1 期上，还发表了《论古学出于史官》、《文章原始》、《读书随笔》以及若干诗词与跋文。

《论古学出于史官》，署名刘光汉；收入《遗书》之《左盦外集》卷八，改题为《古学出于史官论》。

《文章原始》，署名刘光汉；收入《遗书》之《左盦外集》卷十三。

《读书随笔》，署名刘光汉，子目为《公羊尔雅相通》、《贾生鵩赋多佛家言》、《儒林文苑道学分传之由》；收入《遗书》。

诗《齐侯罍歌》，署名刘光汉；收入《遗书》之《左盦诗录》卷四《左盦诗别录》。

词《扫花游·读南宋杂事诗》、《桂殿秋·望月作》、《如梦令·游丝》、《长亭怨慢·送春》，署名刘光汉；收入《遗书》之《左盦词录》。

在《国粹学报》"撰录"栏中，收有若干前人与时人之文，曾为之作跋

---

① 方光华：《刘师培评传》，59 页。

文，发表在《国粹学报》第 1 期上的有《跋顾亭林手札》、《跋王怀祖与宋定之书及王伯申与焦理堂书》；收入《遗书》之《左盦题跋》。

3 月 20 日，在《政艺通报》乙巳第 3 号上发表诗《杂咏》、《孤鸿》、《效长吉》，署名申叔；收入《遗书》之《左盦诗录》卷一《匪风集》。

3 月 25 日，《警钟日报》被查封。

因《警钟日报》发表文章揭露德国人经营山东之密谋，驻上海德国领事致函申辩，报纸又登文反驳，德领事遂勾通清廷与租界工部局，由租界会审公堂封禁《警钟日报》，拘捕报馆成员，通缉作为主笔的刘师培。刘只好逃至浙江嘉兴，匿居于平湖大侠敖嘉熊家。敖是爱国学社学生，1904 年秋出资与陶成章、魏兰、陈梦熊等在嘉兴组织温台处会馆，这既是一个专门从事联络苏南浙北一带的浙江温州、台州、处州客籍移民的机构，又是一个联络会党策动革命的机关。刘既匿居敖家，"嘉熊亦善视之，与商理温台处会馆事宜"。前后约半年之久。①

本日，在《国粹学报》第 2 期上发表《南北学派不同论》、《论古代人民以尚武立国》、《重刊洪氏元史西北地附录释地序》等文以及随笔、诗词、题跋等。

《南北学派不同论》，连载于本期和第 6、7、9 期《国粹学报》，出版时间为本日至 1905 年 10 月 18 日，署名刘光汉；收入《遗书》。

《论古代人民以尚武立国》，署名刘光汉；收入《遗书》之《左盦外集》卷十。

《重刊洪氏元史西北地附录释地序》，署名刘光汉；收入《遗书)之《左盦外集》卷十七，标题中之"刊"作"刻"。

《读书随笔》，署名刘光汉，子目为《音韵反切近于字母》、《景教源流》、《有教无类》、《孟子字义疏证解理字》、《性善性恶》；收入《遗书》。

诗《文信国祠》、《读楚词》、《书扬雄传后》、《台城柳》、《楚词》、《咏扇》、《出郭》、《读戴子高先生论语注》、《归里》、《幽兰吟》，署名刘光汉；收入《遗书》之《左盦诗录》卷四《左盦诗别录》。

---

① 陶成章：《浙案纪略》，见《辛亥革命（三）》，48 页。

词《菩萨蛮·无题》、《菩萨蛮》，署名刘光汉；收入《遗书》之《左盦词录》。

跋文有《跋汪孟慈与刘孟瞻书》、《跋江晋三与汪孟慈书》、《跋柳宾叔谷梁大义自序》、《跋梅延祖续汉学师承记商例》；收入《遗书》之《左盦题跋》。

4月3日，因"苏报案"而系狱的邹容病逝狱中。刘师培闻讯后，作诗以哭。诗为《闻某君卒于狱作诗哭之》，发表于本年5月23日出版的《国粹学报》第4期，署名光汉子；收入《遗书》之《左盦诗录》卷四《左盦诗别录》。

4月24日，在《国粹学报》第3期上，发表跋文七篇，即《跋阮芸台传经图记》、《跋包慎伯与沈小宛书》、《跋汪孟慈上张石洲先生书》、《跋许印林与杨实卿书》、《跋丁俭卿与刘楚桢书》、《跋陈卓人上刘孟瞻先生书》、《跋刘叔俯与刘伯山书》；收入《遗书》之《左盦题跋》。

5月23日，在《国粹学报》第4期上发表《古政原始论》、《天宝宫词序》、《函谷关铭》和若干诗、随笔、跋文。

《古政原始论》，连载于本期和第6、8、11、12期《国粹学报》，出版时间从本日至1906年1月14日，署名刘光汉；收入《遗书》。

《天宝宫词序》，署名光汉子；收入《遗书》之《左盦外集》卷十七。

《函谷关铭》，署名光汉子；收入《遗书》之《左盦外集》卷二十。

诗《咏明末四大儒》（四首）、《咏女娲》、《黄天荡怀古》、《申江杂感用苏东坡秋怀诗韵》（二首）、《烟雨楼二首》，署名光汉子；收入《遗书》之《左盦诗录》卷四《左盦诗别录》。

《读书随笔》，署名刘光汉，子目为《富贵贫贱》、《氏姓不同》、《孔门论学之旨》、《音近义通之例多见于小尔雅》、《古代以黄色为重》；收入《遗书》。

跋文有《跋江郑堂多宝塔帖跋及书宋张炎词源后》、《跋吴南屏与戴子高书》、《跋刘叔俯与刘恭甫书》、《跋成心巢与刘恭甫书》、《跋袁季枚刘张侯传》；收入《遗书》之《左盦题跋》。

6月2日，在《广益丛报》第72号上发表《中国文字改良论》，署名仪征刘光汉。

6月12日，在《广益丛报》第73号上发表《国文典问答小序》，署名仪征刘光汉。

6月23日,在《国粹学报》第5期上发表《小学发微补》、《东原学案序》等文和若干随笔、跋文。

《小学发微补》(未完),连载于本期和第6、7、8、9、10、12、13、17、19、22、23期《国粹学报》,出版时间从本日到1906年12月5日,署名刘光汉;收入《遗书》。

《东原学案序》(近儒学案之一),署名刘光汉;收入《遗书》之《左盦外集》卷十七。

《读书随笔》,署名刘光汉,子目为《周易言位无定》、《古人贵能让》、《虽有周亲不如仁人》、《法先王法后王》、《析支即鲜卑》;收入《遗书》。

跋文有《跋焦理堂家训》、《跋陈穆堂周公摄位辨》、《跋成心巢禹贡今地释序例》、《跋陈竞全读说文杂记》;收入《遗书》之《左盦题跋》。

7月22日,在《国粹学报》第6期上发表《汉宋学术异同论》、《谶纬论》等文和若干随笔、跋文。

《汉宋学术异同论》连载于本期和第7、8期《国粹学报》,出版时间从本日至1905年9月18日,署名刘光汉;收入《遗书》。

《谶纬论》,署名刘光汉;收入《遗书》之《左盦外集》卷三。

《读书随笔》,署名刘光汉,子目为《游牧之制至三代犹存》、《火山》、《字有虚用实用之分》;收入《遗书》。

跋文有《跋阮芸台京师慈仁寺西新立顾亭林先生祠堂记》、《跋汪孟慈问经图跋》、《跋张石洲与刘梦瞻书》、《跋章实斋任幼植别传》、《跋沈小宛族谱论》;收入《遗书》之《左盦题跋》,其中《跋阮芸台京师慈仁寺西新立顾亭林先生祠堂记》,《遗书》标题误刻"慈仁寺"为"慈善寺"。

8月20日,同盟会成立于日本东京,孙中山为总理。

在《国粹学报》第7期上发表《招蝙蝠文》和若干诗、词、随笔等。

《招蝙蝠文》,署名刘光汉;收入《遗书》之《左盦外集》卷二十。

诗《咏汉长无相忘瓦》、《咏怀》(五首)、《咏禾中近儒》(三首)、《题陈去病拜汲楼诗集》(二首),署名刘光汉;收入《遗书》之《左盦诗录》卷四《左盦诗别录》。

词《点绛唇·咏白荷花》、《好事近·杨花》、《浣溪沙·读钱塘纪事》、《临江仙·咏蝶》、《扫花游·宿迁道中见杏花》、《一萼红·题碧海乘槎图》，署名刘光汉；收入《遗书》之《左盦词录》。

《读书随笔》，署名刘光汉，子目为《孔门弟子多治诸子学》、《易不言五行》；收入《遗书》。

9月18日，在《国粹学报》第8期上发表《理学字义通释》、《古学起原论》、《雁荡金石志序》、《六儒颂》等文。

《理学字义通释》（未完），连载于本期和第9、10期《国粹学报》，出版时间从本日至1905年11月16日，署名刘光汉；收入《遗书》。

《古学起原论》，载于本期和第11期《国粹学报》，出版时间为本日和1905年12月16日，署名刘光汉；收入《遗书》之《左盦外集》卷八。

《雁荡金石志序》，署名刘光汉；收入《遗书》之《左盦外集》卷十七；又见《遗书》之《左盦集》卷六。

《六儒颂》（有序），署名刘光汉；收入《遗书》之《左盦外集》卷二十；又见《遗书》之《左盦集》卷八。

9月29日，在《醒狮》第1期发表《醒后之中国》，署名无畏。

9、10月间，应陈独秀之邀经镇江赴安徽芜湖，在安徽公学、皖江中学任教，化名"金少甫"。

安徽公学由李光炯等人创办，在校教师有陈独秀、谢无量、陶成章、柏文蔚等人，是安徽革命运动的策源地。皖江中学则由革命党人张通典所主持。刘师培在课堂上宣传反清革命，并以当地光复会负责人的身份在学生中发展新会员，安徽公学的学生参加者甚多，他曾托人一次就向上海蔡元培报送载有一百余名新会员姓名的名册；他还组织名为"黄氏学校"的秘密团体，介绍李光炯、柏文蔚等人加入，专门从事暗杀活动。①

---

① 参见冯自由：《记刘光汉变节始末》，见《革命逸史》第2集，213页；沈寂：《芜湖地区的辛亥革命》，载《安徽史学通讯》，总第14号，1959；沈寂：《辛亥革命时期的岳王会》，载《历史研究》，1979年第10期；柏文蔚：《五十年经历》，载《近代史资料》，1979年第3期；安徽省政协文史工作组：《辛亥前安徽文教界的革命活动》，见《辛亥革命回忆录》第四集。

10月18日，在《国粹学报》第9期上发表《扬州前哲画像记》、《孙兰传》等文。

《扬州前哲画像记》，署名刘光汉；收入《遗书》之《左盦外集》卷二十。

《孙兰传》，署名刘光汉；收入《遗书》之《左盦外集》卷十八。

11月16日，在《国粹学报》第10期上发表《两汉学术发微论》、《王艮传》等文和若干诗、随笔等。

《两汉学术发微论》（未完），连载于本期和第11、12期《国粹学报》，出版时间从本日至1906年1月14日，署名刘光汉；收入《遗书》。

《王艮传》，署名刘光汉；收入《遗书》之《左盦外集》卷十八。

诗《鸳鸯湖放棹歌》、《焦山放船至金山》（用苏东坡金山放船至焦山韵），署名刘光汉；收入《遗书》之《左盦诗录》卷四《左盦诗别录》。

《读书随笔》署名刘光汉，子目为《易言不生不灭之理》、《山海经不可疑》；收入《遗书》。

12月16日，在《国粹学报》第11期上发表《群经大义相通论》、《文说》、《全祖望传》、《梁于涘传》等文和若干随笔。

《群经大义相通论》，连载于本期和第12、13、14、16、18、31期《国粹学报》，出版时间从本日至1907年7月29日，署名刘光汉（第31期署名刘师培）；收入《遗书》。

《文说》（未完），连载于本期和第12、13、14、15期《国粹学报》，出版时间从本日至1906年4月13日，署名刘光汉；收入《遗书》。

《全祖望传》、《梁于涘传》，署名刘光汉；收入《遗书》之《左盦外集》卷十八。

《读书随笔》，署名刘光汉，子目为《西域道路古今不同》、《阳明格物说不能无失》、《墨子节葬篇发微》、《王制篇言地理中多精言》；收入《遗书》。

冬，曾来往于芜湖上海，时任同盟会执行部庶务的黄兴和同盟会上海分会会长的蔡元培动员其加入同盟会，"并以皖省革命事相嘱"。①

---

① 《刘师培与端方书》，见《洪业论学集》，130页。

本年所作诗文还有《颜李二先生传》、《真州看山记》、《拟茂先情诗》、《古政原论》、《中国文学教科书》第一册。

《颜李二先生传》，发表于1906年1月14日出版的《国粹学报》第12期，署名刘光汉；收入《遗书》之《左盦外集》卷十八，目录下标"前七年"即1905年。

《真州看山记》（集古人杂记），发表于1906年1月14日出版的《国粹学报》第12期，署名刘光汉；收入《遗书》之《左盦外集》卷二十，目录下标"前七年"即1905年。

《拟茂先情诗》（二首），收入《遗书》之《左盦诗录》卷二《左盦诗》，标题下标"乙巳"即1905年。

《古政原论》，发表于1906年3月25日至6月22日出版的《政艺通报》丙午第4至10号，署名刘光汉；收入《遗书》，总目下标"前七年"即1905年。钱玄同在总目后记中指出："此书登在前六年丙午之《政艺通报》，而又为《中国历史教科书》第一册中之一部分，盖刘君因历史第一册中言古政各课可作为专文，故用'裁篇别出'之法，另题此名。今循其意，亦认此书为专著之一种。"①

《中国文学教科书》第一册，上海国学保存会原印本，第一册序例发表于1906年7月6日出版的《政艺通报》丙午第11号，署名刘光汉；收入《遗书》，总目下标"前七年"即1905年。

本年，清廷派载泽等五大臣出洋考察宪政；清廷决定自明年起废止科举；同盟会机关报《民报》在日本东京创刊，孙中山撰发刊词，揭示三民主义。

章太炎在狱中研习佛理。

梁启超编成《节本明儒学案》、《德育鉴》、《越南亡国史》等书。

王国维汇集历年所著文章及古今体诗，编为《静庵文集》。

孙诒让著成《名原》二卷。

---

① 钱玄同：《刘申叔先生遗书总目后记》，见《遗书》，6页。

## 光绪三十二年丙午(1906年)　23岁

1月14日,在《国粹学报》第12期上发表若干诗和跋文。

诗《夜月》(集杜)、《读楚词》(集杜)、《燕雁代飞歌》(集杜)、《拟杜工部赠李十二白二十韵》(用原韵集杜句),署名刘光汉;收入《遗书》之《左盦诗录》卷四《左盦诗别录》。

跋文有《跋张皋闻吴兴施氏族谱序及答陈扶雅书》、《跋沈小宛义塾附祀先儒议》、《跋毛生甫书凌子昇礼论后》;收入《遗书》之《左盦题跋》。

2月8日,在《政艺通报》丙午第1号上发表《宪法解》,署名刘光汉;又见1906年3月14日出版的《广益丛报》第99号;收入《遗书》之《左盦外集》卷七。

2月13日,在《国粹学报》第13期上发表《典礼为一切政治学术之总称考》、《戴震传》、《节孝君陈母传》等文和诗《谒冶山顾亭林先生祠》。

《典礼为一切政治学术之总称考》,署名刘光汉;收入《遗书》之《左盦外集》卷十。

《戴震传》、《节孝君陈母传》,署名刘光汉;收入《遗书》之《左盦外集》卷十八。

《谒冶山顾亭林先生祠》,署名刘光汉;收入《遗书》之《左盦诗录》卷四《左盦诗别录》。

3月4日,在《广益丛报》第98号上发表《王门巨子泰州学派大家王心斋先生传》,署名刘光汉。

3月9日,在《政艺通报》丙午第3号上发表诗《铜人辞汉歌》、《雨花台》、《送春》、《相忘》,署名光汉;收入《遗书》之《左盦诗录》卷一《匪风集》。

3月14日,在《国粹学报》第14期上发表《老子韵表》、《古学出于官守论》、《戴望传》等文。

《老子韵表》(未完),署名刘光汉;收入《遗书》之《左盦外集》卷七。仅存第一部"之类"和第二部"脂类"。另,在《左盦集》卷七中收有《老子韵表自序》,与《左盦外集》所收者文字不同,当为改作。

《古学出于官守论》(未完)，连载于本期和第 15 期《国粹学报》，出版时间为本日和 4 月 13 日，署名刘光汉；收入《遗书》之《左盦外集》卷八。

《戴望传》署名刘光汉；收入《遗书》之《左盦外集》卷十八。

4 月 13 日，在《国粹学报》第 15 期上发表《刘永澄传》、《凌晓楼先生遗像赞》等文和若干随笔。

《刘永澄传》，署名刘光汉；收入《遗书》之《左盦外集》卷十八。

《凌晓楼先生遗像赞》，署名刘光汉；收入《遗书》之《左盦集》卷八。

《读书随笔》，署名刘光汉，子目为《理学不知正名之弊》、《春秋繁露言共财》、《西藏族正名》、《西周强大所由来》、《王季无迁周事》；收入《遗书》。

5 月 13 日，在《国粹学报》第 16 期上发表《中国哲学起原考》、《朱止泉传》。

《中国哲学起原考》(未完)，连载于本期和第 23、25 期《国粹学报》，出版时间从本日至 1907 年 2 月 2 日，署名刘光汉；收入《遗书》之《左盦外集》卷八。

《朱止泉传》，署名刘光汉；收入《遗书》之《左盦外集》卷十八，改题《朱泽沄传》。

6 月 11 日，在《国粹学报》第 17 期上发表《孔学真论》、《补古学出于史官论》。

《孔学真论》，署名刘光汉；又见 1906 年 10 月 27 日出版的《广益丛报》第 120 号；收入《遗书》之《左盦外集》卷九。

《补古学出于史官论》(原论见第一期内，意有未尽，故作此补之)，署名刘光汉；收入《遗书》之《左盦外集》卷八。

6 月 29 日，章太炎出狱，蔡元培等人将其接出，孙中山亦派人来上海迎接。当晚章即前往日本，抵日后，主《民报》笔政。

夏，邀苏曼殊来芜湖皖江中学任教。苏旋即在暑假时与陈独秀东游日本，8 月下旬回皖江中学，与"少甫兄(刘师培化名金少甫)同住山顶"，①

---

① 苏曼殊致刘三信，见柳亚子编：《苏曼殊全集》，第 1 集，331 页，上海，北新书局，1928；郑学稼：《陈独秀与苏曼殊》，见《陈独秀传》下，1230 页，台北，时报文化出版企业有限公司，1989。

开学后教授英文。

7月6日，在《政艺通报》丙午第11号上发表《周代官制发微》和《汉代法制发微》。

《周代官制发微》，署名刘光汉；收入《遗书》之《左盦外集》卷十。

《汉代法制发微》，署名刘光汉，连载于本期和《政艺通报》丙午第12号（7月21日发行）；收入《遗书》之《左盦外集》卷十。

7月11日，在《国粹学报》第18期上发表《劝各省州县编辑书籍志启（并凡例）》，署名刘光汉；收入《遗书》之《左盦外集》卷十二，标题为《劝各省州县编辑书籍志启及凡例》。

8月9日，在《国粹学报》第19期上发表《论中国宜建藏书楼》，署名刘光汉；收入《遗书》之《左盦外集》卷十二。

9月8日，在《国粹学报》第20期上发表《读书随笔》，署名刘光汉，子目为《太康失邦非避羿乱》、《稷契非帝喾子》、《夙沙即肃慎》；收入《遗书》。

10月7日，在《国粹学报》第21期发表《编辑乡土志序例》，并连载于第22、23、24期，出版时间从本日至1907年1月4日，署名刘光汉；收入《遗书》之《左盦外集》卷十一。

11月6日，在《国粹学报》第22期上发表《正名隅论》、《春秋时代地方行政考》、《书曝书亭集后》、《书汪小谷先生遗书后》、《汪绂传》和若干随笔。

《正名隅论》（未完），连载于本期和第23期《国粹学报》，出版时间从本日至1906年12月5日，署名刘光汉；收入《遗书》之《左盦外集》卷六。

《春秋时代地方行政考》（未完），署名刘光汉；收入《遗书》之《左盦外集》卷十。

《书曝书亭集后》、《书汪小谷先生遗书后》，署名刘光汉；收入《遗书》之《左盦外集》卷十七。

《汪绂传》，署名刘光汉；收入《遗书》之《左盦外集》卷十八。

《读书随笔》，署名刘光汉，子目为《秦汉说经书种类不同》、《汉人之称所自来》、《用水火必时》、《㬪当作楈》；收入《遗书》。

12月5日,在《国粹学报》第23期上发表《论孔子无改制之事》、《徐石麒传》、《王玉藻传》、《邗故拾遗》和若干首诗。

《论孔子无改制之事》,连载于本期和第24、25期《国粹学报》,出版时间从本日至1907年2月2日,署名刘光汉;又见《广益丛报》第134至137号,出版时间从1907年5月21日至6月20日;收入《遗书》之《左盦外集》卷五。

《徐石麒传》、《王玉藻传》,署名刘光汉;收入《遗书》之《左盦外集》卷十八。

《邗故拾遗》,连载于本期和第25、33期《国粹学报》,出版时间从本日至1907年9月27日,署名刘光汉(第33期署名刘师培);收入《遗书》之《左盦外集》卷二十。

诗《书怀》、《题风洞山传奇》(三首)、《观物吟》、《多能》,署名光汉;收入《遗书》之《左盦诗录》卷四《左盦诗别录》。

12月15日,在《复报》第7期上发表《运河诗》,署名申叔。

本年所作之诗文尚有《芜湖赭山秋望》、《汉代古文学辨诬》、《答章太炎论左传书》。

诗《芜湖赭山秋望》,收入《遗书》之《左盦诗录》卷二《左盦诗》,诗题下标"丙午",可见为本年之作。

《汉代古文学辨诬》,连载于《国粹学报》第24至30期,出版时间从1907年1月4日至6月30日,第24、25期署名刘光汉,第26至30期署名刘师培;收入《遗书》之《左盦外集》卷四,目录下标"前六年",即1906年作。

《答章太炎论左传书》,发表于1907年2月2日出版的《国粹学报》第25期,题为《某君复某书》;收入《遗书》之《左盦外集》卷十六,目录下标"前六年"即1906年,并附《章君来书》、《章君答书》。

本年,所编之《伦理教科书》、《经学教科书》、《中国历史教科书》、《中国地理教科书》全部完成,由上海国学保存会出版。

《伦理教科书》二册,第一册序发表于1906年1月9日出版的《政艺通报》乙巳第23号,署名刘光汉;该序又见于1906年3月4日出版的《广益丛报》第98号;收入《遗书》,总目下标"前七年、前六年",即1905年至

1906年。

《经学教科书》二册，第一册序发表于1906年1月9日出版的《政艺通报》乙巳第23号，署名刘光汉；该序又见于1906年3月4日出版的《广益丛报》第98号；收入《遗书》，总目下标"前七年、前六年"即1905年至1906年；民国年间北京资研社以《经学传授考》名义再版。

《中国历史教科书》二册，收入《遗书》，总目下标"前七年、前六年"即1905年至1906年。

《中国地理教科书》二册，第一册序发表于1906年1月9日出版的《政艺通报》乙巳第23号，署名刘光汉；该序又见于1906年5月13日出版的《广益丛报》第105号；收入《遗书》，总目下标"前七年、前六年"即1905年至1906年。

本年，继续在安徽公学、皖江中学任教，教历史、伦理课。因在校内公开宣传反清革命，引起清廷东南疆吏的注意。据说两江总督端方曾告知蒯光典，打算拿办安徽公学革命党人，经蒯婉言解释，端方才没有下令实行。[1]

除请苏曼殊任教外，又邀敖嘉熊、徐慕达在安徽公学教技击，[2] 还时与蔡元培、陈去病书信往还，介绍芜湖学界情况，[3] 在陈去病前往徽州府中学校就职道经芜湖时，介绍他加入中国同盟会，[4] 并与陈独秀发行一白话报。[5] 另外，还一直帮助上海同道筹办国粹学堂，[6] 但终因经费无着而作罢。

本年，章太炎数次致书刘师培，除前述与刘论《左传》书外，还有两信

---

[1] 安徽省政协文史工作组：《辛亥前安徽文教界的革命活动》，见《辛亥革命回忆录》，第4集。

[2] 刘师培：《徐慕达传》，《左盦外集》卷18，见《遗书》，1833页。

[3] 刘师培：《〈偶成〉诗夹注》，《左盦诗录》卷4、《左盦诗别录》，见《遗书》，1936页。

[4] 柳亚子：《我和南社的关系》，见《柳亚子选集》下册，1090页，北京，人民出版社，1989。

[5] 蔡元培：《刘君申叔事略》，见《遗书》，18页；唐宝林、林茂生：《陈独秀年谱》，41页，上海，上海人民出版社，1988。

[6] 苏曼殊致刘三信，见柳亚子编：《苏曼殊全集》，第1集，186页。

存世，主要内容是建议《国粹学报》当专主古文，不取公羊家言；认为刘应发扬家学，昌大《左传》之学；并寄其以厚望，"国粹日微，赖子提倡"。两信均刊于1907年1月4日出版的《国粹学报》第24期上，题为《某君与某书》；钱玄同将两信收入《遗书》，题为《与刘光汉书三》、《与刘光汉书四》，题目下标"前六年丙午"，即1906年。另，刘师培赠章太炎明人黄生所著《字诂》与《义府》，章在《说林》（下）中提及此事，钱玄同将此文收入《遗书》，题为《说林下一则》。

本年，清政府颁诏"仿行宪政"，预备立宪开始。
章太炎主编《民报》，主讲于国学讲习会。
康有为通知各地保皇会，次年元旦改称"国民宪政会"。
严复在上海讲演政治学，成《政治讲义》一书，并译孟德斯鸠《法意》。
蔡元培在北京译学馆任教，讲授并编印《国文学讲义》。
鲁迅（26岁）在日本，从仙台医专回到东京，弃医从文。

### 光绪三十三年丁未（1907年） 24岁

1月28日，在《政艺通报》丙午第25号上发表诗《滴翠轩》、《留别》（二首）、《赠李诚庵》（二首）、《留别邓绳侯先生》、《偶成》（二首）、《杂赋》，署名少甫，因此时化名金少甫；收入《遗书》之《左盦诗录》卷四《左盦诗别录》。收入《遗书》时，文字据手稿作了校正。①

本月，所编之《江苏乡土历史教科书》、《江苏乡土地理教科书》、《安徽乡土地理教科书》、《江宁乡土历史教科书》、《江宁乡土地理教科书》第一册由上海国学保存会出版。原拟编历史各4册、地理各5册，但因其在各书第一册出版后即赴日本，故未及续编以下诸册。《遗书》未收。钱玄同解释道："此类书系供初等小学之用，内容浅易，无甚精义，非国学教科书之比，故不收入，但将序文六篇编入《左盦外集》卷十七。"②

---

① 见钱玄同在《左盦诗录》卷四上述诗后所作之说明，见《遗书》，1936页。
② 钱玄同：《刘申叔先生遗书总目后记》，见《遗书》，9页。

2月13日(农历元旦),携妻何震及姻亲汪公权与苏曼殊启程东渡日本。①

此时端方正声言要捉拿刘师培和马君武等人,② 刘在国内很难立足;加之章太炎已不满足于与刘之间仅是"神交","子漱江流,我迎日出,相距一苇,竟无遇期,方之前哲,又益悲矣",③ 遂向其发出东渡邀请。行前,黄节、马君武等人为之送行,黄节赋诗一首《除夕有怀广州故人兼送刘申叔元日东渡》。④ 刘到东京后,与章太炎、苏曼殊同住在牛込区新小川町《民报》社,得以朝夕晤谈。⑤

2月25日,面见孙中山,随即正式加入同盟会,并成为《民报》撰稿人。

此前,清廷要求日本政府逮捕并引渡孙中山,日本西园寺内阁对此采取了两面政策,一面向清廷表示,同意驱逐孙中山出境,一面又力争不得罪中国革命党人。日本政府通过内田良平、宫崎寅藏等对孙中山表示:清廷要求日本逮捕孙,日本政府考虑不抓,但孙必须速离日,否则不能保证安全。同时,日本政府资助五千元,日本商人铃木久五郎资助一万元,作为孙离日的经费。孙接受了这两笔资助,以便用此去中国南方发动革命。日本政府还通过内田良平出面为孙饯行。本日,刘师培便是在这次送行宴会上首次面见孙中山。受邀者除刘外,还有章太炎、宋教仁、胡汉民、汪东、宫崎寅藏、清藤幸七郎、和田三郎等人。⑥

3月4日,在《国粹学报》第26期上发表《王学释疑》、《物名溯源》、《古今画学变迁论》、《论近世文学之变迁》等文。

---

① 苏曼殊致刘三信,见柳亚子编:《苏曼殊全集》,第1集,335页;《刘师培与端方书》,见《洪业论学集》,130页。
② 马君武:《孙总理》,见《马君武集》,474页。
③ 章炳麟:《与刘光汉书四》,见《遗书》,21页。
④ 黄节:《蒹葭楼诗》卷1,民国铅印本。
⑤ 柳亚子:《苏玄瑛正传》,见《柳亚子文集·苏曼殊研究》,44页,上海,上海人民出版社,1987。
⑥ 杨天石、王学庄:《同盟会的分裂与光复会的重建》,载《近代史研究》,1979年第1期;《宋教仁日记》,341页,长沙,湖南人民出版社,1980。

《王学释疑》（未完），署名刘师培；又见于1907年5月31日出版的《广益丛报》第135号；收入《遗书》之《左盦外集》卷九。

《物名溯源》，署名刘师培；收入《遗书》之《左盦外集》卷七。

《古今画学变迁论》，署名刘师培；收入《遗书》之《左盦外集》卷十三。

《论近世文学之变迁》署名刘师培；又见于1907年6月20日出版的《广益丛报》第137号；收入《遗书》之《左盦外集》卷十三。

3月5日，孙中山偕胡汉民及日本人萱野长知等离日南下。行前，孙从铃木久五郎资助的一万元中提取两千元交章太炎作为《民报》经费，章嫌少，认为一万元应全部留下。章并不知日本政府资助五千元一事，孙离日后，这一情况为参加同盟会的日本人平山周、北一辉、和田三郎等探悉，很快章太炎、张继、刘师培、谭人凤、田桐等也得知了此事，并传闻孙临行时之宴会，是"一去不返之保证"。① 他们认为孙的行为是受贿，被收买，有损同盟会的威信，遂要求罢免孙的同盟会总理职务。5、6月间，孙领导的黄冈、七女湖起义失败，更使反对他的人增多。张继等催逼同盟会庶务干事刘揆一召集大会，罢免孙中山，改选黄兴为总理，遭到刘揆一的拒绝，黄兴亦来函要求维护孙的地位。② 刘师培则要求改组同盟会本部，除自己进入本部外，还想援引北一辉、和田三郎为本部干事，这也遭到刘揆一的反对。③ 由于黄兴拒绝出任总理，倒孙风潮渐次平息下来。

3月14日，在《政艺通报》丁未第2号上发表《江苏乡土历史教科书叙》，署名刘师培；收入《遗书》之《左盦外集》卷十七。

3月20日，宋教仁来访，将明人云友公之诗集《腹笥草》交其代寄至《国粹学报》社。④ 时《国粹学报》社正搜求明人遗籍以刊刻之。

3月27日，与何震、张继、章太炎拜访了日本社会党"硬派"代表幸德

---

① 谭人凤：《石叟牌词叙录》，载《近代史资料》，1956年第3期。
② 刘揆一：《黄兴传记》，见《（中国近代史资料丛刊）辛亥革命（四）》，289页，上海，上海人民出版社，1957。
③ 参见杨天石、王学庄：《同盟会的分裂与光复会的重建》，载《近代史研究》，1979年第1期。
④ 《宋教仁日记》，350页。

秋水。此前一天，章太炎和张继专为这次拜访向幸德秋水递了明信片。①

3月30日，在《复报》第9期上发表《万树梅花绕一庐诗》七，署名刘光汉。

4月2日，在《国粹学报》第27期上发表《论历代中央官制之变迁》、《法言补释》、《古代镂金学发微》、《中国古用石器考》等文。

《论历代中央官制之变迁》，连载于本期和第28期《国粹学报》，出版时间从本日至5月2日，署名刘师培；收入《遗书》之《左盦外集》卷十。

《法言补释》，连载于本期和第28、29、31期《国粹学报》，出版时间从本日至7月29日，署名刘师培；收入《遗书》。对西汉扬雄《法言》的部分篇章在前人注的基础上进行了补释。

《古代镂金学发微》（附古器图）、《中国古用石器考》，署名刘师培；收入《遗书》之《左盦外集》卷十二。

4月22日，在章太炎处与钱玄同相识并订交。②

4月25日，在《民报》临时增刊《天讨》上发表《普告汉人》，署名豕韦之裔；收入《遗书》之《左盦外集》卷十四。

本月，参与发起"亚洲和亲会"。

时幸德秋水在《平民新闻》上撰文，提倡中国的革命家与日本的革命家携手，东洋各国的社会党联合起来。刘师培与章太炎、张继、何震、苏曼殊、陶冶公等响应幸德秋水的倡议，开始与印度流亡在东京的革命者筹组"亚洲和亲会"。由章太炎起草了《亚洲和亲会约章》，规定以"反抗帝国主义，期使亚洲已失主权之民族，各得独立"为宗旨，主张"凡亚洲人，除主张侵略主义者，无论民族主义、共和主义、社会主义、无政府主义，皆得入会"。③ 中国革命者入会的除上述发起者外，还有陈独秀、吕剑秋等数十人。日本方面参加者有幸德秋水、山川均、大杉荣、竹内善朔等。陆续又

---

① 富田昇：《社会主义讲习会与亚洲和亲会》，见《国外中国近代史研究》第22辑，北京，中国社会科学出版社，1993年。

② 钱玄同：《刘申叔先生遗书序》，见《遗书》，第31页。

③ 《亚洲和亲会约章》，引自竹内善朔：《本世纪初日中两国革命运动的交流》，见《国外中国近代史研究》，第2辑，北京，中国社会科学出版社，1981。

有越南、菲律宾等国人加入。

5月2日，在《国粹学报》第28期上发表《近儒学术统系论》、《释矩》、《物名溯源续补》等文。

《近儒学术统系论》，署名刘师培；收入《遗书》之《左盦外集》卷九。

《释矩》(附图)，署名刘师培；收入《遗书》之《左盦外集》卷二。

《物名溯源续补》，署名刘光汉；收入《遗书》之《左盦外集》卷七。

5月5日，在《民报》第13号上发表《利害平等论》，署名韦裔；收入《遗书》之《左盦外集》卷十四。

5月31日，在《国粹学报》第29期上发表《儒学法学分歧论》、《氏姓学发微》、《舞法起于祀神考》、《尔雅虫名今释》和跋文一篇。另，本期还刊有章太炎复刘师培信，题为《某君复某书》。

《儒学法学分歧论》(未完)，连载于本期和第32、35期《国粹学报》，出版时间从本日至11月25日，署名刘师培；收入《遗书》之《左盦外集》卷九。

《氏姓学发微》(未完)，连载于本期和第51期《国粹学报》，出版时间为本日和1909年3月11日，署名刘师培；收入《遗书》之《左盦外集》卷十。仅存子目——《论一姓误歧为数姓》。

《舞法起于祀神考》，署名刘师培；收入《遗书》之《左盦外集》卷十三，目录作"国粹廿七"，误。

《尔雅虫名今释》(未完)，连载于本期和第30、33、34、37、50、51、53期《国粹学报》，出版时间从本日至1909年5月9日，署名刘师培；又见《广益丛报》第161至165号，出版时间从1908年3月2日至4月10日；收入《遗书》。另，《尔雅虫名今释自序》又收入《遗书》之《左盦集》卷三，文字稍有不同。

跋文为《跋阮芸台答友人书数则》；收入《遗书》之《左盦题跋》，题为《跋阮芸台答友人书三通》。

《某君复某书》，收入《太炎文录初编》之《文录》卷二，题为《再与刘光汉书》。该信是对刘师培接连三书的答复，讨论《左传》、《后明史》和"编辑辞典"等事。

6月8日，在《民报》第14号上发表《清儒得失论》和《辨满人非中国之臣民》。

《清儒得失论》，署名韦裔；收入《遗书》之《左盦外集》卷九。

《辨满人非中国之臣民》，连载于本期和第15、18号《民报》，出版时间为本日至12月25日，署名韦裔；因编《遗书》时，钱玄同所借登载此文之《民报》缺页过多，全文亡佚过半，故未收入《遗书》。[①]《胡汉民自传》言，此文主要针对杨度主编之《中国新报》上的保皇论而发。章太炎阅后称赞说："申叔此作，虽康圣人亦不敢著一词，况梁卓如、徐佛苏辈乎！"[②]

6月10日，通过何震创办《天义报》，作为"女子复权会"的机关报（后来实际成为"社会主义讲习会"的机关报）。本日，《天义报》第1号出版发行，该报"以破坏固有之社会，实行人类之平等为宗旨，于提倡女界革命外，兼提倡种族政治经济诸革命"。[③] 在本期《天义报》上，何震发表了《女娲像并赞》、《女子宣布书》、《公论三则》（帝王与娼妓、大盗与政府、道德与权力）、《震致留日女学生书》。

在创办《天义报》的同时，与张继发起组织"社会主义讲习会"。时日本社会党"硬派"（直接行动派）办"金曜讲习会"，逢星期五由幸德秋水、堺利彦、山川均、大杉荣等"硬派"代表讲演，宣扬无政府主义，刘师培、张继深受其影响，故仿之创社会主义讲习会。

《天义报》出刊不久，偕何震与苏曼殊自《民报》社迁出，搬入东京小石川区久坚町《天义报》社。何震拜苏曼殊为师，学习绘画。

6月25日，在《天义报》第2号上发表《废兵废财论》，署名申叔。在同期和第3、4、5卷《天义报》上，连载了何震的《女子复仇论》。另，《社会主义讲习会广告》亦刊于本期《天义报》上，署张继、刘光汉等同启。

6月30日，在《国粹学报》第30期上发表《政治名词起原考》、《古代要服荒服建国考》、《中国美术学变迁论》等文。

《政治名词起原考》（未完），署名刘师培；收入《遗书》之《左盦外集》卷十。

---

[①] 钱玄同：《左盦外集目录说明》，见《遗书》，1301页。
[②] 万易：《刘师培》，载《仪征文史资料》，1984年第1期。
[③] 《天义报启（附简章）》，载《复报》，1907年第10期。

《古代要服荒服建国考》(未完)，署名刘师培；收入《遗书》之《左盦外集》卷十一。

《中国美术学变迁论》(未完)，连载于本期和第 31 期《国粹学报》，出版时间为本日和 7 月 29 日，署名刘师培；收入《遗书》之《左盦外集》卷十三。

7 月 5 日，在《民报》第 15 号上发表《悲佃篇》，署名韦裔；收入《遗书》之《左盦外集》卷十四。

7 月 10 日，在《天义》第 3 卷(本期起，《天义报》改为《天义》，"号"改为"卷")上发表《人类均力说》，署名申叔。何震在同期上发表《陈君不浮追悼会演说稿》。

7 月 24 日，在《政艺通报》丁未第 11 号上，发表《安徽乡土历史教科书叙》、《安徽乡土地理教科书叙》、《江苏乡土地理教科书叙》，署名刘师培；收入《遗书》之《左盦外集》卷十七。

7 月 25 日，在《天义》第 4 卷发表《无政府主义之平等观》和《西汉社会主义学发达考》，署名申叔；前者连载于本卷和第 5、7 卷，出版日期从本日至 9 月 15 日；后者连载于本卷和第 5 卷，出版日期为本日和 8 月 10 日。

7 月 29 日，在《国粹学报》第 31 期上发表《荀子词例举要》、《近代汉学变迁论》、《春秋时代官制考》、《论前儒误解物类之原因》、《论美术援地而区》等文。

《荀子词例举要》，连载于本期和第 32、33、37 期《国粹学报》，出版日期从本日至 1908 年 1 月 23 日，署名刘师培；收入《遗书》。

《近代汉学变迁论》，署名刘师培；又见于 1908 年 5 月 29 日出版的《广益丛报》第 170 号；收入《遗书》之《左盦外集》卷九。

《春秋时代官制考》(未完)，连载于本期和第 33、34 期《国粹学报》，出版时间从本日至 10 月 26 日，署名刘师培；收入《遗书》之《左盦外集》卷十，目录误作"国粹卅一、卅二、卅四"。

《论前儒误解物类之原因》，署名刘师培；收入《遗书》之《左盦外集》卷七。

《论美术援地而区》，署名刘师培；收入《遗书》之《左盦外集》卷十三。

8月10日，在《天义》第5卷上，何震发表了《曼殊画谱后序》。

8月23日，在《政艺通报》丁未第13、14、15号上连载《论古今学风变迁与政俗之关系》（未完），出版时间从本日至9月22日，署名刘师培；收入《遗书》之《左盦外集》卷九。

8月28日，在《国粹学报》第32期上发表《荀子名学发微》、《书法分方圆二派考》等文。

《荀子名学发微》，署名刘师培；收入《遗书》之《左盦外集》卷九。

《书法分方圆二派考》，署名刘师培；收入《遗书》之《左盦外集》卷十三。

8月31日，下午1时，参加社会主义讲习会第一次大会，会员到者90余人。

会上，刘师培首先宣讲开会之宗旨，谓："吾辈之宗旨，不仅以实行社会主义为止，乃以无政府为目的者也。……惟无政府以后，必行共产，共产以后，必行均力；而未行革命以前，则联合农工，组合劳动社会，实为今日之要务。然欲达此目的，势必于全国民生之疾苦，悉行调查，此实与社会主义无异者也，惟吾辈不欲以社会主义为止境耳。此今日开会之宗旨也，愿与诸君共勉之。"之后张继也声明本次会议主题在于诠明无政府主义。接下来幸德秋水作了演说，主旨亦为阐述无政府主义思想，特别是无政府主义与社会主义的区别。最后刘师培提议，今后每星期举行讲习会一次。"其讲习之科目，一为无政府主义及社会主义学术，一为无政府党历史，一为中国民生问题，一为社会学。"[①]实则后来未做到每星期开会一次，而是每月活动两次。

9月1日，在《天义》第6卷上发表《论种族革命与无政府革命之得失》、《欧洲社会主义与无政府主义异同考》、《梵文典序》等文。

《论种族革命与无政府革命之得失》，连载于本卷和第7卷《天义报》，出版时间为本日和9月15日，署名震、申叔。

---

① 杨天石编：《"社会主义讲习会"资料》，见《中国哲学》，第1辑，北京，生活·读书·新知三联书店，1979。

《欧洲社会主义与无政府主义异同考》，署名申叔。

《梵文典序》，署名仪征何震录，实为刘师培之作品，因文末署"仪征刘申叔序于扶桑旅次"；又见于1908年8月16日出版的《国粹学报》第44期；收入《遗书》之《左盦外集》卷十七，目录误为"前四年"之作品。系为苏曼殊所作《梵文典》写的序言，但该书未能刊行。①

9月8日，在日本《社会新闻周刊》第15号上刊载与张继所拟之社会主义讲习会开会广告，题为《中国人社会主义讲习会》。②

9月13日，复钱玄同信，称钱之来信所言不啻空谷足音，并通知钱社会主义讲习会第二次会议的时间、地点与内容，请钱参加。该信收入《遗书》之《左盦外集》卷十六。

9月14日，在《新世纪》第13号上发表与张继合撰之《吾道不孤》，署名张继、刘光汉。

9月15日，下午1时，参加社会主义讲习会第二次大会。

会上，刘师培首先演说中国民生问题，"陈说农民之疾苦及中国旷土不耕、谷不敷食之状况，并推论贫民弃农就工之由，致受作工之苦"。接着日本堺利彦进行了演讲，之后刘又演说"宪政之病民"，其大旨与《论种族革命与无政府革命之得失》后半相同。③

本日，《天义》第7卷上发表了何震的《女子解放问题》（在本卷和第8、9、10卷合册上连载）和《秋瑾诗词后序》。

9月22日，下午1时，参加社会主义讲习会第三次会议，数十人与会。

会上，刘师培首先"演说中国财产制度之变迁。略谓财产私有起于游牧耕稼时代，中国三代时，有土地国有制，有家族共产制，即井田宗法是也，后世亦有行国家社会主义者。至于今日，则纯为财产私有制，非实行共制度不足矫贫富不均之弊"。之后章太炎发表演说，"痛斥国家学之荒谬并立宪之病民。谓：无论君主立宪、民主立宪，均一无可采"。其他人也

---

① 参见柳亚子：《苏玄瑛新传》，见《苏曼殊全集》，第1集，4页。
② 富田昇：《社会主义讲习会与亚洲和亲会》，载《国外中国近代史研究》，第22辑。
③ 《社会主义讲习会第二次开会记略》，载《天义》，第8、9、10卷合册，1907-10-30。

就无政府问题发表了自己的见解。①

9月27日,在《国粹学报》第33期上发表《骈词无定字释例》、《儒家出于司徒之官说》、《论美术与征实之学不同》等文。

《骈词无定字释例》,署名刘师培;收入《遗书》之《左盦外集》卷七。

《儒家出于司徒之官说》,署名刘师培;收入《遗书》之《左盦外集》卷九。

《论美术与征实之学不同》,署名刘师培;收入《遗书》之《左盦外集》卷十三。

10月6日,下午1时,参加社会主义讲习会第四次会议。

本次会议主要请日本山川均演说,刘师培和张继等人也作了讲演,主旨在"农民疾苦调查",意在"举官吏、富民之虐,据事直陈,以筹农民救济之方,兼为申儆平民之助"。②

10月7日,在《政艺通报》丁未第16号上发表《江宁乡土历史教科书序》、《江宁乡土地理教科书序》,署名刘师培;收入《遗书》之《左盦外集》卷十七。

10月26日,在《国粹学报》第34期发表《古书疑义举例补》、《王会篇补释》、《崔述传》等文。

《古书疑义举例补》,连载于本期和第35、44期《国粹学报》,出版时间从本日至1908年8月16日,署名刘师培;收入《遗书》;又收入1956年中华书局版《古书疑义举例五种》一书。全文补俞樾《古书疑义举例》之缺,共11例。

《王会篇补释》,连载于本期和第37期《国粹学报》,出版时间为本日和1908年1月23日,署名刘师培;收入《遗书》,作《周书王会篇补释》。

《崔述传》,署名刘师培;收入《遗书》之《左盦外集》卷十八。

10月30日,在《天义》第8、9、10卷合册上发表《论新政为病民之根》、《中国民生问题:野业与市业》(连载于本期和第13、14卷合册)、《非

---

① 《社会主义讲习会第三次开会记略》,载《天义》,第8、9、10卷合册,1907-10-30。
② 《社会主义讲习会第四次开会记略》、《农民疾苦调查会章程》,载《天义》,第8、9、10卷合册,1907-10-30。

六子论》、《鲍生学术发微》、《总同盟罢工论序》、《穷民俗谚录征材启》、《活地狱(即鬼哭神愁)序》等文,署名申叔;并辑录了《穷民俗谚录》(连载于本期和第13、14卷合册以及第15卷),署名申叔;还刊发广告《平民唱歌集》(一名民劳集),申叔编。何震亦在本期发表了《论女子当知共产主义》。另,本期的《社会主义讲习会广告》中言该讲习会"改名齐民社"。实际上,在改名后的一段时间里,两者在名义上是并用的,直到1908年4月正式以齐民社之名召开大会时为止。

《鲍生学术发微》,收入《遗书》之《左盦外集》卷九。

《总同盟罢工论序》是为张继译自德国无政府主义者罗列《总同盟同工论》一书所作的序言。

11月10日,上午7时,参加由章太炎发起的"拒款"会议并发表演说。

按此时清廷正欲向英商借款修筑沪杭甬铁路,激起江浙等省绅商的强烈不满,他们为维护路权,坚决反对借款。该会就是在这种背景下召开的。章太炎首先在会上宣布开会宗旨,接着刘师培和张继发表了演说。刘在演说中认为:"立宪不足保全铁路","惟罢市、罢工尚为有益"。①

本日,又参加社会主义讲习会之集会,在会上"演说中国经济界之变迁",日本大杉荣"演说巴枯宁联邦主义"。②

11月17日,参加留学界全体大会并演说。

这次大会仍是为维护沪杭甬路权而开,由豫晋秦陇协会发起,到会者约四千余人。刘师培在演说中指出:"外国以资本亡我,我当力争;即中国之资本家垄断一切利权,亦当以死争之而后可。"③

11月20日,在《政艺通报》丁未第19号上发表诗《张园》,署名无畏;收入《遗书》之《左盦诗录》卷四《左盦诗别录》。

11月24日,参加社会主义讲习会之集会并作了讲话,内容不详。张继、大杉荣先后发表演说。④

---

① 《党人拒款之运动》,载《神州日报》,1907-11-24。
② 《社会主义讲习会记事》,载《天义》,第11、12卷合册,1907-11-30。
③ 《留学界全体大会纪事》,载《神州日报》,1907-12-04。
④ 《社会主义讲习会记事》,载《天义》,第11、12卷合册,1907-11-30。

11月25日,在《国粹学报》第35期上发表《晏子春秋补释》、《格物解》、《论考古学莫备于金石》、《文例举隅》、《蔡廷治传》、《广陵三奇士传》、《义士释》等文。

《晏子春秋补释》、连载于本期和第51、56、62期《国粹学报》,出版时间从本日至1910年1月30日,署名刘师培;收入《遗书》。文后附有《晏子春秋篇目考》。

《格物解》,署名刘师培;收入《遗书》之《左盦外集》卷二;又见《左盦集》卷一。两者文字有出入,后者系简化而来。

《论考古学莫备于金石》(未完),署名刘师培;收入《遗书》之《左盦外集》卷十二。

《文例举隅》,署名刘师培;收入《遗书》之《左盦外集》卷十三。

《蔡廷治传》、《广陵三奇士传》,署名刘师培;收入《遗书》之《左盦外集》卷十八。

《义士释》(附文献解),署名刘师培;收入《遗书》之《左盦集》卷一,文字有改动。

11月30日,在《天义》第11、12卷合册上发表《亚洲现势论附中国现势论》、《苦鲁巴特金学术述略》(连载于本期和第13、14卷合册,苦鲁巴特金今译克鲁泡特金)、《读书杂记》等文,署名申叔。何震在本期上发表《女子非军备主义论》。

本月,何震自日本回国,居于上海,并回扬州家乡一趟。①

12月24日,在《国粹学报》第36期上发表《王制篇集证》、《论说部与文学之关系》等文。

《王制篇集证》(未完),署名刘师培;收入《遗书》之《左盦外集》卷二;其序言又见《左盦集》卷一,题为《王制篇集证自序》,文字与《左盦外集》所载者有所不同。

《论说部与文学之关系》,署名刘师培;收入《遗书》之《左盦外集》卷十三。

---

① 苏曼殊致刘三信,见柳亚子编:《苏曼殊全集》,第1集,199页。

12月30日，在《天义》第13、14卷合册上发表《从军苦歌》、《滇民逃荒行》、《快愉之劳动》、《社会主义与国会政策》等诗文。何震亦在本期上发表《女子革命与经济革命》。

诗《从军苦歌》（七首）、《滇民逃荒行》，署名申叔；收入《遗书》之《左盦诗录》卷四《左盦诗别录》；又见于《左盦诗录》卷二《左盦诗》，文句颇有不同，而且《从军苦歌》（七首）改为《从军行》（六首）。

《快愉之劳动》，署名（俄）苦鲁巴金著，申叔译。苦鲁巴金即克鲁泡特金。

《社会主义与国会政策》，连载于本期和第15卷《天义》，署名申叔。

本月，由日本归国，回到上海。

在上海，与杨笃生、邓实、黄节、柳亚子、陈去病、高天梅、朱少屏、沈道非等相聚数天，摄影留念。他们相约结社，即酝酿成立"南社"。① 由于其不在日本，故未能出席本月举行的社会主义讲习会两次会议。② 章太炎则在12月30日写给他的信中介绍了会议情况。③

此时，章太炎因和孙中山矛盾日深，对同盟会也日益不满，准备去印度出家为僧，但缺乏路费，遂通过何震、刘师培与清两江总督端方联系谋款，为此先后五次致书二人。端方则以要章去福州鼓山或普陀等地出家为条件赠款，欲把章控制在国内，章坚拒之，事遂不成。而刘却由此落入端方圈套，加之对革命失望，对孙中山与同盟会不满，反而向端自首，作《与端方书》，提出十条"弭乱之策"以镇压革命党人。④

本年，所著之诗文尚有《司马迁左传义序例》、《唐张氏墓志铭释》、《新方言序》、《日本道中望富士山》、《逸周书补释》等。

《司马迁左传义序例》，连载于《国粹学报》第37、38期，出版时间为

---

① 参见柳亚子：《我和南社的关系》，见《柳亚子选集》下册，1088页。
② 《社会主义讲习会记事》，载《天义》，第13、14卷合册，1907-12-30。
③ 杨天石编：《"社会主义讲习会"资料》，见《中国哲学》第一辑。
④ 参见杨天石、王学庄：《章太炎与端方关系考析》，载《南开学报》，1978年第6期；曾业英：《章太炎与端方关系补证》，载《近代史研究》，1979年第1期；杨天石：《何震揭发章太炎》，载《近代史研究》，1994年第2期；《刘师培与端方书》，《洪业论学集》，130～133页。

1908年1月23日和2月21日，署名刘师培；收入《遗书》之《左盦外集》卷三，目录下标"前五年"，即1907年作。此文是《司马迁左传义》一书的序例。

《唐张氏墓志铭释》（附拓片），发表于1908年1月23日出版的《国粹学报》第37期，署名刘师培；收入《遗书》之《左盦外集》卷十二，目录下标"前五年"，即1907年作。

《新方言序》，发表于1908年7月18日出版的《国粹学报》第43期，署名刘师培；收入《遗书》之《左盦外集》卷十七，目录下标"前五年"，即1907年作；又见于《左盦集》卷四，文字略有不同。按《新方言》系章太炎所著之书，刘师培不仅为之作序，且曾与黄侃各分担部分内容，三个人为此进行过学术讨论。①

诗《日本道中望富士山》，收入《遗书》之《左盦诗录》卷二《左盦诗》，诗题下标"丁未"，可见为本年之作。

《逸周书补释》，钱玄同在《刘申叔先生遗书总目后记》中言："《左盦集》卷一中有此书之序，《国粹学报》第五十七期'介绍遗书'门亦载此序，并云上卷丁未刊成（丁未为民元前五年）。按《周书补正》之跋作于民国二年癸丑，即删改此序而成者。是此书乃《周书补正》之初本也。"②

本年，在从事政治活动之余，不时与章太炎论学，"学乃益进"，故时人"有二叔之目"（章太炎字枚叔，刘师培字申叔）。③ 两人除讨论过《新方言》外，还共同审定在日本发现的佚书《南疆逸史》。④ 另外，与章士钊也时而进行学术辩难。⑤ 同时，对世界语也开始涉猎。⑥

---

① 章太炎：《与刘光汉黄侃问答记》，见《章太炎全集（四）》，46页，上海，上海人民出版社，1985。
② 钱玄同：《刘申叔先生遗书总目后记》，见《遗书》，8页。
③ 冯自由：《刘光汉事略补述》，见《革命逸史》，第3集，187页。
④ 参见郑师渠：《章太炎刘师培交谊论》，载《近代史研究》，1993年第6期。
⑤ 章士钊：《柳文指要》下，见《通要之部》卷10，1850页，北京，中华书局，1971。
⑥ 《陈独秀书信集》，162页，北京，新华出版社，1987。

本年，焦达峰等于日本东京成立共进会；梁启超在东京组织政闻社。

康有为在美洲，为立宪运动筹措经费。

梁启超著《国文语原解》，系治《说文》之书。

王国维任学部图书馆编辑，由治哲学转而治文学，以戏曲为主要研究方向。

鲁迅在东京与许寿裳、周作人等研讨文艺，筹备出版文艺杂志。

皮锡瑞《经学通论》刊行。

章太炎的业师俞樾卒，享年86岁。所遗著作凡五百余卷，统曰《春在堂全书》。

### 光绪三十四年戊申(1908年)  25岁

1月15日，在《天义》第15卷上发表《未来社会生产之方法及手段》，署名(俄)苦鲁巴金著、申叔译。何震亦在本期发表《论中国女子所受之惨毒》(未完)。

另外，本期《天义》还发表了民鸣译恩格斯《〈共产党宣言〉1888年英文版序言》，刘师培为此写了跋文。

本月，张继因参加日本社会党硬派的第二十次金曜讲演会，被日本警察追捕，辗转逃往法国。从此，社会主义讲习会失去一员主力，亚洲和亲会也因此受到较大挫折，据竹内善朔回忆："张继逃走之后，同我们这些日本的社会主义者保持联系的工作，继由刘光汉承担起来，然而刘光汉的组织能力和统御能力，都远不能望张继之项背。"①亚洲和亲会的活动到本年10月随《民报》被封禁，章太炎与同盟会龃龉日深而中辍。②

2月2日，在《关陇》第1号上发表《论求知识心与进化之关系》(未完)，署名无畏。

2月21日，在《国粹学报》第38期上发表《国粹学报三周年祝词》和《读

---

① 竹内善朔：《本世纪初日中两国革命运动的交流》，见《国外中国近代史研究》，第2辑。

② 汤志钧：《关于亚洲和亲会》，《辛亥革命史丛刊》，第1辑，北京，中华书局，1980。

书随笔》。

《国粹学报三周年祝词》，署名刘师培；收入《遗书》之《左盦外集》卷十七。

《读书随笔》，署名刘师培；子目为：《洮水即沘水考》、《黄帝内经素问校义书后》、《易系辞多有所本》、《古代医学与宗教相杂》。《洮水即沘水考》收入《遗书》之《左盦集》卷五，其余三条收入《遗书》之《读书随笔》。其中《黄帝内经素问校义书后》又收入《左盦集》卷七，将"书后"改为"跋"；《易系辞多有所本》又收入《左盦集》卷一，作《易系辞多有所本说》，文字略有不同。

本月，与何震回到日本东京。① 途中，作诗《再渡日本舟中作》，收入《遗书》之《左盦诗录》卷二《左盦诗》，诗题下标"戊申"。

本月，作《琴操补释》是为汉蔡邕《琴操》所作之补释。发表于1909年5月9日至7月7日出版的《国粹学报》第53、54、55期，署名刘师培；收入《遗书》。文前有序，序末标"戊申正月"，公历当为2月。该序又收入《遗书》之《左盦集》卷五，文字略有不同。

3月17日，在《政艺通报》戊申第2号上发表《颜氏学派重艺学考》，署名刘师培。

3月20日，在清风亭集会上，"讲法律出于宗教说"。同时，日本宫崎民藏"讲社会主义及无政府主义派别"，章太炎也发表演讲，"断定愈文明之人愈恶；愈野蛮，其恶愈减"。② 疑此为社会主义讲习会的一次会议。

3月22日，在《国粹学报》第39期上发表《田宝臣传》、《司马迁述周易义》等文。

《田宝臣传》，署名刘师培；收入《遗书》之《左盦外集》卷十八。

《司马迁述周易义》，署名刘师培；收入《遗书》之《左盦集》卷一，作《司马迁述周易考》，文字有改动。

本月，在《天义》最后一期第16、17、18、19卷合册上发表《〈共产党宣

---

① 苏曼殊致刘三信，见柳亚子编：《苏曼殊全集》，第1集，202页。
② 《朱希祖日记》，引自杨天石编："社会主义讲习会"资料》，见《中国哲学》，第1辑。

言〉序》、《面包略夺》、《〈俄国第二议会提议之土地本法案及施行法案〉序》、《区田考序》、《选举罪恶史》、《工女怨二章》、《希望诗二章》、《ESPERANTO词例通释总序》等诗文。

《〈共产党宣言〉序》，署名申叔，是为民鸣译《共产党宣言》前言和第一部分《绅氏与平民》（今译《资产者与无产者》）所作的序言。

《面包略夺》，署名（俄）苦鲁巴金著，申叔译。

《俄国第二议会提议之土地本法案及施行法案》，署名怪汉译，申叔序。

《区田考序》，署名申叔。

《选举罪恶史》，署名申叔辑。

诗《工女怨二章》，署名申叔；收入《遗书》之《左盦诗录》卷四《左盦诗别录》，"章"作"首"；又见于《左盦诗录》卷二《左盦诗》，由二首扩充为三首，词句亦与前者颇有不同。

诗《希望诗二章》，署名（波兰）石门华著，申叔译；收入《遗书》之《左盦诗录》卷四《左盦诗别录》，题为《译石门和夫氏希望诗》（二首佚一）；又见于《左盦诗录》卷二《左盦诗》，二首俱全，诗前且有案语，诗中词句却与前者颇不同。按石门华或石门和夫今通译柴门霍夫。

《ESPERANTO词例通释总序》，署名申叔。

本月，迁居至东京鞠町区饭田町。苏曼殊、章太炎亦同住。

4月12日，下午2时，参加齐民社（社会主义讲习会之改称）的集会，"演说国家之害，并证明国家不能保卫人民"。日本大杉荣出席，"演说佛国叛乱之精神"。①

4月20日，在《国粹学报》第40期上发表《辽史地理考》、《松陵文集序》、《与邓秋枚书》等文。

《辽史地理考》，连载于本期和第42期《国粹学报》，出版时间为本日和6月18日，署名刘师培；收入《遗书》之《左盦外集》卷十一。

---

① 《齐民社开会记事》，载《衡报》，第1号，1908-04-28，引自杨天石编：《"社会主义讲习会"资料（续）》，《中国哲学》，第9辑，北京，生活·读书·新知三联书店，1983。

《松陵文集序》，署名刘师培；收入《遗书》之《左盦外集》卷十七。

《与邓秋枚书》，收入《遗书》之《左盦外集》卷十六。

4月26日，下午1时，"齐民社同人开会神田町锦辉馆，兼为坂本清马君送别"。日本人山川均、竹内善朔、坂本清马都发表了演说。①

4月28日，创刊《衡报》。此前，为避免日本政府注意，将《天义》停刊，本日改出此《衡报》，托名由澳门平民社编辑发行，实仍为宣传无政府主义的刊物。

在《衡报》第1号上，发表了《衡报发刊词》、《论国家之利与人民之利成一相反之比例》、《议会之弊》、《共和之病》等文。

《衡报发刊词》，署名申叔（Son Soh）；收入《遗书》之《左盦外集》卷十四，个别文字有改动并稍有删节。

《议会之弊》（Parliamentary Abuse），署名 Sun Soh，即申叔。

《共和之病》（Republical Abuse），署名 Sun Soh，即申叔。

本月，章太炎与刘师培、何震、汪公权之间因事吵翻，章从刘宅搬回《民报》社居住。一说章刘二人"以逸人离间，竟致失和，其时二君友好有作调人者，卒以形格势禁而失败"。② 不久，此事又波及苏曼殊，苏曼殊在致刘三信中言及："盖近日心绪乱甚，太、少两公又有龃龉之事，而少公举家迁怒于余。余现已迁出，飘泊无以为计。"③ 按太指太炎，少指少甫，即刘师培。

5月8日，在《衡报》第2号上发表《地方选举之流弊》、《论中国搜刮民财之现象》、《论共产制易行于中国》等文。

5月10日，上午9时，齐民社在东京麹町富士见楼召开会议，"首由刘光汉演说结合之必要，次由守田有秋君演说劳动组合及无政府主义"。④

---

① 《齐民社纪事》，载《衡报》，第2号，1908年5月8日. 引自杨天石编：《"社会主义讲习会"资料（续）》，《中国哲学》，第9辑。
② 钱玄同：《章太炎黄季刚二君关于刘申叔君之文十首案语》，见《遗书》，19页。
③ 柳亚子编：《苏曼殊全集》，第1集，208页。
④ 《齐民社纪事》，载《衡报》第3号，1908-05-18，引自杨天石编：《"社会主义讲习会"资料（续）》，《中国哲学》，第9辑。

5月17日，下午1时，"齐民社同人开排斥日货研究会于神田锦辉馆楼上。……到者七百人，日警察及新闻记者均至会场。首由刘光汉报告，次由潘怪汉诸君演说，相继演说者十四人，均归罪保皇党"。

按此事起因于1908年2月5日，日本轮船二辰丸号私运军火，在广东洋面为清军炮舰捕获，日本驻华公使向清政府"抗议"。3月，上海粤人在政闻社社员徐勤、徐佛苏、伍宪子等主持下集会，倡导抵制日货。同月，广东粤商自治会聚众数万人集会，定19日为国耻纪念日。会后，抵制日货运动继续发展。齐民社开"排斥日货研究会"便系对此而发，他们认为"排斥日货出于立宪党之阴谋"，并在会上"决议刊布书册，陈述利害，使此举速结，否则将排斥日货各机关以暴力破坏"。①

5月18日，在《衡报》第3号上发表《论中国排斥日货事》和《社会主义革命与排满》（连载于本期和《衡报》第4号）。

5月28日，在《衡报》第4号上发表《汉口暴动论》。

6月8日，在《衡报》第5号上发表《论中国宜组织劳民协会》（连载于本期和第6号《衡报》）、《论中国资本阶级之发达》、《非军备主义盛行》等文。

6月10日，章太炎在《民报》第21号上发表《排满平议》，明确表示和无政府主义决裂，宣称"无政府主义者，与中国情状不相应，是亦无当者也"。

6月14日，下午1时，"齐民社开会神乐坂上文明馆，并演活动大写真（按即纪录片）。首由刘光汉演说，略谓人类共具之性情二，一为同感，一为模仿。有同感之情，故由见他人之苦，兼念及己身之苦；有模仿之情，故效法他人愤激之行为，由困苦而生愤激，暴动遂生。然此等性情，必待他物之感发，如戏剧、图画、诗歌是也。而兼具戏剧、图画之用者，则为活动写真。此次所演，非关于劳民疾苦，即系人民愤激之举动，深望观者之有感于中，以发破坏社会之观念也"。之后演"活动大写真"十种，

---

① 《齐民社纪事》，载《衡报》第3号，1908-5-18，引自杨天石编：《"社会主义讲习会"资料（续）》，《中国哲学》，第9辑。

"到会者数百人，日本同志到会者亦有十余人"。①

6月18日，在《衡报》第6号上发表《〈苏州机匠罢工之胜利〉跋语》。

6月26日，去东京监狱探望因6月22日"赤旗事件"而被捕的日本社会党硬派大杉荣等人。按"赤旗事件"是指日社会党两派联合大会后，硬派举红旗游行，被警察捕去多人的事件。

6月27日，致信钱玄同，信中除介绍日前去监狱探望大杉荣等人的情形外，还提及暑期仍办世界语讲习班，可报名参加。此函以《戊申答钱玄同书》为名收入《遗书》之《左盫外集》卷十六。

6月28日，在《衡报》第7号（农民号）上发表《无政府革命与农民革命》、《论中国田主之罪恶》、《农民讨官吏檄》、《论农业与工业联合制可行于中国》等文。

7月8日，在《衡报》第8号上发表《论水灾即系共产无政府之现象》、《论水灾为实行共产之机会》、《论官绅放赈之弊》等文。

7月9日，在《江西》第1号上发表《江西杂志祝词》，署名刘师培。

8月8日，在《衡报》第10号上发表《衡书三篇》（国学问题、生计问题、人种改良篇）。按在《生计问题》下注"尚有《人种改良篇》录于下号"，目前未见《衡报》第11号。本期《衡报》还刊有《何震女史由镇江来函》。

8月16日，在《国粹学报》第44期上发表《读书随笔》，署名刘师培；收入《遗书》。子目为：《助字辨略正误》、《史记用古文尚书考略》。

9月15日，《衡报》第11号改为第1号重新发行。因《衡报》第10号发行后，发行地（刘师培居所）暴露，按照当时日本《新闻纸法》规定，需缴纳保证金并办理正式发行手续，于是将发行所迁至东京市外的竹内善朔家（市外保证金便宜），由竹内善朔任发行人。办好手续后，《衡报》第11号便作为第1号重新发行。②

同日，在《国粹学报》第45期发表《荀子补释》、《文例释要》等文。

---

① 《齐民社纪事》，载《衡报》，第6号，1908-06-18，引自杨天石编：《"社会主义讲习会"资料（续）》，见《中国哲学》第9辑。

② 竹内善朔：《本世纪初日中两国革命运动的交流》，见《国外中国近代史研究》，第2辑；富田昇：《社会主义讲习会与亚洲和亲会》，见《国外中国近代史研究》，第22辑。

《荀子补释》，连载于本期至第 60 期的《国粹学报》，出版时间由本日至 1909 年 12 月 2 日，署名刘师培；收入《遗书》。另，《遗书》之《左盦集》卷七又有《荀子补释自序》，文字与《国粹学报》所刊者大为不同，当系后改作者。

《文例释要》，连载于本期和第 50 期《国粹学报》，出版日期为本日和 1909 年 2 月 10 日，署名刘师培；收入《遗书》之《左盦外集》卷十三。

10 月 10 日，日本政府以《衡报》违反新闻条令为由而禁止其发行。①接着《民报》也以同样理由被日本政府查禁。

10 月 14 日，在《国粹学报》第 46 期发表《论中土文字有益于世界》、《读全唐诗发微》等文。

《论中土文字有益于世界》，署名刘师培；收入《遗书》之《左盦外集》卷六。

《读全唐诗发微》，署名刘师培；收入《遗书》之《左盦外集》卷十三。另，《左盦集》卷八所收《读全唐诗书后》（上、下）系自《读全唐诗发微》删减改写而成。

10 月 15 日，去清留日学生监督田吴炤处，抗议日本政府对《衡报》的封禁，质问"介绍欧美社会主义于中国，唤起国人知识，于日本治安何妨？"②

11 月，与何震从日本回到上海。

此时他们因与章太炎关系破裂，与陶成章也不睦，愈益受到东京中国革命党人的冷落，加之《衡报》被封，遂决定返国。到上海后，他们一方面印发许多声明书，声明由于"受到日本政府之迫害"，不得不将《衡报》和《天义报》社迁至上海，"一俟基础稳固，即行秘密出版，并附设世界新语

---

① 《日本外务省资料》，引自富田昇：《社会主义讲习会与亚洲和亲会》，见《国外中国近代史研究》，第 22 辑。

② 吴相湘：《刘师培左倾又右倾》，见《民国人和事》，97 页，台北，三民书局，1971。

办事处，作为通讯机关"。① 实际上《衡报》和《天义报》从此再未出版发行。另一方面他们给黄兴等人写信，揭露章太炎要他们向端方等人谋款的经过，并附上章氏为谋款所写五函的影印件，以在革命党人内部制造混乱。黄兴当时"一笑置之"，② 后来却由这五封信引起轩然大波，造成很坏影响。另外，这时在上海，他们又遇苏曼殊，双方释去前嫌，"仍同游宴"。③

12月，江浙革命党人谋划武装起事，刘师培将此计划密报端方，端方派侦探抓去参与其事的张恭。④ 此前陶成章亦被追捕，也与刘的变节相关。陶曾回忆："光汉平日欲运动成章，使为己用，以高其名。成章鄙其行为不之礼，光汉恨之。会其妻何震及汪公权日夜恿怂光汉入官场，光汉外恨党人，内惧艳妻，渐动其心。适又以事与章炳麟有冲突，不胜，名誉大损，光汉乃归上海，始真为侦探矣。清帝后死，光汉意成章归国，日与两江督标中军官米占元往各船坞查成章行踪。久之不得，无以复端方之命，而以张恭报告于端方，张恭遂被拿问。王金发怒，挟枪见光汉，将杀之。光汉惧，许以必保全张恭，恭因得不死。光汉由是亦不敢再至上海。汪公权以为无虑，仍至上海侦探党人举动，卒为王金发所枪毙焉。"⑤

本年所作之文尚有《秦四十郡考》，发表于1909年1月11日出版的《国粹学报》第49期，署名刘师培；收入《遗书》之《左盦外集》卷十一，目录下标"前四年"即1908年。又《左盦集》卷五收有《秦四十郡考附秦郡建置沿革考》，文字不同。

本年，光绪皇帝、慈禧太后相继去世，溥仪（宣统帝）继位，以载沣为摄政王。

---

① 参见竹内善朔：《本世纪初日中两国革命运动的交流》，见《国外中国近代史研究》，第2辑。
② 曼华：《同盟会时代民报始末记》，见《（中国近代史资料丛刊）辛亥革命（二）》，447页，上海，上海人民出版社，1957。
③ 苏曼殊致刘三信，见柳亚子编：《苏曼殊全集》，第1集，214页；《柳亚子文集·苏曼殊研究》，45页，上海，上海人民出版社，1987。
④ 经盛鸿：《刘师培史事考订》，载《史学月刊》，1986年第3期。
⑤ 陶成章：《浙案纪略》，见《辛亥革命（三）》，第48页。

章太炎在东京讲学，讲《说文》、《庄子》、《楚辞》、《尔雅》等，听讲弟子主要有黄侃、钱玄同、朱希祖、龚宝铨、许寿裳、周树人（鲁迅）、周作人、汪东、刘文典、沈兼士等。

梁启超著《王荆公》一书，凡22章，对王安石及其变法详加研究。

严复译成《名学浅说》。

王国维著《人间词话》，在《国粹学报》连载；又编成《曲录》六卷。

鲁迅开始翻译、编辑《域外小说集》，并发表《摩罗诗力说》、《文化偏至论》等论文。

皮锡瑞去世，享年59岁，有《师伏堂丛书》及《皮氏八种》等存世。

## 宣统元年己酉（1909年） 26岁

1月2日，与何震回家乡扬州省亲。① 回来后已无颜在上海立足，遂去南京公开投靠端方，出任两江督辕文案兼三江师范学堂教习，住在大行宫，为端方考释金石。② 不久，又上书端方，力言"学术不正，下之则为人心之蠹，上之则贻宗社之忧。欲袪其弊，必自振兴国学始"。建议在南京朝天宫设两江存古学堂，招生80人，以培训国学教员，起到"正人心，息邪说"的作用。③ 该建议未见实施。

《上端方书》，收入《遗书》之《左盦外集》卷十六，系录自故宫博物院出版的《文献丛编》第三十辑之原札影印件。按原件存中国第一历史档案馆，见端722，函146，端方档中除上书外，附有《赋得八指头陀诗》。④

《八指头陀诗》（三首），收入《遗书》之《左盦诗录》卷三《左盦诗续录》，采自刘师培家藏手稿。另，《文献丛编》第三十一辑中有该诗的影印定稿，与《遗书》所收者略有不同。

2月10日，在《国粹学报》第50、51、52、53期上连载《穆天子传补

---

① 苏曼殊致刘三信，见柳亚子编：《苏曼殊全集》，第1集，340页。
② 《端方致缪荃孙信》，见《艺风堂友朋书札（下）》，615页，上海，上海古籍出版社，1981。
③ 刘师培：《上端方书》，《左盦外集》卷16，见《遗书》，1730页。
④ 参见李妙根编：《刘师培生平和著作系年》，见《刘师培论学论政》，519页。

释》，出版时间从本日至5月9日，署名刘师培；收入《遗书》。此序又见于《左盦集》卷五，题为《穆传补释自序》，个别文字有异。

6月8日，在端方府得晤法国东方学家伯希和，缪荃孙等中方学者同席。时伯希和已从敦煌考查归来，带走大量敦煌文书。①

6月20日，宴游时得晤陈三立。② 另，在此前后，与缪荃孙交往颇多。

6月28日，清廷命两江总督端方为直隶总督兼北洋大臣。

7月7日，在《国粹学报》第55期上发表《论中国古代财政国有之弊》，署名刘师培；收入《遗书》之《左盦外集》卷十四。

8月，以随员身份与出任直隶总督的端方一同北上。此时写下《从匋斋尚书北行初发焦山》诗，收入《遗书》之《左盦诗录》卷二《左盦诗》。到天津后，出任直隶督辕文案、学部谘议。

9月，作《东之文钞序》。发表于1911年7月15日出版的《国粹学报》第80期，署名刘师培；收入《遗书》之《左盦外集》卷十七。

10月3日，在《国粹学报》第58期发表《唐故文林郎守益州导江县主簿飞骑尉张府君墓志跋尾》，署名刘师培；收入《遗书》之《左盦外集》卷十二。

10月15日，在晚宴上晤见拜访端方的严复，是为两人结识之始。③

11月2日，在《国粹学报》第59期上发表《金史地理志书后》，署名刘师培；收入《遗书》之《左盦集》卷五。

本月，端方被革职。时"孝钦皇后梓宫奉安，端方舆从横冲神路……坐违制免"。④

12月2日，在《国粹学报》第60期上发表《邶鄘卫考》、《吕氏春秋斠补自序》、《转注说》、《汪仲伊先生传》等文。

《邶鄘卫考》（附殷韦同字考），署名刘师培；又见1910年4月9日出版的《广益丛报》第228号；《邶鄘卫考》收入《遗书》之《左盦外集》卷一，所附

---

① 缪荃孙：《艺风老人日记》，第6册，217页，北京，北京大学出版社，1986。
② 缪荃孙：《艺风老人日记》，第6册，218页。
③ 《严复日记》，《严复集》，第5册，1495页。
④ 《清史稿》卷469，《端方传》。

之《殷韦同字考》则收入《左盦外集》卷七。

《吕氏春秋斠补自序》，署名刘师培；收入《遗书》之《左盦集》卷七。

《转注说》，署名刘师培；收入《遗书》之《左盦集》卷四。

《汪仲伊先生传》，署名刘师培；收入《遗书》之《左盦集》卷六。

本年所作之诗文尚有《左氏学行于西汉考》、《史记述尧典考》、《贾子新书斠补》、《小学丛残叙》、《金陵城北春游》等。

《左氏学行于西汉考》，发表于1910年1月1日出版的《国粹学报》第61期，署名刘师培；收入《遗书》之《左盦集》卷二。

《史记述尧典考》，发表于《国粹学报》第61期，署名刘师培。

《贾子新书斠补》，发表于《国粹学报》第61期，署名刘师培；此文实为《贾子新书补释》的自序，收入《遗书》之《左盦集》卷七，题为《贾子新书斠补自序》。

《小学丛残叙》，发表于1910年1月1日出版的《广益丛报》第222号，署名刘师培；收入《遗书》之《左盦集》卷四，"叙"作"序"。

诗《金陵城北春游》，收入《遗书》之《左盦诗录》卷二《左盦诗》，诗题下标"己酉"，可见为本年之作。

又，本年编定个人文集《左盦集》八卷。

《左盦集》出版广告刊于1910年3月1日出版的《国粹学报》第63期。广告云：《左盦集》"刊木印行"，"现已出书"。钱玄同说："此为刘君最早自订之文集"，"此书内容，多数为《国粹学报》中诸文之改作，亦间有在端方处所作之文"。他断定此书之编刻必在己酉（1909年），故出版于庚戌（1910年）。[①] 此书原刻本已极罕见。1928年北平修绠堂书店重刻，《遗书》所收之《左盦集》即据此重刻本。另，郭象升曾为《左盦集》作笺注，成《左盦集笺》一卷，收入《辛勤庐丛刻》第一辑第二册。

本年，章太炎致书刘师培，一方面对其行为予以曲谅；另一方面又劝其醒悟，欲与其归于好。信中言："与君学术素同，盖乃千载一遇。中以小衅，蔚为仇雠，岂君本怀，虑亦为人诖误。兼以草泽诸豪，素昧问

---

① 钱玄同：《刘申叔先生遗书总目后记》，见《遗书》，6页。

学，夸大自高，陵懱达士，人之贱忿，古今所同，挺而走险，非独君之过也。""先迷后复，无减令名。"此信以《与刘光汉书七》为题收入《遗书》。未见刘答复。

本年，清廷宣布预备立宪，以九年为期。
南社成立于苏州，而以上海为活动中心。
章太炎撰成《小学答问》。
严复被学部聘为审定名词馆总纂。
梁启超撰成《管子传》。
王国维撰《唐宋大曲考》、《戏曲考源》、《录曲余谈》诸文。
王先谦《庄子集解》刻成。

### 宣统二年庚戌（1910年） 27岁

1月30日，在《国粹学报》第62至71期上连载《贾子春秋补释》（即《贾子新书补释》），出版日期从本日至10月22日，署名刘师培；编《遗书》时，因找到据此文删改而成的定稿《贾子新书斠补》，故此初本便未收入《遗书》。

3月，何震生女刘颖。

6月26日，在《国粹学报》第67期上发表《元太祖征西域年月考》（上中下），署名刘师培；收入《遗书》之《左盦外集》卷十一。

本月，作《晏子春秋黄之寀本校记》，收入《遗书》，附于《晏子春秋斠补》（二卷）之后。

8月11日，女刘颖因病夭折。作《女颖圹铭》和诗《伤女颖》以悼之。《女颖圹铭》收入《遗书》之《左盦外集》卷十九。《伤女颖》（二首）发表于1916年3月出版的《中国学报》复刊第3册，署名仪征刘师培；收入《遗书》之《左盦诗录》卷三《左盦诗续录》。

本月，撰成《白虎通义斠补》（二卷）。节本曾发表于1913年创刊的《国故钩沉》第1期（未完）。据手稿收入《遗书》。另，《遗书》之《左盦集》卷七有《白虎通义斠补自序》，文字与此序不同。

9月18日，编定诗集《左盦诗》，收诗62首。五天后，"录毕付刊"。

1931年，成都茹古书局曾印行，1933年又补刻一次。①

9月23日，在《国粹学报》第70期上发表《刘向撰五经通义五经要义五经杂义辨》，署名刘师培；收入《遗书》之《左盦外集》卷三。

10月，撰成《白虎通义阙文补订》。发表于《国粹学报》第75、76期，出版时间为1911年2月18日和3月20日，署名刘师培；收入《遗书》。

11月8日，在端方府游宴时得晤罗振玉。②

11月21日，在《国粹学报》第72、73、74期上连载《白虎通德论补释》，出版时间从本日至1911年1月20日，署名刘师培；收入《遗书》。

12月21日，在《国粹学报》第73期上发表《周代吉金年月考》，署名刘师培；收入《遗书》之《左盦外集》卷十二。

年底，旅居北京白云观，借阅观中所藏《道藏》阅读，作《读道藏记》。

《读道藏记》（未完），发表于《国粹学报》第75、76、77、79期，出版时间从1911年2月18日至6月16日，署名刘师培；收入《遗书》，题目下标"前二年"即1910年。

本年所作诗文尚有《古历管窥》、《白虎通义源流考》、《山西两江会馆记》、《游天津公园》、《季夏雨霁游北洋公立种植园泛舟竟夕》等。

《古历管窥》（二卷），发表于《国粹学报》第74、75期，出版时间为1911年1月20日和2月18日，署名刘师培；收入《遗书》，题目下标"前二年"即1910年。其上卷以《古历经徵》之名于1912年有刻本问世（与《庄子斠补》合刻），又刊于1913年7月20日出版的《四川国学杂志》第11号。《左盦集》卷五所收《穆王西征年月考》乃《古历管窥》下卷首节之改作，并曾刊于1916年2月出版的《中国学报》复刊第2册。

《白虎通义源流考》，发表于1911年1月20日出版的《国粹学报》第74期，署名刘师培；又见于1913年3月20日出版的《四川国学杂志》第7号；又见于1914年2月10日出版的《雅言》第4期，署名刘申叔；收入《遗书》，题目下标"前二年"即1910年。

---

① 知堂：《旧书回想记》，载《古今半月刊》，1943年第30期。
② 缪荃孙：《艺风老人日记》，第6册，2325页。

《山西两江会馆记》，碑拓本，收入《遗书》之《左盦外集》卷十九，题目下标"前二年"即1910年。

诗《游天津公园》、《季夏雨霁游北洋公立种植园泛舟竟夕》，收入《遗书》之《左盦诗录》卷二《左盦诗》。前者题目下标"庚戌"，可见为本年之作；后者从其内容可知为本年之作。

本年，仍留已被革职的端方幕中，考订金石外，利用端方府多藏善本的便利条件，治学不辍。并向同幕徐绍桢学历法，收益甚大。

本年，重组后的光复会在东京成立总部，章太炎、陶成章当选为正副会长。

章太炎撰成《文始》、《国故论衡》、《齐物论释》，并对《訄书》多所修治。

梁启超本年著述主要集中于财政问题，撰有《论地方税与国税之关系》、《论中国国民生计之危机》等文。

王国维撰成《古剧脚色考》。

缪荃孙《续碑传集》八十六卷编成刊行。

崔适撰成《史记探源》。

### 宣统三年辛亥(1911年)　28岁

1月2日，撰成《春秋左氏传时月日古例考》。发表于《国粹学报》第76、77、78期，标题中"考"作"诠微"，出版时间为1911年3月20日至5月18日，署名刘师培；收入《遗书》。

本月，完成《敦煌新出唐写本提要》。发表于《国粹学报》第75至82期，出版时间从1911年2月18日至9月12日，署名刘师培；收入《遗书》。

2月，完成《楚辞考异》。发表于《中国学报》复刊第2册至第5册，出版时间为1916年2月至5月，署名仪征刘师培；收入《遗书》。

3月20日，在《国粹学报》第76期上发表《周书略说》，署名扬子刘师培；又见1913年5月20日出版的《四川国学杂志》第9号；又见1914年3月10日出版的《雅言》第6期，署名刘申叔；收入《遗书》，附在《周书补正》后。1913年曾与《周书补正》合刻单行本出版。

春，作《轸春思词》，收入《遗书》之《左盦外集》卷二十。

5月，作《群书治要引贾子新书校文》和《晏子春秋斠补跋》。前者收入《遗书》，附于《贾子新书斠补》后；后者收入《遗书》之《左盦外集》卷十七，从其内容看，此时已完成《晏子春秋斠补》二卷。《晏子春秋斠补》二卷亦收入《遗书》。

7月15日，在《国粹学报》第80、81、82期上连载《管子斠补》（正文悉据杨忱本），出版时间为本日至9月12日，署名刘师培；收入《遗书》。

本月，完成《周书补正》六卷。节本曾发表于1913年创刊的《国故钩沉》第1期，题为《周书补订》（未完）。据抄本收入《遗书》。前有"自序"，发表于1912年11月20日出版的《四川国学杂志》第3号，署名刘师培。1913年4月，为此书另写一跋文，附于篇末。另，1913年《周书补正》与《周书略说》合刻出版单行本。

9月12日，在《国粹学报》第82期上发表跋文《跋沈小宛左传补注序》、《跋包安吴书亭林原姓后》；收入《遗书》之《左盦题跋》，后者改题为《跋包慎伯书顾亭林原姓后》。

本月，随端方南下。

时端方已被起用为川汉、粤汉铁路督办大臣，四川保路运动兴起，拟由湖北率新军一标前去镇压。行前，刘师培将其母派人护送回扬州老家。途经武汉时，何震留在此地。经夔州（今四川奉节）时，作《悲秋词》。该词已收入《遗书》之《左盦外集》卷二十。

11月28日，端方在四川资州（今资中县）被哗变的湖北新军杀死，刘师培亦被四川军政府资州军政分府拘留。

12月1日，章太炎在《民国报》第2号上发表《宣言》九则，其中之一称："今者文化陵迟，宿学凋丧，一二通博之材，如刘光汉辈，虽负小疵，不应深论。若拘执党见，思复前仇，杀一人无益于中国，而文学自此扫地，使禹域沦为夷裔者，谁之责耶？"此时章刚从日本归国不久，但对刘师培"不念旧恶"，依然"甚思"之，[①]遂有此宣言。

---

① 蔡元培》，《刘君申叔事略》，见《遗书》，18页。

本年，所作之诗应有《九江烟水亭夕望》、《舟中望庐山》、《横江词》（四首）、《花园镇关帝庙夜宿》、《黄鹤楼夕眺》等。这八首诗从其内容考察，应为随端方南下时沿途所作。收入《遗书》之《左盦诗录》卷三《左盦诗续录》。

本年，武昌起义爆发，建立军政府，各省纷纷响应；"皇族内阁"辞职，清廷命袁世凯为内阁总理大臣。

章太炎作《诛政党》。

梁启超著《新中国建设问题》、《学与术》等文。

王国维开始由文学研究转向经史和古文字研究。

佛学大师杨文会（仁山）去世。

### 民国元年壬子（1912 年）　29 岁

年初，一些报刊不断刊出与刘师培有关的消息。

章太炎、蔡元培在不知其下落的情况下，联名在 1 月 11 日的《大共和日报》上刊登《求刘申叔通信》，称："刘申叔学问渊深，通知今古，前为宵人所误，陷入范笼。今者，民国维新，所望国学深湛之士提倡素风，任持绝学。而申叔消息杳然，死生难测。如身在地方，尚望先一通信于国粹学报馆，以慰同人眷念。"此后，在报端连载多天。《民立报》则称："刘光汉在资州被拘，该处军政分府电大总统，请示办法。"①《临时政府公报》第 1 号载总统府和教育部要求释放刘的电文。《临时政府公报》第 2 号载陈独秀、李光炯等人致临时大总统孙中山电，希望对刘能"矜全曲为宽宥"，"延读书种子之传，俾光汉得以课生著书赎罪"。

1 月 13 日，在成都谢无量处晤见吴虞。②

按刘师培此时已被释，但未去南京，而是来成都投奔老友谢无量。谢无量时任四川国学院院长，他聘请刘在四川国学院、国学学校任教。③　不

---

① 《民立报》，1912-01-25。

② 《吴虞日记》上册，14 页。

③ 刘师培：《春秋左氏传答问·序》，见《遗书》，311 页。

久，刘又出任国学院副院长，并聘请廖平来国学院"主讲经学"。①

4月27日，在《公论日报》上发表诗《蜀中赠吴虞》（三首）；又见1916年2月出版的《中国学报》复刊第2册，署名仪征刘师培；收入《遗书》之《左盦诗录》卷三《左盦诗续录》。

4月29日，在《公论日报》上发文一篇，吴虞评价为"极佳"。②

5月2日，完成《庄子斠补》。本年即有刻本问世（与《古历经徵》合刻）。发表于1914年1月和2月出版的《国学荟编》第1、2期，署名刘师培；又见1914年7月10日至8月10日出版的《雅言》第7期至第9期；又见1916年1月出版的《中国学报》复刊第1册，署名仪征刘师培；在1913年的《国故钩沉》第1期上也刊有部分内容；收入《遗书》。

6月，上书四川都督尹昌衡。

时西藏上层集团在英国唆使下叛乱，妄图使西藏"独立"，四川军政当局准备出兵平定。刘师培上书即为此事，书中分析利弊，认为应该仿效旧制，布恩感化以臻统一。"宜有罢兵安人之道，诚能权轻重之数，存万安之福。"③该函以《与四川都督尹昌衡论川边书》为题收入《遗书》之《左盦外集》卷十六。随后，他又上书四川民政长张修爵，表达了与前函大致相同的意见，该函以《与四川民政长张修爵论川边书》为题收入《遗书》之《左盦外集》卷十六。

7月8日，吴虞收到刘师培一函《论小学经学门径》。④ 该函未见发表，亦未收《遗书》中。

8月4日，在谢无量处晤吴虞，"标知雄守雌主义"，吴虞"深然之"。⑤

夏，作《古本字考》。发表于1913年1月20日出版的《四川国学杂志》第5号，署名刘师培；又见1913年创刊的《国故钩沉》第1期；收入《遗书》之《左盦外集》卷七。

---

① 廖宗泽：《六译先生年谱》卷6。
② 《吴虞日记》上册，34页。
③ 刘师培：《与四川都督尹昌衡论川边书》，《左盦外集》卷16，见《遗书》，1739页。
④ 《吴虞日记》上册，43页。
⑤ 《吴虞日记》上册，49页。

9月20日,《四川国学杂志》创刊,四川国学会亦在此时成立。

在《四川国学杂志》创刊号上发表《四川国学会序》、《春秋繁露爵国篇校补》、《致吴伯朅书二首》、《蜀中金石见闻录》、《阴氛篇》、《八墢篇》、《大象篇》等诗文。

《四川国学会序》,署名刘师培;又见1913年4月20日出版的《独立周报》第28、29期合本;收入《遗书》之《左盦外集》卷十七。

《春秋繁露爵国篇校补》,署名刘师培;收入《遗书》,在《春秋繁露斠补》(三卷)内。按除此"爵国篇"外,《春秋繁露斠补》的其他部分未发表,系据抄本收入《遗书》。又《春秋繁露斠补自序》分别收入《左盦外集》卷十七和《左盦集》卷七,文字不同。查《左盦集》编定于1909年,据此《春秋繁露斠补》也许在1909年前便已完成。存疑待考。

《致吴伯朅书二首》,署名刘师培;又见1913年4月20日出版的《独立周报》第28、29期合本;收入《遗书》之《左盦外集》卷十六时,增加一首,题为《与吴伯朅书三首》。

《蜀中金石见闻录》,署名刘师培;收入《遗书》之《左盦外集》卷十二。

诗《阴氛篇》、《八墢篇》、《大象篇》,署名刘师培;又见1913年5月4日出版的《独立周报》第30、31期合本;收入《遗书》之《左盦诗录》卷三《左盦诗续录》。

10月20日,在《四川国学杂志》第2号上发表《周历典》,署名刘师培;又见1916年4月出版的《中国学报》复刊第4册,署名仪征刘师培;收入《遗书》之《左盦外集》卷十一。

本月,章太炎、马良、梁启超等发起"函夏考文苑",拟仿效法国成立研究院,下设研究所,以"作新旧学"、"奖励著作"。章推荐刘师培主持群经专门科。此事由于所需经费太多而作罢。

11月3日,在《独立周报》第7期上发表《刘申叔最近与某君书二首》,署名刘师培,实为与谢无量书;又见1914年5月10日出版的《甲寅杂志》第1卷第1号,题为《刘申叔与谢无量书二首》;收入《遗书》之《左盦外集》卷十六,题为《与谢无量书二首》。

11月20日,在《四川国学杂志》第3号上发表《春秋左氏传古例考序略》和《与人论文书》。

《春秋左氏传古例考序略》，连载于本期和12月20日出版的《四川国学杂志》第4号，署名刘师培；又见1913年的《国故钩沉》第1期，题为《春秋左氏传古例诠微序例》（未完）；收入《遗书》，题为《春秋左氏传古例诠微》。

《与人论文书》，署名刘师培；又见1916年5月出版的《中国学报》复刊第5册，署名仪征刘师培；收入《遗书》之《左盦外集》卷十六。

12月20日，在《四川国学杂志》第4号上发表《易卦应齐诗三基说》（附三基应历说、齐诗历用颛顼说、连鹤寿齐诗翼氏学书后），署名刘师培；又见1916年3月出版的《中国学报》复刊第3册，署名仪征刘师培；收入《遗书》之《左盦外集》卷一。

12月22日，堂兄刘贞吉（原名师慎）因精神失常，服毒自尽，年仅33岁。为之作《仲兄许仲先生行状》，收入《遗书》之《左盦外集》卷十八。

本年，所作诗文尚有《春秋左氏传答问》、《清宁远府知府魏君功德颂》、《清故马边厅同知尹君去思碑》、《废旧历论》、《题张船山南台饮酒图》等。

《春秋左氏传答问》，收入《遗书》，总目中标"元年"，可知作于1912年。

《清宁远府知府魏君功德颂》、《清故马边厅同知尹君去思碑》，收入《遗书》之《左盦外集》卷十九，从文中内容可知为1912年作。

《废旧历论》，发表于1916年4月出版的《中国学报》复刊第4册，署名仪征刘师培；又见1923年创刊的《华国》第1年第8期；收入《遗书》之《左盦外集》卷十五，题目下标"元年"，可知作于1912年。

诗《题张船山南台饮酒图》，收入《遗书》之《左盦诗录》卷三《左盦诗续录》。《六译先生年谱》1912年项下载："龚煦春以所藏张船山南台寺饮酒图征题，先生及吴之英、刘师培、谢无量、曾学傅、朱山均有诗。"[1]可见此诗作于本年。

另，在四川曾应人之请，写下一系列墓表、碑铭之类文字，从其内容

---

[1] 廖宗泽：《六译先生年谱》卷6。

中可知为本年所作者录之如下：清故四川候补知县赵君墓表、清故四川候补知县方君墓表、清故湖北候补知县徐君墓表、清故甘肃直隶州知州许君墓表、清故四川参将沈君阙铭、清故四川直隶州知州姜君阙铭、清故四川候补知县程君阙铭、清故东乡县知县陈君碑颂、清故四川直隶州知州甘君碑颂、清故山东候补道高君墓碑、郑大雍墓碣、孝子卫洪基碑、钟太夫人程氏神诰、清故陕西候补知县邵君墓志铭、王孺人墓志铭、李氏女圹铭、翟安道妻冯氏诔。除《翟安道妻冯氏诔》收入《遗书》之《左盦外集》卷二十外，余皆收入《左盦外集》卷十九。其中《清故四川参将沈君阙铭》发表于1916年4月出版的《中国学报》复刊第4册，署名仪征刘师培；《孝子卫洪基碑》发表于1924年出版的《华国》第11期。

本年，在四川国学学校除授《春秋左氏传》外，还授《说文解字》等，蒙文通随其学《说文》。曾以"大徐本会意之字，段本据他本改为形声，试条考其得失"为考题，蒙文通答卷三千余言。对蒙之答卷很欣赏，于其卷首批道："精熟许书，于段、徐得失融会贯通，区辨条例，既昭且明，案语简约，尤合著书之体。"①还曾告诫蒙文通："初学治经，但宜读陈乔枞父子书。经术有家法，有条例；《诗》、《书》者有家法，无条例；《易》、《春秋》者有家法，有条例。"又说："清代汉学未必即以汉儒治经之法治汉儒所治之经。""前世为类书者(《御览》《类聚》之类)，散群书于各类书之中；清世为义疏者(正义之类)，又散各类书于经句之下。"此为"讪讥清代汉学"之言。②

由于在四川国学院与廖平来往较多，在治学上受到廖一定影响，曾称赞廖"长于《春秋》，善说礼制，其洞察汉师经例，魏晋以来，未之有也"。③蒙文通曾言及："礼制者，廖师所持以权衡家法，辨析汉师同异者也。左盦于时亦专以《五经异义》、《白虎通义》为教学之规，出蜀后成书皆《周官》、《礼经》之属。左盦之渐渍于廖师，此其明验。廖师之学，以左盦而

---

① 龚谨述：《蒙文通先生传略》，见《蒙文通学记》，185页，北京，生活・读书・新知三联书店，1993。
② 蒙文通：《廖季平先生与清代汉学》，见《廖季平年谱》，149、148页。
③ 蒙文通：《廖季平先生传》，见《廖季平年谱》，105页。

益张。左盦之殁，世无复有知廖师者。"①

本年，何震由武汉赴北京，生活无着，只好请刘师培在日时结交的朋友南桂馨救助，南遂请她去了太原，暂住南家，先在女子师范任教，后又转任阎锡山的家庭教师。②

本年，中华民国成立，孙中山先任临时大总统，清帝退位后，改由袁世凯任临时大总统。

章太炎弟子马裕藻、钱玄同、沈兼士、朱希祖等人发起"国学会"，以讲授国学、保存国故为宗旨，请章太炎担任会长。

梁启超作《中国立国大方针商榷书》、《财政问题商榷书》。

严复出任北京大学校长。

王国维在日本，写成《宋元戏曲考》，由商务印书馆出版时，改题《宋元戏曲史》。

### 民国二年癸丑(1913年)　　30岁

1月20日，在《四川国学杂志》第5号上发表《前四川提督丁公(鸿臣)墓志铭》，署名刘师培；收入《遗书》之《左盦外集》卷十九。

2月12日，作《中国文字问题序》，是为廖平弟子李尧勋《中国文字问题》所作的序言。发表于1913年2月20日出版的《四川国学杂志》第6号，署名刘师培；又见1914年6月10日出版的《甲寅杂志》第1卷第2号；收入《遗书》之《左盦外集》卷十七。

2月20日，在《四川国学杂志》第6号上发表《西汉周官师说考》和《国学学校论文五则》。

《西汉周官师说考》(二卷)，连载于本期和3月20日出版的《四川国学杂志》第7号，署名刘师培；又见1936年出版的《制言》第23期；收入《遗书》。

《国学学校论文五则》(附文笔词笔诗笔考)，署名刘师培；又见1916年

---

① 蒙文通：《廖季平先生与清代汉学》，见《廖季平年谱》，152页。
② 南桂馨：《山西辛亥革命前后的回忆》，见《辛亥革命回忆录》，第5集，158页，北京，中华书局，1963。

1月出版的《中国学报》复刊第1册,分别题为《文说五则》和《文笔词笔诗笔考》,署名仪征刘师培。

3月20日,在《四川国学杂志》第7号上发表《今文尚书无序说》,署名刘师培;收入《遗书》之《左盦外集》卷一,后附《陈氏寿祺今文有序十七证驳义》。

本月,完成《白虎通义定本》(存三卷)。发表于1913年4月20日、6月20日出版的《四川国学杂志》第8、10号,署名仪征刘师培校定;收入《遗书》。

4月20日,在《四川国学杂志》第8号上发表《校雠通义笺言》,署名刘师培;又见《国故钩沉》第1期;收入《遗书》之《左盦外集》卷十二。

5月18日,在《独立周报》第32、33期合册上发表诗《咏史》(十二首);又见1914年5月10日出版的《甲寅杂志》第1卷第1号,署名刘师培;收入《遗书》之《左盦诗录》卷三《左盦诗续录》。

5月20日,在《四川国学杂志》第9号上发表《前四川彭山县知县康君(寿桐)墓志铭》和《繁露佚文辑补》。

《前四川彭山县知县康君(寿桐)墓志铭》,署名刘师培;又见1913年12月25日出版的《雅言》第1期,题为《康君季琴墓志铭》,署名刘申叔;收入《遗书》之《左盦外集》卷十九。

《繁露佚文辑补》,署名刘师培;收入《遗书》,题为《春秋繁露佚文辑补》,附于《春秋繁露斠补》后。

6月13日至29日,两度上书四川都督胡景伊。两信均收入《遗书》之《左盦外集》卷十六,题为《与四川都督胡景伊荐陈度书》、《与四川都督胡景伊书》。

6月20日,在《四川国学杂志》第10号上发表《定命论》、《非虚名篇》、《月令论》、《周明堂考》、《古重文考》、《驳何衡阳报应问》、《匡谬正俗校证序》、《晏子春秋逸文》、《书春秋繁露止雨篇后》、《法言李注非故本考》、《古籍示期互讹考》、《周书少昊考》等。

《定命论》,署名刘师培;收入《遗书》之《左盦外集》卷十五,后附《讲学词》。

《非虚名篇》，署名刘师培；又见《国故钩沉》第 1 期；又见 1916 年 5 月出版的《中国学报》复刊第 5 册，题为《非古虚》，署名仪征刘师培；收入《遗书》之《左盦外集》卷五，亦题《非古虚》（上下）。

《月令论》，署名刘师培；收入《遗书》之《左盦外集》卷二。

《周明堂考》（附东宫考），署名刘师培；又见《国故钩沉》第 1 期；收入《遗书》之《左盦外集》卷一。

《古重文考》，署名刘师培；收入《遗书》之《左盦外集》卷七。

《驳何衡阳报应问》，原题很长，署名刘师培；收入《遗书》之《左盦外集》卷十五。

《匡谬正俗校证序》，署名刘师培；收入《遗书》之《左盦外集》卷十七。是为谢无量撰《匡谬正俗校证》所作的序。

《晏子春秋逸文》，署名刘师培；收入《遗书》，题为《晏子春秋佚文辑补》，附在《晏子春秋斠补》（二卷）后。

《书春秋繁露止雨篇后》，署名刘师培；收入《遗书》之《左盦外集》卷三。

《法言李注非故本考》，署名刘师培；收入《遗书》之《左盦外集》卷三。

《古籍示期互讹考》，署名刘师培；收入《遗书》之《左盦外集》卷七。

《周书少昊考》，署名刘师培；收入《遗书》之《左盦外集》卷一。

6 月 24 日，《吴虞日记》载吴虞夫人曾香祖与何震晤，① 可见何震此时已抵成都。

上半年，在四川国学院仍任副院长，除正常授课外，还应彭作桢、谢子夷等五人之请，为他们在课外单授《说文》。后彭作桢为其校遗著《毛诗词例举要》（详本）和《周礼古注集疏》。②

6 月 29 日，偕何震离成都赴上海。③ 行前，作《与成都国学院同人书》。该信收入《遗书》之《左盦外集》卷十六。出发后，"舟行七十里即被

---

① 《吴虞日记》上册，89 页。
② 彭作桢：《周礼古注集疏序》，见《遗书》，183 页。
③ 《吴虞日记》上册，88 页。

劫，损失约千余金"。① 过三峡时，作《出峡赋》。发表于 1916 年 1 月出版的《中国学报》复刊第 1 册，署名仪征刘师培；收入《遗书》之《左盦外集》卷二十。

到上海后，与章太炎得以会面，恢复了交谊。"申叔殊感枚叔厚谊，复言归于好。"② 在上海，还与马叙伦、陈去病等旧友各有往还，并有诗赠正在上海游历的谢无量。《上海赠谢无量》，发表于 1916 年 2 月出版的《中国学报》复刊第 2 册，署名仪征刘师培；收入《遗书》之《左盦诗录》卷三《左盦诗续录》。

7 月 20 日，在《四川国学杂志》第 11 号上发表《春秋原名》、《国学学校同学录序》、《荀子佚文辑补》等文。

《春秋原名》，署名刘师培；收入《遗书》之《左盦外集》卷三。

《国学学校同学录序》，署名刘师培；收入《遗书》之《左盦外集》卷十七。

《荀子佚文辑补》，署名刘师培；又见 1916 年 1 月出版的《中国学报》复刊第 1 册，署名仪征刘师培；收入《遗书》，附在《荀子斠补》(四卷)后。

8 月 20 日，在《四川国学杂志》第 12 号上发表《春秋左氏传传例解略》、《王畿田制考》、《方伯考》、《休思赋》、《旷情赋》等。

《春秋左氏传传例解略》，署名刘师培；收入《遗书》。

《王畿田制考》(上下)、《方伯考》，署名刘师培；收入《遗书》之《左盦外集》卷二。

《休思赋》，署名刘师培；又见《国故钩沉》第 1 期；又见 1916 年 1 月出版的《中国学报》复刊第 1 册，署名仪征刘师培；收入《遗书》之《左盦外集》卷二十。

《旷情赋》，署名刘师培；收入《遗书》之《左盦外集》卷二十。

秋，偕何震由上海赴山西太原。从离川起，夏秋间两次远行，颇多感慨，遂作长诗《癸丑纪行六百八十八韵》，连载于《国学荟编》1914 年第 10

---

① 《吴虞日记》上册，96 页。
② 曼华：《同盟会时代民报始末记》，见《辛亥革命(二)》，447 页。

期和1915年第4、7、9期，出版时间从1914年10月至1915年9月，题为《左盦长律：癸丑纪行六百八十八韵》，署名刘师培；又见1914年8月25日出版的《雅言》第1年第10期，标题仅为《左盦长律》；收入《遗书》之《左盦诗录》卷三《左盦诗续录》。

在太原，出任阎锡山都督府顾问，创办《国故钩沉》杂志，并与学者郭象升等往还。① 郭象升曾作诗相赠，题为《刘申叔先生游晋长句赋赠》。②

本年，所作之文尚有《古尚书五服说》、《周酾说》、《达巷党人考》、《答四川国学学校诸生问说文书九首》、《蓉溪访古图记》、《陈君式仁别碑》、《梁山皮君寿言》等。

《古尚书五服说》（下佚），发表于《国故钩沉》第1期；收入《遗书》之《左盦外集》卷一。

《周酾说》，发表于《国故钩沉》第1期；收入《遗书》之《左盦外集》卷二。

《达巷党人考》发表于《国故钩沉》第1期；又见1914年9月出版的《国学荟编》1914年第9期，署名刘师培；收入《遗书》之《左盦外集》卷三。

《答四川国学学校诸生问说文书九首》，发表于1914年7月25日和8月10日出版的《雅言》第1年第8、9期，第8期刊五首，第9期刊四首，署名刘师培；收入《遗书》之《左盦外集》卷十六，题目下标"二年"，可见作于1913年。

《蓉溪访古图记》，收入《遗书》之《左盦外集》卷十七，题目下标"二年"，可知作于1913年。

《陈君式仁别碑》，收入《遗书》之《左盦外集》卷十九，题目下标"二年"，可知作于1913年。

《梁山皮君寿言》，收入《遗书》之《左盦外集》卷二十，题目下标"二年"，可知作于1913年。

另，下列诗文从其题目和内容考查，当为在四川时所作，姑系于此。计有《蜀中赠朱云石》、《述怀一百四十韵示蜀中诸同好》、《重庆老君洞夕

---

① 南桂馨：《刘申叔先生遗书序》，见《遗书》，33页。
② 见郭象升：《郭允叔文钞》，民国九年铅印本。

眺有感》、《浣花溪夕望》、《凌云山夕望》、《成都丁公祠碑》、《成都骆文忠公祠碑记》、《成都三皇庙碑》、《成都黄帝庙碑》、《成都黄帝庙别碑》、《成都江渎庙碑》、《清夏提督克三岩碑颂》等。

诗《蜀中赠朱云石》,发表于1916年2月出版的《中国学报》复刊第2册,署名仪征刘师培;收入《遗书》之《左盦诗录》卷三《左盦诗续录》。

诗《述怀一百四十韵示蜀中诸同好》、《重庆老君洞夕眺有感》、《浣花溪夕望》、《凌云山夕望》,收入《遗书》之《左盦诗录》卷三《左盦诗续录》。

《成都丁公祠碑》、《成都骆文忠公祠碑记》、《成都三皇庙碑》、《成都黄帝庙碑》、《成都黄帝庙别碑》、《成都江渎庙碑》、《清夏提督克三岩碑颂》,皆收入《遗书》之《左盦外集》卷十九。

与上一年一样,在四川和山西应人之请,写了一些墓志之类的文字,从其内容中可知为本年所作者录之如下:清三等轻车都尉杨君墓志铭、舒兆熊妻夏孺人墓志铭、邓绳侯先生阙铭、故民李君阙铭、清故举人洪君阙铭、陈恭人墓志铭、徐孺人墓志铭。皆收入《遗书》之《左盦外集》卷十九。其中《清三等轻车都尉杨君墓志铭》和《舒兆熊妻夏孺人墓志铭》发表于《国故钩沉》第1期。

本年,编成并刊刻《左盦文集》。钱玄同在《刘申叔先生遗书总目后记》中说:"刘君于《左盦集》刻成以后,又裒集其俪词及韵语为《左盦文集》,民国元二年间刻于成都。"①张经黻则直言"民二刻于成都"。②

本年,袁世凯派人暗杀宋教仁,引发"二次革命";不久革命失败,国会被迫选袁世凯为正式总统。

康有为归国,创办并主编《不忍》杂志,并出任孔教会会长,其《孔教会序》在《孔教会杂志》上发表。

章太炎在北京讲学,顾颉刚、傅斯年等皆前往聆听;章并撰《驳建立孔教议》、《自述学术次第》等文。

---

① 钱玄同:《刘申叔先生遗书总目后记》,见《遗书》,8页。
② 张经黻:《刘申叔著述年表》,载《经世日报·读书周刊》,1947-02-12、19。

廖平《孔经哲学发微》付印。

## 民国三年甲寅(1914年)    31岁

春,离太原赴北京,因阎锡山推荐,得袁世凯任为公府谘议。

此前山西都督府改为将军府,编制缩小,顾问裁撤,刘师培生活无着,南桂馨遂与阎锡山密议以专电保其入京,请袁世凯任用,以结纳于袁,加之袁的亲信秘书闵尔昌又是其亲属,也向袁举荐,袁遂招其入京。① 其被聘为公府谘议后,曾向袁世凯"上折谢恩"。②

4月,在《国学荟编》1914年第4期上发表《廖氏学案序》,署名刘师培;收入《遗书》之《左盦外集》卷十七。是为廖平弟子辑师说而成之《廖氏学案》一书所作的序。

5月,在《国学荟编》1914年第5期上发表《与圆承法师书》和《答罗芸裳书》,署名刘师培;收入《遗书》之《左盦外集》卷十六。

7月10日,在《雅言》第1年第7期上发表《鞠躬解》和《致本社记者书》。

《鞠躬解》,署名刘师培;收入《遗书》之《左盦外集》卷七。

《致本社记者书》,署名刘申叔;实为致康宝恕信,收入《遗书》之《左盦外集》卷十六,题为《答康宝恕书》。

本月,在《国学荟编》1914年第7期上发表《与廖季平论天人书》,署名刘师培;又见1916年2月出版的《中国学报》复刊第2册,署名仪征刘师培;收入《遗书》之《左盦外集》卷十六。

11月12日,与傅增湘等人一同拜访缪荃孙,③ 表明他和端方幕府旧同僚仍有来往。

本月,作《刑礼论》。发表于1916年1月出版的《中国学报》复刊第1册,署名仪征刘师培;收入《遗书》之《左盦外集》卷十五。

12月10日,给钱玄同回信。此信以《民国三年答钱玄同书》为题收入

---

① 南桂馨:《山西辛亥革命前后的回忆》,见《辛亥革命回忆录》,第5集,159页。
② 陶菊隐:《筹安会"六君子"传》,106页,北京,中华书局,1981。
③ 缪荃孙:《艺风老人日记》,第7册,2765页。

《遗书》之《左盦外集》卷十六。

本年所作之文尚有《刘节妇杨氏墓碑》、《盐城陶君诔》，均为应人之请而作。前者收入《遗书》之《左盦外集》卷十九，后者收入《左盦外集》卷二十。

本年，袁世凯以《中华民国约法》取代《中华民国临时约法》；中华革命党在日本东京成立。

章太炎被袁世凯监禁；他将《訄书》修改增删，更名《检论》。

梁启超撰《清史商例初稿》、《欧洲战役史论》二书及文章多篇。

王国维受罗振玉委托，编辑《国学丛刊》，作《国学丛刊序》。

章士钊在日本东京创办《甲寅杂志》。

崔适撰成《春秋复始》。

## 民国四年乙卯(1915年)　32岁

1月，在《国学荟编》1915年第1期上发表诗《答陆菶那诗二首》，署名刘师培；收入《遗书》之《左盦诗录》卷三《左盦诗续录》，题为《答陆菶那》(二首)。

3月，杨度作《君宪救国论》，为袁世凯复辟帝制造舆论。刘师培随之作《国情论》和《告同盟会诸同志》。①

8月13日，马叙伦来访，与马谈起纪年的问题，认为写文章用干支纪年或元年二年地记下去不方便。马当时不解其意，事后明白他是在为改元洪宪作准备。②

8月14日，与杨度、孙毓筠、严复、李燮和、胡瑛发起"筹安会"，公布筹安会宣言书，名列杨、孙、严之后。

8月18日，黄节来书，对其参与筹安会，发表宣言鼓吹帝制表示愤懑，指出"斯议一出，动摇国本，召致祸败"。

---

① 陶菊隐：《筹安会"六君子"传》，107页。
② 马叙伦：《我在六十岁以前》，44页，北京，生活·读书·新知三联书店，1983。

8月20日，筹安会发出启事，通告正式成立，杨度任理事长，孙毓筠为副理事长，刘师培与严复、李燮和、胡瑛为理事。随后上述六人发出通电，请各省派代表来京，加入讨论变更国体问题。

8月31日，黄节再次来书，对其一再鼓吹君主立宪痛加驳斥。

9月1日，筹安会为各省请愿团代草请愿书，进呈参政院，刘师培列名江苏请愿团中。

10月15日，筹安会改组为"宪政协进会"，确定"此后本会方针，应注重立宪问题"。

10月23日，出任参政院参政。①

本月，作《方子丛稿序》。发表于1916年2月出版的《中国学报》复刊第2册，附在方勇《太誓答问评》之后；收入《遗书》之《左盦外集》卷十七。

秋，"招学者称说帝制，季刚（黄侃）雅与师培善，阳应之，语及半，即瞑目曰：'如是，请刘先生一身任之！'遽引退，诸学士皆随之退"。② 马叙伦也当面怒斥帝制之议。③

11月，被袁世凯封为上大夫。

本年，还出任教育部编审。另外，曾与杨度等迎衍圣公孔令贻入京。④

本年所作诗文尚有《沈夫人五十寿序》和《樊云门七十寿诗》（二首），前者收入《遗书》之《左盦外集》卷二十，从其内容可知作于1915年；后者收入《遗书》之《左盦诗录》卷三《左盦诗续录》。按樊云门生于1846年，其70岁寿辰应在1915年。

本年，日本提出阴谋灭亡中国的"二十一条"，袁世凯为换取日本支持而接受；年底，袁宣布承受帝位，令明年改元为洪宪元年。

陈独秀主编的《青年杂志》在上海创刊，第二卷起改名为《新青年》，

---

① 刘寿林编：《辛亥以后十七年职官年表》，522页，北京，中华书局，1966。
② 章太炎：《黄季刚墓志铭》，见《量守庐学记——黄侃的生平和学术》，1页，北京，生活·读书·新知三联书店，1985。
③ 马叙伦：《石屋余沈》，192页，上海，上海书店，1984。
④ 刘成禺：《洪宪纪事诗本事簿注》卷1，民国京华印书馆刊行，29页。

1916年底编辑部迁往北京，影响不断扩大。

章太炎仍处于幽禁中，吴承仕前来就学，章为吴说佛学及诸子学等，由吴录为《菿汉微言》。

梁启超撰《异哉所谓国体问题者》，反对帝制。

王闿运辞去国史馆馆长职。

### 民国五年丙辰(1916年)　33岁

1月，与康宝忠等重组《中国学报》，为《中国学报》撰稿。在本月出版的《中国学报》复刊第1册中发表《春秋左氏传例略》、《君政复古论》、《立庙论》等。

《春秋左氏传例略》，连载于本册和第2、3、4、5册《中国学报》，出版时间从本月至5月，署名仪征刘师培；收入《遗书》。后又将此文删定为《春秋左氏传传注例略》，① 亦收入《遗书》。

《君政复古论》(上中)，连载于本册和第2册《中国学报》，出版时间为本月和2月，署名仪征刘师培；收入《遗书》之《左盦外集》卷十五。

《立庙论》，署名仪征刘师培；收入《遗书》之《左盦外集》卷十五，作《立庙议》。

2月，在《中国学报》复刊第2册上发表《连山归藏考》、《老子斠补》、《涪州蔺市镇里社碑》、《故民吴骏卿义行碑》、《清故四川即补道苏君墓碑》、《答梁公约赠诗》等诗文。

《连山归藏考》，署名仪征刘师培；收入《遗书》之《左盦集》卷一。按《左盦集》编定于1909年，此文应于1909年前便已撰成。

《老子斠补》(附题词)，连载于本册和第3、4、5册《中国学报》，出版时间从本月至5月，署名仪征刘师培；又见1920年6月出版的《国学厄林》第1期；收入《遗书》。又，《遗书》之《左盦集》卷七收入《老子斠补自序》。按《左盦集》编定于1909年，或《老子斠补》于1909年前即已撰成，存疑待考。

---

① 钱玄同：《刘申叔先生遗书总目后记》，见《遗书》，第5页。

《涪州蔺市镇里社碑》、《故民吴骏卿义行碑》、《清故四川即补道苏君墓碑》，署名仪征刘师培；收入《遗书》之《左盦外集》卷十九。

诗《答梁公约赠诗》，署名仪征刘师培；收入《遗书》之《左盦诗录》卷二《左盦诗》。按《左盦诗》编定于1910年，故此诗当作于1910年前。

3月22日，在全国鼎沸中，袁世凯被迫宣布取消帝制，仍称大总统。

本月，在《中国学报》复刊第3册上发表《联邦驳议》、《战国策书后》、《荀子斠补》、《贞孝唐大姑诔》、《哀王郁仁》等诗文。

《联邦驳议》，署名仪征刘师培；民国间有铅印单行本刊行；收入《遗书》之《左盦外集》卷十五。

《战国策书后》，署名仪征刘师培；收入《遗书》之《左盦集》卷五。按《左盦集》编定于1909年，此文应为1909年前撰成之稿。

《荀子斠补》（四卷），连载于本册和第4、5册《中国学报》，出版时间为本月至5月，署名仪征刘师培；收入《遗书》。

《贞孝唐大姑诔》，署名仪征刘师培；收入《遗书》之《左盦外集》卷二十。

诗《哀王郁仁》，署名仪征刘师培；收入《遗书》之《左盦诗录》卷三《左盦诗续录》。

4月，在《中国学报》复刊第4册上发表《古周礼公卿说》、《广阮氏文言说》、《故山西知县汪征典神祠铭》、《清故云南试用巡检方寅亮神祠铭》、《清故三等侍卫杨君阙铭》、《清故内阁中书韩君阙铭》、《送诸贞壮》等诗文。

《古周礼公卿说》，署名仪征刘师培；收入《遗书》之《左盦外集》卷二。

《广阮氏文言说》，署名仪征刘师培；收入《遗书》之《左盦集》卷八。按《左盦集》编定于1909年，此文应为1909年前所作。

《故山西知县汪征典神祠铭》、《清故云南试用巡检方寅亮神祠铭》、《清故三等侍卫杨君阙铭》、《清故内阁中书韩君阙铭》，署名仪征刘师培；收入《遗书》之《左盦外集》卷十九。

诗《送诸贞壮》，署名仪征刘师培；收入《遗书》之《左盦诗录》卷二《左盦诗》。按《左盦诗》编定于1910年，故此诗当作于1910年前。

5月，在《中国学报》复刊第5册上发表《中古文考》、《致方勇书论太誓答问》等文。

《中古文考》，署名仪征刘师培；又见1923年创刊的《华国》第1年第12期；收入《遗书》之《左盦外集》卷一；又收入《左盦集》卷一，文字有所不同。按收入《左盦集》者当为1909年前作，或许为初稿。

《致方勇书论太誓答问》，署名仪征刘师培；收入《遗书》之《左盦外集》卷十六，题为《答方勇论太誓答问书》。

6月6日，袁世凯死。

7月14日，黎元洪发布惩办帝制祸首令，所列名单中，筹安会六人独缺严复和刘师培，因为李经羲为二人讲了情，"请政府爱惜人才"，故二人从祸首名单中被剔出。①

此后移居天津，生计维艰，肺病日深一日。其间曾作诗《书扬雄传后》，表露帝制失败后的心境。②

本年所作文尚有《何大姑哀赞》，收入《遗书》之《左盦外集》卷二十，题目下标"五年"，可知作于1916年。

本年，袁世凯死后，黎元洪代理大总统，申令仍遵行民国元年公布之临时约法，国会复会。

章太炎在袁死后，得于6月底脱离幽禁，返回上海。

康有为极力推行尊孔活动，上书请求定孔教为国教，并载入宪法。

梁启超撰有《禹贡九州考》。

蔡元培年底被任命为国立北京大学校长。

王闿运去世，终年88岁，有《春秋公羊传笺》、《湘军志》、《湘绮楼诗集》等大量经、史、文著作遗世。

### 民国六年丁巳（1917年）　34岁

上半年，被聘为北京大学教授，从天津回到北京。

---

① 陶菊隐：《筹安会"六君子"传》，119页。
② 陶菊隐：《筹安会"六君子"传》，129页。

此时蔡元培出长北京大学，陈独秀任北大文科学长，陈向蔡推荐刘师培，蔡表同意。① 刘与陈独秀虽在很多方面见解不同，但"两人感情极笃，背后也互相尊重，绝无间言"。②

刘在北大出任中国文学门教授，到校不久又兼任北京女子高等师范学校讲师。在北大他为中国文学门一年级学生开"中国文学"课，每周三小时；为二年级学生开"中国文学"和"中国古代文学史"课，每周各三小时。③ 同时做国文研究所"文"与"文学史"两个方向的指导教师。"君是时病瘵已深，不能高声讲演，然所编讲义，元元本本，甚为学生所欢迎。"④

6月26日，教育部将由国史馆改制而成的国史编纂处归并北京大学，校长蔡元培兼任处长。不久刘师培被聘为国史纂辑员。

12月5日，参加国史编纂处会议，讨论纂辑员屠寄提出的通史编纂条例商榷案，蔡元培、周作人等与会。⑤

12月13日和27日，分别与国文研究所"文学史"和"文"两方向的研究人员会面，进行一个小时的研讨。此后每月一次分别进行类似的研讨。⑥

本年，授课之讲义《中国中古文学史讲义》由北京大学出版。收入《遗书》。1920年、1923年、1926年、1934年北京大学出版部先后再版，1957年人民文学出版社标点重印，1959年人民文学出版社又将其与《论文杂记》合刊再印。全书共五课，子目如下：第一课　概论；第二课　文学辨体；第三课　论汉魏之际文学变迁、附录；第四课　魏晋文学之变迁、甲　傅嘏及王何诸人、乙　嵇阮之文、丙　潘陆及两晋诸贤之文、丁　总论；第五课　宋齐梁陈文学概略、甲　宋代文学、乙　齐梁文学、丙　陈代文学、丁　总论；子　声律说之发明、丑　文笔之区别。此书颇受方家好评，如鲁迅曾说过，中国文学史一类"我看过已刊的书，无一册好。只

---

① 参见台静农：《早期三十年的教学生活读后》，见《龙坡杂文》，163页，台北，洪范出版社，1988。
② 陈觉玄：《陈独秀先生印象记》，载《大学》，第1卷，1942年第9期。
③ 《文科本科现行课程》，载《北京大学日刊》，1917-11-29。
④ 蔡元培：《刘君申叔事略》，见《遗书》，18页。
⑤ 《北京大学日刊》，1917-12-07。
⑥ 《北京大学日刊》，1917-12-04。

有刘申叔的《中古文学史》，倒要算好的，可惜错字多"。①《中古文学史》"对于我们的研究有很大的帮助"。②

本年所作文尚有《父丧未成服而子卒敛以吉服驳》、《处士田君墓表》、《武陟重修县城碑》等。

《父丧未成服而子卒敛以吉服驳》，收入《遗书》之《左盦外集》卷二，题目下标"六年"，可知作于 1917 年。

《处士田君墓表》、《武陟重修县城碑》，收入《遗书》之《左盦外集》卷十九，从其内容可知作于 1917 年。

本年，张勋等拥宣统帝复辟，旋即失败；孙中山在广州组织护法军政府，非常国会选孙为中华民国军政府大元帅。

康有为参与宣统帝复辟。

王国维作《殷卜辞中所见先公先王考》、《殷周制度论》等。

蔡元培《石头记索隐》印行。

陈独秀发表《复辟与尊孔》、《文学革命论》等文。

胡适发表《文学改良刍议》。

王先谦去世，有《尚书孔传参正》、《汉书补注》、《水经注合笺》、《荀子集解》、《东华录》等大量论著遗世。

### 民国七年戊午(1918 年)　　35 岁

4 月 30 日，在编就的《国立北京大学廿周年纪念册》上登载《题词》，署名文科教授刘师培。收入《遗书》之《左盦外集》卷十七，题为《国立北京大学廿周年纪念册题词》。

6 月 20 日，参加国史编纂处会议，屠寄、沈兼士等与会。

会上各纂辑员报告稿本编成情况，刘师培的报告为：一、文明史风俗

---

① 《鲁迅致台静农》，见《鲁迅全集》，第 11 卷，609、610 页，北京，人民文学出版社，1981。

② 鲁迅：《魏晋风度及文章与药及酒之关系》，见《鲁迅杂文全集》，290 页，郑州，河南人民出版社，1994。

类、预定长编六册(三代一册、秦汉一册、三国南北朝一册、唐五代一册、宋辽金元一册、明清一册),已编纂长编三册(三代一册经传已采毕,子书采辑过半;秦汉一册正史别史已采毕,子书采辑过半;三国南北朝一册正史采毕,余尚未采)。二、政治史志(三国南北朝)、预定长编十二册,已编长编四册(历律一册缺周隋,兵一册采至齐梁,舆服一册采至齐梁,职官一册晋以下未采,凡已见正史各志均未采)。①

7月5日,鲁迅致钱玄同信中言:"中国国粹,虽然等于放屁,而一群坏种,要刊丛编,却也毫不足怪。"②"要刊丛编"是指此时刘师培等人计划复刊《国粹学报》和《国粹汇编》,未实现。

本年,为二年级学生开必修课"中古文学史",每周两课时;为三年级学生开选修课"文"(中国文学),每周六课时。听课学生有罗常培、杨振声、俞平伯、傅斯年、许德珩、郑天挺、罗庸、杨亮功等。另外,还在国文研究所担任四个方向的研究科目:经学、史传、中世文学史、诸子。在国文教员中除黄侃担任三个方向的研究科目外,其余都只承担一科,担任四科者仅其一人。③

本年所作文尚有《咸同淮扬客将传序赞》、《舒文波妻王孺人墓志铭》。

《咸同淮扬客将传序赞》,收入《遗书》之《左盦外集》卷十七,题目下标"七年",可知作于1918年。

《舒文波妻王孺人墓志铭》,收入《遗书》之《左盦外集》卷十九,从其内容可知为1918年所作。

本年,非常国会改组军政府,排挤孙中山,孙辞大元帅职。

梁启超基本脱离政治活动,以主要精力投入学术文化事业,尤其用于《中国通史》著述,但未能完成。

《新青年》完全刊登白话文,并开始使用新式标点。

鲁迅第一篇白话小说《狂人日记》发表于《新青年》。

---

① 《北京大学日刊》,1918-6-24、25。
② 《鲁迅致钱玄同》,见《鲁迅全集》,第11卷,351页。
③ 《北京大学文科一览》民国七年度,北京大学档案馆藏。

苏曼殊去世,有小说《断鸿零雁记》、《天涯红泪记》等多种作品遗世。

## 民国八年己未(1919年)　36岁

1月26日,与黄侃出任《国故》月刊社总编辑。

本日,《国故》月刊社"在刘申叔先生宅内开成立大会,教员到者六人,同学数十人。通过简章,并议定于阳历三月起,每月二十号出版。当即推定职员,并由教员介绍续请编辑教员若干人"。除总编辑外,所请特别编辑为陈汉章、马叙伦、吴梅、康宝忠、黄节等人。①

3月18日,《公言报》上发表《请看北京学界思潮变迁之近状》,认为北大以陈独秀、胡适等为首的主张新文学之人为"新派",《新潮》杂志是该派学生所办;"顾同时与之对峙者,有旧文学一派。旧派中以刘师培氏为之首。其他如黄侃、马叙伦等,则与刘氏结合,互为声援者也";"顷者刘、黄诸氏,以陈、胡等与学生结合,有种种印刷物发行也,乃亦组织一种杂志,曰《国故》。组织之名义出于学生,而主笔政之健将,教员实居其多数。盖学生中固亦分旧新两派,而各主其师说者也。二派杂志,旗鼓相当,互相争辩"。《神州日报》也在3月21日发表《北京大学新旧两派之争衡》,报道了类似消息。

3月20日,《国故》月刊第1期出版,在《本社记事录》中标明"本月刊以昌明中国固有之学术为宗旨";在《发起始末》中又说,创办刊物是出于"慨然于国学沦夷,欲发起学报,以图挽救"。

在本期《国故》上发表《毛诗词例举要》(略本)、《礼经旧说考略》、《蜀学祀文翁议》、《屈君别碑》。

《毛诗词例举要》(略本),连载于本期和第2期《国故》,出版时间为本日和4月20日,署名刘师培;收入《遗书》。

《礼经旧说考略》,连载于本期和第2、3、4期《国故》,出版时间为本日至9月20日,署名刘师培。实仅为《礼经旧说》卷一《士冠礼》的部分内容,收入《遗书》之《礼经旧说》(十七卷)中。另,《礼经旧说考略》和《礼经

---

① 《北京大学日刊》,1919-01-28。

旧说》卷十一《丧服经传》曾在1934年出过合订单行本，署"宁武南氏校印"，有邵瑞彭"题记"和郑裕孚"后记"。

《蜀学祀文翁议》，署名刘师培；收入《遗书》之《左盦外集》卷十六。

《屈君别碑》，署名刘师培；又见1924年出版的《华国》第2年第7期；收入《遗书》之《左盦外集》卷十九。

3月22日和27日，分别召集国文研究所研究人员开会研讨经学和诸子。此后不时有类似活动。

3月24日，《北京大学日刊》发表《刘师培致公言报函》，全文如下："《公言报》主笔大鉴：读十八日贵报《北京学界思潮变迁》一则，多与事实不符。鄙人虽主大学讲席，然抱疾岁余，闭关谢客，于校中教员素鲜接洽，安有结合之事？又《国故》月刊由文科学员发起，虽以保存国粹为宗旨，亦非与《新潮》诸杂志互相争辩也。祈即查照更正，是为至荷！"同时《国故》月刊社电有一函致《公言报》，表达了相似的意思。

3月26日，《北京大学日刊》刊登的《国史编纂报告与部令》中，有《纂辑员刘师培报告书》，内容如下："（一）政治史长编册数三十六册：历律志长编三册、兵志长编七册、礼志长编十三册、刑法志长编五册、乐志长编四册、舆服志长编四册；（二）文明史长编册数二十七册：三代风俗史长编六册、秦汉风俗史长编九册、三国风俗史长编二册、六朝风俗史长编十册。"这些不知是计划还是已完成者，待考。

4月20日，在《国故》月刊第2期上发表《退郢诗钞序》，署名刘师培；收入《遗书》之《左盦外集》卷十七。

5月20日，在《国故》月刊第3期上发表《蒐集文章志材料方法》、《名原序》、《音论序赞》等文。

《蒐集文章志材料方法》，署名刘师培；收入《遗书》之《左盦外集》卷十三。

《名原序》，署名刘师培；收入《遗书》之《左盦外集》卷十七。是为孙诒让《名原》所作之序。

《音论序赞》，署名刘师培；又见1935年创刊的《制言》第6期；收入《遗书》之《左盦外集》卷十七。是为黄侃《音论》所作。

初夏，收黄侃为徒。

黄侃是刘师培的老朋友，但自觉经学不及刘，于是改朋友为师徒，北面从之。章太炎事后曾问黄："季刚小学文辞，殆过申叔，何遽改从北面？"黄答曰："余于经学，得之刘先生者为多。"① 黄还曾自谓："夙好文字，经术诚疏，自值夫子，始辨津涂。"②

9月20日，在《国故》月刊第4期上发表《中庸说》、《象尽意论》、《王弼易略例明象篇补释自序》、《籀廎述林序》、《隐士秦君墓志铭》、《清故刑部尚书史公墓碑》、《吕玄屏江左卧游图序》等文。

《中庸说》，署名刘师培；收入《遗书》之《左盦外集》卷二。

《象尽意论》，署名刘师培；收入《遗书》之《左盦外集》卷一。

《王弼易略例明象篇补释自序》，署名刘师培；收入《遗书》之《左盦外集》卷十七。

《籀廎述林序》，署名刘师培；收入《遗书》之《左盦外集》卷十七。是为孙诒让《籀廎述林》所作。

《隐士秦君墓志铭》，署名刘师培；又见1924年出版的《华国》第2年第7期；收入《遗书》之《左盦外集》卷十九。

《清故刑部尚书史公墓碑》（下佚），署名刘师培；收入《遗书》之《左盦外集》卷十九。

《吕玄屏江左卧游图序》，署名刘师培；收入《遗书》之《左盦外集》卷十七。

11月20日（农历九月二十八日），因病去世，享年36岁。③

12月3日，在妙光阁出殡、公祭。陈独秀出资代为料理后事，并于1920年3月派刘文典等人送灵柩回扬州，葬于开家坂（今扬州市郊西湖乡境内）。

刘师培死后年余，其母李汝谖悲伤过度，倏然下世。何震因受刺激精

---

① 黄焯：《记先从父季刚先生师事余杭仪征两先生事》，见《量守庐学记——黄侃的生平和学术》，137页。

② 黄侃：《先师刘君小祥会奠文》，见《遗书》，24页。

③ 《北京大学日刊》，1919-11-21。

神失常，后来削发为尼，法名小器，不知所终。

本年，在北大所授课程仍为"文学史"和"文"，即为二年级学生开"文学史"，每周两课时；为三年级学生开"文"，每周四课时。①

本年所作文尚有《明刘应秋先生遗著序》、《党母李孺人哀赞》、《吕森妻王夫人哀词》等。

《明刘应秋先生遗著序》，收入《遗书》之《左盦外集》卷十七，题目下标"八年"，可知作于1919年。

《党母李孺人哀赞》、《吕森妻王夫人哀词》，收入《遗书》之《左盦外集》卷二十，题目下标"八年"，可知作于1919年。

本年，北京学生三千余人举行爱国示威游行，五四运动爆发。

章太炎之《章氏丛书》浙江图书馆刊本刊成。

胡适《中国哲学史大纲》卷上由商务印书馆出版并再版。

美国学者杜威来华，在北京、太原等地多次讲学，胡适口译，影响极大。

缪荃孙去世，有《艺风堂文集》等著述和辑著百余种存世。

---

① 《国立北京大学八年至九年度学科课程一览》，北京大学档案馆藏。

# 参考文献要目

## 一、中文部分

1. 资料

钱玄同等编《刘申叔先生遗书》,民国二十五年宁武南氏排印本,江苏古籍出版社1997年重印。

李妙根编《刘师培论学论政》,复旦大学出版社1990年版。

李妙根编《国粹与西化——刘师培文选》,上海远东出版社1996年版。

李妙根编《刘师培辛亥前文选》,三联书店1998年版。

吴方编《中国现代学术经典·黄侃、刘师培卷》,河北教育出版社1996年版。

陈辞编《中古文学论著三种》,辽宁教育出版社1997年版。

陈引弛编《刘师培中古文学论集》,中国社会科学出版社1997年版。

《戴东原集》,宣统二年渭南严氏成都刻本。

《戴震文集》,中华书局1980年版。

庄存与:《味经斋遗书》,阳湖庄氏藏板光绪八年重刻本。

方东树:《汉学商兑》,六安求我斋光绪十年重刊本。

汪中:《述学》,嘉庆二十年刻本。

阮元:《揅经室集》,中华书局1993年版。

阮元:《揅经室续集》,阮氏文选楼道光刻本。

焦循:《雕菰楼集》,仪征阮亨道光刻本。

章学诚:《文史通义》,仓修良编《文史通义新编》,上海古籍出版社1993年版。

刘宝楠:《论语正义》,中华书局1957年版。

刘毓崧:《通义堂文集》,南林刘氏求恕斋刊本。

刘寿曾:《传雅堂文集》,民国二十五年铅印本。

中国科学院历史研究所资料室整理《春秋左氏传旧注疏证》,科学出版社 1959 年版。

《吴虞日记》，四川人民出版社 1984 年版。

章太炎：《太炎文录初编》，上海书店 1992 年影印本。

《章太炎全集》(三)，上海人民出版社 1984 年版。

《章太炎全集》(四)，上海人民出版社 1985 年版。

汤志钧编《章太炎政论选集》上册，中华书局 1977 年版。

《太炎先生自定年谱》，《近代史资料》1957 年第 1 期。

《王国维文集》，中国文史出版社 1997 年版。

顾炎武：《日知录》，黄汝成集释《日知录集释》，花山文艺出版社 1990 年版。

冯自由：《革命逸史》第二、三集，中华书局 1981 年版。

《谭嗣同全集》，中华书局 1981 年版。

梁启超：《饮冰室合集》，中华书局 1936 年版，1989 年影印。

朱维铮校注《梁启超论清学史二种》，复旦大学出版社 1985 年版。

舒新城编《中国近代教育史资料》上册，人民教育出版社 1961 年版。

中国近代史资料丛刊《辛亥革命》(二)(三)(四)，上海人民出版社 1957 年版。

《李审言文集》，江苏古籍出版社 1989 年版。

支伟成：《清代朴学大师列传》，岳麓书社 1986 年版。

王栻编《严复集》，中华书局 1986 年版。

斯宾塞著、严复译《群学肄言》，商务印书馆 1981 年版。

约翰·穆勒著、严复译《穆勒名学》，商务印书馆 1981 年版。

甄克思著、严复译《社会通诠》，商务印书馆 1981 年版。

姜义华编校《康有为全集》第三集，上海古籍出版社 1992 年版。

那特硁：《政治学》，上海广智书局光绪二十八年版。

莫世祥编《马君武集》，华中师范大学出版社 1991 年版。

《吴敬恒选集》(序跋游记杂文)，台湾文星书店 1967 年版。

《龚自珍全集》，上海人民出版社 1975 年版。

陈澧：《东塾读书记》，德林堂光绪二十九年刻本。

朱一新：《佩弦斋杂存》，葆真堂光绪二十二年刻本。

江藩：《国朝汉学师承记》，中华书局1983年版。

《汉书·艺文志》

皮锡瑞：《经学历史》，中华书局1959年版。

《四库全书总目》，中华书局1965年版。

刘禺生：《世载堂杂忆》，中华书局1960年版。

闵尔昌编《碑传集补》。

《辛亥革命回忆录》第一集，中华书局1961年版。

《辛亥革命回忆录》第四、五集，中华书局1963年版。

张静庐辑注《中国近代出版史料初编》、《中国近代出版史料二编》，中华书局1957年版。

《辛亥革命时期期刊介绍》第三集，人民出版社1983年版。

张枬、王忍之编《辛亥革命前十年间时论选集》第二卷，三联书店1963年版。

《蔡元培全集》第七卷，中华书局1989年版。

《洪业论学集》，中华书局1981年版。

柏文蔚：《五十年经历》，《近代史资料》1979年第3期。

柳亚子编《苏曼殊全集》第一集，北新书局1928年版。

《柳亚子选集》，人民出版社1989年版。

《柳亚子文集·苏曼殊研究》，上海人民出版社1987年版。

黄节：《蒹葭楼诗》，民国铅印本。

《宋教仁日记》，湖南人民出版社1980年版。

谭人凤：《石叟牌词叙录》，《近代史资料》1956年第3期。

万易：《刘师培》，《仪征文史资料》1984年第1辑。

万易：《刘师培年表》，《文教资料简报》1985年第2期。

经盛鸿：《〈刘师培年表〉史事订正》，《文教资料简报》1985年第4期。

杨天石编"社会主义讲习会"资料》，《中国哲学》第一辑，三联书店1979年版；《"社会主义讲习会"资料》（续），《中国哲学》第九辑，三联书店1983年版。

姜义华编《社会主义学说在中国的初期传播》，复旦大学出版社1984年版。

章士钊：《柳文指要》，中华书局1971年版。

《陈独秀书信集》，新华出版社1987年版。

《周作人文选：自传·知堂回想录》，群众出版社1999年版。

知堂：《旧书回想记》，《古今半月刊》第30期，1943年9月1日。

《艺风堂友朋书札》，上海古籍出版社1981年版。

缪荃孙：《艺风老人日记》第六、七册，北京大学出版社1986年版。

《清史稿》卷四六九《端方传》。

郭象升：《郭允叔文钞》，民国九年铅印本。

马叙伦：《我在六十岁以前》，三联书店1983年版。

马叙伦：《石屋余沈》，上海书店1984年版。

刘寿林编《辛亥以后十七年职官年表》，中华书局1966年版。

刘成禺：《洪宪纪事诗本事簿注》，民国京华印书馆刊行。

台静农：《龙坡杂文》，台湾洪范出版社1988年版。

《鲁迅全集》第十一卷，人民文学出版社1981年版。

《鲁迅杂文全集》，河南人民出版社1994年版。

《国立北京大学廿周年纪念册》

《北京大学文科一览》，民国七年度，北京大学档案馆藏。

《国立北京大学八年至九年度学科课程一览》，北京大学档案馆藏。

伦明：《辛亥以来藏书纪事诗》，上海古籍出版社1990年版。

赵万里：《刘申叔先生著述目录》，《北平图书馆月刊》第1卷第6号，1928年12月。

张经籔：《刘申叔著述年表》，《经世日报·读书周刊》，1947年2月12日、19日。

谭汝谦主编《中国译日本书综合目录》，香港中文大学出版社1980年版。

《国粹学报》、《新民丛报》、《警钟日报》、《政艺通报》、《苏报》、《江苏》、《国民日日报》、《黄帝魂》、《俄事警闻》、《中国白话报》、《东方杂志》、《广益丛报》、《复报》、《醒狮》、《民报》、《天义报》和《天义》、《神州日报》、《民立报》、《甲寅杂志》、《甲寅周刊》、《临时政府公报》、《四川国学杂志·国学荟编》、《雅言》、《中国学报》复刊本、《北京大学日刊》、《国故》、《新青年》等。

2. 专著

张舜徽：《清代扬州学记》，上海人民出版社1962年版。

张舜徽：《讱庵学术讲论集》，岳麓书社1992年版。

王俊义、黄爱平：《清代学术与文化》，辽宁教育出版社1993年版。

钱穆：《中国近三百年学术史》，商务印书馆1997年新1版。

陈寅恪：《金明馆丛稿二编》，上海古籍出版社1980年版。

（美）艾尔曼：《经学、政治和宗族——中华帝国晚期常州今文学派研究》，江苏人民出版社1998年版。

（美）艾尔曼：《从理学到朴学——中华帝国晚期思想与社会变化面面观》，江苏人民出版社1995年版。

廖幼平编《廖季平年谱》，巴蜀书社1985年版。

朱维铮：《求索真文明——晚清学术史论》，上海古籍出版社1996年版。

朱维铮编《周予同经学史论著选集》（增订本），上海人民出版社1996年版。

熊月之：《西学东渐与晚清社会》，上海人民出版社1994年版。

龚书铎主编《中国近代文化概论》，中华书局1997年版。

陈少明等：《被解释的传统——近代思想史新论》，中山大学出版社1995年版。

罗志田：《权势转移：近代中国的思想、社会与学术》，湖北人民出版社1999年版。

（美）余英时：《中国思想传统的现代诠释》，江苏人民出版社1995年版。

俞旦初：《爱国主义与中国近代史学》，中国社会科学出版社 1996年版。

侯外庐：《中国近代启蒙思想史》，人民出版社 1993 年版。

侯外庐：《近代中国思想学说史》，生活书店 1947 年版。

杨念群：《儒学地域化的近代形态——三大知识群体互动的比较研究》，三联书店 1997 年版。

商衍鎏：《清代科举考试述录》，三联书店 1958 年版。

王瑜主编《扬州历代名人》，江苏古籍出版社 1992 年版。

方光华：《刘师培评传》，百花文艺出版社 1996 年版。

(英)艾伦·斯温杰伍德：《社会学思想简史》，社会科学文献出版社 1988 年版。

胡奇光：《中国小学史》，上海人民出版社 1987 年版。

王会昌：《古典文明的摇篮与墓地》，华中师范大学出版社 1997 年版。

高瑞泉主编《中国近代社会思潮》，华东师范大学出版社 1996 年版。

刘桂生主编《时代的错位与理论的选择——西方近代思潮与中国"五四"启蒙思想》，清华大学出版社 1989 年版。

郑师渠：《晚清国粹派——文化思想研究》，北京师范大学出版社 1997 年版。

郭湛波：《近五十年中国思想史》，山东人民出版社 1997 年版。

陈平原：《中国现代学术之建立——以章太炎、胡适之为中心》，北京大学出版社 1998 年版。

胡适：《中国哲学史大纲》，东方出版社 1996 年版。

《胡适文存》，黄山书社 1996 年版。

耿云志、欧阳哲生编《胡适书信集》，北京大学出版社 1996 年版。

柳诒徵：《中国文化史》，东方出版中心 1996 年重印本。

罗常培：《语言与文化》，语文出版社 1989 年版。

沈兼士：《沈兼士学术论文集》，中华书局 1986 年版。

杨向奎：《清儒学案新编》第六卷，齐鲁书社 1994 年版。

(美)张灏：《危机中的中国知识分子——寻求秩序与意义》，山西人民出版社 1988 年版。

（美）马丁·伯纳尔：《1907 年以前中国的社会主义思潮》，福建人民出版社 1985 年版。

蒋俊、李兴芝：《中国近代的无政府主义思潮》，山东人民出版社 1991 年版。

路哲：《中国无政府主义史稿》，福建人民出版社 1990 年版。

冯永敏：《刘师培及其文学研究》，台湾文史哲出版社 1992 年版。

《冒鹤亭词曲论文集》，上海古籍出版社 1992 年版。

陈万雄：《新文化运动前的陈独秀》，香港中文大学出版社 1979 年版。

陈万雄：《五四新文化的源流》，三联书店 1997 年版。

郑学稼：《陈独秀传》，台湾时报文化出版企业有限公司 1989 年版。

唐宝林、林茂生：《陈独秀年谱》，上海人民出版社 1988 年版。

吴相湘：《民国人和事》，台湾三民书局 1971 年版。

《蒙文通学记》，三联书店 1993 年版。

陶菊隐：《筹安会"六君子"传》，中华书局 1981 年版。

《量守庐学记——黄侃的生平和学术》，三联书店 1985 年版。

沈玉成、刘宁：《春秋左传学史稿》，江苏古籍出版社 1992 年版。

（日）实藤惠秀：《中国人留学日本史》，三联书店 1983 年版。

王晓秋：《近代中日文化交流史》，中华书局 1992 年版。

马祖毅：《中国翻译简史——"五四"运动以前部分》，中国对外翻译出版公司 1984 年版。

（美）本杰明·史华兹：《寻求富强：严复与西方》，江苏人民出版社 1995 年版。

张志建：《严复学术思想研究》，商务印书馆国际有限公司 1995 年版。

李承贵：《中西文化之会通——严复中西文化比较与结合思想研究》，江西人民出版社 1997 年版。

陈少明：《汉宋学术与现代思想》，广东人民出版社 1995 年版。

王森然：《近代二十家评传》，书目文献出版社 1987 年版。

唐文权、罗福惠：《章太炎思想研究》，华中师范大学出版社 1986

年版。

姜义华：《章太炎评传》，百花文艺出版社 1995 年版。

姚奠中、董国炎：《章太炎学术年谱》，山西古籍出版社 1996 年版。

谢樱宁：《章太炎年谱摭遗》，中国社会科学出版社 1987 年版。

袁英光、刘寅生：《王国维年谱长编》，天津人民出版社 1996 年版。

张岂之主编《中国近代史学学术史》，中国社会科学出版社 1996 年版。

姚名达：《中国目录学史》，商务印书馆 1998 年影印本。

胡伟希编《辛亥革命与中国近代思想文化》，中国人民大学出版社 1991 年版。

桑兵：《清末新知识界的社团与活动》，三联书店 1995 年版。

桑兵：《晚清学堂学生与社会变迁》，学林出版社 1995 年版。

罗检秋：《近代诸子学与文化思潮》，中国社会科学出版社 1998 年版。

汤志钧：《近代经学与政治》，中华书局 1989 年版。

(美)周策纵：《五四运动：现代中国的思想革命》，江苏人民出版社 1996 年版。

丁伟志、陈崧：《中西体用之间——晚清中西文化观述论》，中国社会科学出版社 1995 年版。

(日)沟口雄三：《日本人视野中的中国学》，中国人民大学出版社 1996 年版。

(日)沟口雄三：《中国前近代思想之曲折与展开》，上海人民出版社 1997 年版。

(美)任达：《新政革命与日本——中国，1898～1912》，江苏人民出版社 1998 年版。

(英)柯林武德：《历史的观念》，中国社会科学出版社 1986 年版。

3. 论文

杨天石：《论辛亥革命前的国粹主义思潮》，《新建设》1965 年第 2 期。

杨天石、王学庄：《章太炎与端方关系考析》，《南开学报》1978 年第 6 期。

杨天石、王学庄：《同盟会的分裂和光复会的重建》，《近代史研究》1979年第1期。

曾业英：《章太炎与端方关系补证》，《近代史研究》1979年第1期。

（美）马丁·伯纳尔：《刘师培与国粹运动》，见《近代中国思想人物论——保守主义》，台湾时报出版公司1980年版。

王凌：《有关刘师培一则早期反清史料》，《历史档案》1988年第3期。

经盛鸿：《刘师培史事考订》，《史学月刊》1986年第3期。

经盛鸿：《论刘师培的三次思想变化》，《东南文化》1988年第2期。

经盛鸿：《论刘师培的前期思想发展》，《徐州师院学报》1988年第2期。

陈奇：《刘师培的经学与资产阶级民族主义宣传》，《贵州师大学报》1987年第2期。

陈奇：《刘师培的汉宋学观》，《近代史研究》1987年第4期。

陈奇：《刘师培"力攻今文"析》，《贵州社会科学》1989年第2期。

陈奇：《刘师培对传统经学的批判》，《贵州师大学报》1989年第2期。

陈奇：《刘师培的今古文观》，《近代史研究》1990年第2期。

陈奇：《刘师培的"六经皆史"观》，《贵州大学学报》1994年第2期。

王琦珍：《论刘师培的文学观与文学史研究》，《文学遗产》1986年第3期。

王枫：《刘师培文学观的学术资源与论争背景》，《学人》第13辑，江苏文艺出版社1998年版。

浦伟忠：《论刘师培〈左盦集〉的学术思想》，《清史研究》1992年第4期。

吴雁南：《刘师培的资产阶级民主思想与心学》，《贵州社会科学》1992年第11期。

郑师渠：《章太炎刘师培交谊论》，《近代史研究》1993年第6期。

郑师渠：《刘师培史学思想略论》，《史学史研究》1992年第4期。

郑师渠：《晚清国粹派论清学》，《北京社会科学》1992年第1期。

郑师渠：《晚清国粹派与社会学》，《近代史研究》1992年第5期。

胡楚生：《刘师培〈攘书〉探究》，见《清代学术史研究续编》，台湾学生书局1994年版。

王汎森：《刘师培与清末的无政府主义运动》，《大陆杂志》第90卷第6期，1995年。

陈庆煌：《刘申叔先生之经学》，政治大学中国文学研究所博士论文，1982年。

陈庆煌：《左盦经学综论》，《孔孟月刊》第23卷第11期，1985年。

汤志钧：《刘师培和〈经学教科书〉》，《东海学报》第33卷（一），1992年。

方光华：《试论刘师培对〈左传〉的整理和研究》，《孔子研究》1995年第4期。

陈克明：《试论刘师培的经学思想》，《中国文化》第15、16期，1997年。

袁英光、仲伟民：《刘师培与〈中国历史教科书〉研究》，《华东师大学报》1988年第4期。

曹靖国：《刘师培史学思想述评》，《东北师大学报》1991年第6期。

李洪岩、仲伟民：《刘师培史学思想综论》，《近代史研究》1994年第3期。

吴光兴：《刘师培对中国学术史的研究》，《学人》第7辑，江苏文艺出版社1995年版。

（韩）都重万：《刘师培对晚清史学演进的贡献及影响》，北京大学博士论文，1998年。

林庆彰：《清代经学国际研讨会论文集·导言》，中央研究院中国文哲研究所1994年版。

陈祖武：《关于乾嘉学派的几点思考》，《清代经学国际研讨会论文集》。

王章涛：《阮元与扬州学派》，《学土》卷二，广东高等教育出版社1996年版。

（日）大谷敏夫：《扬州常州学派及其江南文化圈》，《中国文化研究集刊》第 4 辑，复旦大学出版社 1987 年版。

楚金：《道光学术》，《中和》第 2 卷第 1 期，1941 年 1 月。

冯天瑜：《经史同异论》，《中国社会科学》1993 年第 3 期。

许道勋、沈莉华整理《周予同论经史关系之演变》，《复旦学报》1998 年第 1 期。

杨国强：《清末新政：历史进化中的社会圮塌》，《史林》1997 年第 3 期。

王栻：《严复与严译名著》，见《论严复与严译名著》，商务印书馆 1982 年版。

高中理：《严复：会通中西与教育维新》，《北京大学学报》1998 年第 2 期。

刘桂生：《论近代学人对"罢黜百家、独尊儒术"的曲解》，《北大史学》第 2 辑，北京大学出版社 1994 年版；《近代学人对"罢黜百家、独尊儒术"的误解及其成因》，《北京大学百年国学文粹·史学卷》，北京大学出版社 1998 年版。

郭双林：《晚清西方地理环境决定论在中国的际遇》，《学人》第 9 辑，江苏文艺出版社 1996 年版。

葛兆光：《思想史与学术史》，《学人》第 1 辑，江苏文艺出版社 1991 年版。

沈寂：《芜湖地区的辛亥革命》，《安徽史学通讯》总第 14 号，1959 年第 6 期。

沈寂：《辛亥革命时期的岳王会》，《历史研究》1979 年第 10 期。

（日）富田昇：《社会主义讲习会与亚洲和亲会》，《国外中国近代史研究》第 22 辑，中国社会科学出版社 1993 年版。

（日）竹内善朔：《本世纪初日中两国革命运动的交流》，《国外中国近代史研究》第 2 辑，中国社会科学出版社 1981 年版。

（日）石母田正：《辛亥革命与幸德秋水》，《国外中国近代史研究》第 2 辑。

汤志钧：《关于亚洲和亲会》，《辛亥革命史丛刊》第 1 辑，中华书局

1980年版。

杨天石：《何震揭发章太炎》，《近代史研究》1994年第2期。

## 二、外文部分

Martin Bernal, *Liu Shih-p'ei and National Essence*, Charlotte Furth ed, *The Limits of Change: Essays on Conservative Alternatives in Republican China*, Harvard University Press, 1976.

Robert Scalapino and George Yu, *The Chinese Anarchist Movement*, Berkeley, University of California, 1961.

D. W. Y. Kwok, *Anarchism and Traditionalism, Liu Shih-p'ei*, The Journal of the Institute of Chinese Studies of the Chinese University of Hong Kong, Vol. 4, No. 2, 1971.

Peter Zarrow, *Chinese Anarchists: Ideas and the Revolution of 1911*, Columbia University Press, 1987.

Peter Zarrow, *Anarchism and Chinese Political Culture*, Columbia University Press, 1990.

Benjamin A. Elman, *Classicism, Politics, and Kinship: The Ch'ang-chou School of New Text Confucianism in Late Imperial China*. University of California Press, 1990.

Benjamin A. Elman, *Ch'ing Dynasty "Schools" of Scholarship*. Ch'ing-Shih Wen-T'i, Volume 4, Number 6, December 1981.

J. S. Mill, *On Liberty and Considerations on Representative Government*, Oxford, Basil Blackwell, 1946.

小岛祐马：《刘师培の学》，《艺文》第11年第5、7号，大正九年5月、7月；《中国の社会思想》，筑摩书房1967年版。

小野川秀美：《刘师培と无政府主义》，《东方学报》第36册，1964年；《清末政治思想研究》，みすず书房1969年版。

森时彦：《民族主义と无政府主义——国学の徒、刘师培の革命论》，载小野川秀美、岛田虔次编《辛亥革命の研究》，筑摩书房1978年版。

河田悌一：《清末の戴震像——刘师培の场合》，《森三树三郎博士颂寿纪念东洋学论丛》，朋友书店1979年版。

佐藤丰：《〈国粹学报〉志上に於ける"国粹主义"と"国学"の成立》，《日本中国学会报》第34期，1982年。

嵯峨隆：《近代中国アナキズムの研究》，研文出版，1994年。

嵯峨隆：《近代中国の革命幻影——刘师培の思想と生涯》，研文出版，1996年。

# 后　　记

　　本书是在博士论文的基础上修订完善而成。

　　1996年9月我进入北京大学历史学系攻读博士学位后，便不时与导师刘桂生教授商酌博士论文的选题。本着刘师一向倡导的做"一线学人"的观念，结合中国近现代思想、学术史的研究现状，经过大量研读史料、探寻研究现状症结所在等一系列艰苦细致的论证工作，最终确定以"刘师培与中西学术"作为博士学位论文的选题。选题确定后，仍是本着刘师常说的"认清基原，看清前沿"原则行事，一方面在史料基础、理论原理（基原）上下工夫；另一方面是以"预流"态度尽力向学科前沿挺进。因本课题以往研究基础较差，所涉知识领域又颇广，故不得不在爬梳大量第一手史料、编撰刘师培年谱以为工作入手的同时，研读一系列国学、西学著作，以补个人学养的某些缺失。经过一年的努力，终编出10余万字的《刘师培年谱初编》（本书附录《刘师培学谱简编》系后来精简而成），为系统研讨正文所涉论题打下了基础。此后方进入正文写作和不断的修订完善阶段，其间备尝艰辛，自不待言。在这一过程中，刘师以极大热情予我以各个方面的悉心指导，他在许多问题上的精辟见解，使我得到诸多启示，并一直令我受益匪浅。

　　1999年7月，在通过论文答辩、获得历史学博士学位后，我又进入北京师范大学历史学系，随龚书铎教授从事博士后研究。对我的博士论文，龚先生同样给予了极大的关注与鼓励。在论文答辩期间，作为答辩委员会主席，他从各个角度多方予以指点。而后作为我的博士后导师，他更是关心该文的修订完善事宜，从不同层面提出中肯的修改建议。可以说，本书的问世，也凝聚着龚先生的一片心血。

　　在此，谨向数年来一直予我以最真诚关心与指教的刘桂生、龚书铎两位恩师，致以最诚挚的敬意与谢忱！

　　此外，还有一些师友为本书从博士论文到成书付出了辛劳。他们或评阅论文，或参加论文预答辩和正式答辩，或给我以各种形式的鼓励与帮助。他们所提出的各项意见与建议，皆非常有助于我提升论文水准。这些师友是：中国社会科学院的朱成甲编审，北京大学的王晓秋教授、王天有教授、徐凯教授、徐万民教授、房德邻教授、宋成有教授、欧阳哲生教授，同门好友尚小明、戴东阳、都重万（韩国）、杨琥，等等。这里谨向他们致以衷心的感谢！

还需一提的是，我于2002年下半年赴德国埃尔兰根——纽伦堡大学汉学系参与IQN(International Quality Networks)项目期间，讲学的核心内容即为本书主题。讲授过程中，亦得与中德师友往复讨论，十分有益于我进一步思考本书主旨并调整相关内容。所以，在此向邀请我赴德的埃尔兰根——纽伦堡大学汉学系主任教授郎宓榭(Michael Lackner)博士等师友表示感谢。

李帆